小次郎講師流

テクニカル指標を計算式から学び、
その本質に迫る

# 真・チャート分析大全

安定投資家になるためのエッジの見つけ方

著 小次郎講師

Pan Rolling

# まえがき

　皆さん、こんにちは。小次郎講師という名前で投資教育をしている手塚宏二と申します。

　私が投資の世界に入ってすでに40年が経とうとしています。最初の10年はやはりファンダメンタルズ分析派でした。ファンダメンタルズ分析とはご存知のとおり、企業の業績や世界経済の変化を分析して売買の判断をするというものです。
　ファンダメンタルズ分析でもうまくいったことはたくさんありましたが、私が目標とする安定的な収益には結び付きませんでした。「ある年、大きな材料が出現しそれに乗っかって利益を上げることができたとしても、翌年はまたゼロからスタート」の繰り返しでした。
　ある年に1億円の収益を上げたとします。でも、翌年は5000万円の損、ということがあった場合、その投資家はまだ5000万円儲かっていると幸せな気分でいられるでしょうか？
　答えはノーです。1億円儲かれば、生活水準も上がっているでしょうし、欲しいものも買っているはずです。翌年の5000万円の損は生活に大きな支障をきたします。

　「いかに安定的に利益を上げるか」を考えたとき、トレードルールを作らなければいけないと気づきました。自分自身のトレードルールを作り出し、それを検証してバージョンアップしていくことが、安定的な勝ち組投資家になる唯一の道筋だと悟りました。
　皆さんが投資を通じて資産家になりたいと思うのであれば、大化けする銘柄を探して、それで大儲けするという投資行動は避けなければ

なりません。なぜなら、それは宝探しゲームであり、ギャンブルにすぎないからです。何倍にもなる可能性のある銘柄は何分の一にもなる恐れもあるのです。

　投資とギャンブルはまったく違うものです。ギャンブルはなくても誰も困りません。それに対して、株式市場やFX市場は必要不可欠です。そこに投資家が参加することにより適正な価格の決定に寄与しているからです。皆さんが投資をすると、市場経済の重要な役割を果たすことになります。
　にもかかわらず、残念ながら、ギャンブル的投資をしている人がいることも事実です。
　投資を通じて資産家になる唯一の方法は「安定的に収益を上げるノウハウを見つけ出し、資金を複利で増やしていく」ということなのです。複利運用のパワーはすごいのです。ある年たまたま数倍に資産が増えたということより、年間2割でも3割でもいいので、安定して稼げるようになったら、それを複利で運用したときにどれくらい資産が増えていくかを計算してみてください。複利を使って増やしていくことができる点に投資の最大のメリットがあります。

　さて、安定投資家を目指し、トレードルールを形にしようと思っても、ファンダメンタルズ分析でトレードルールは作ることはできません。どんなにファンダメンタルズを極めても「どこで買うか、どこで売るか」の判断はできないのです。それが、私がファンダメンタルズ分析からチャート分析に軸足を変えた大きな理由です。
　もちろん、チャートで将来のことがわかるなどと過度な期待をしてはいけません。どんなにチャートの形状が良くても、「明日、何が起こるか」はわからないのです。ある日、突然予想外のことが起こり、相場はがらっと変わります。しかし、いったん売り方と買い方のバラ

ンスが崩れ、買い方有利の展開になってきたら、しばらくはその状態が続くというのは確率的に想定できます。売り方有利の展開になってきたら、しばらくはその状態が続きやすいというのも同様です。

また突然、相場が急落しパニック状態になったときに、投資家がどのような心理になり、どのような投資行動になるかは、古今東西、大きな違いはありません。ということで、暴落相場の形状は過去も今日もチャートが類似しているのです。

すべてのことを確率的にとらえ、上がるか下がるかのフィフティ・フィフティの戦いをいかに少しでも有利な戦いに変えるかがポイントなのです。

皆さんは、エッジという言葉をご存知でしょうか？　本文の中でも繰り返し出てきますが、これは確率の用語です。確率が有利になることをエッジが発生すると言います。買い方が有利になると買いにエッジが発生したと言い、売り方が有利になると売りにエッジが発生したという言い方をします。

煎じ詰めれば、「すべてのテクニカル指標は価格変動の中で買い、あるいは売りにエッジが生ずる瞬間を見つけ出すためのもの」と言っていいでしょう。その見つけ方がそれぞれのテクニカル指標で違うのです。

皆さんが安定投資家になるために、たくさんのテクニカル指標を使う必要はありません。得意なものをひとつ突き詰めていけばいいのです。しかし、さまざまなテクニカル指標を学ぶことの意義は大いにあります。

それぞれのテクニカル指標は、かつての相場の達人たちによって作られました。その達人たちが価格変動の中で何に注目し、どこを見ることによってエッジの発生を導きだしたのか、テクニカル指標を学ぶ

と、その考え方を知ることができるのです。

　テクニカル指標を勉強すると、すぐに「どこが買いポイント、どこが売りポイント」というところにばかり興味がいきます。しかし、あくまで確率的に優位だというだけで絶対ではないのですから、それを安易に信じて売買してもうまくいくとは限りません。

　そういうことよりも、「相場の先人たちが何をポイントに相場を見ていたのか」を知ることのほうが役に立ちます。

　ボリンジャーバンドを例にとってみましょう。ボリンジャーバンドが秀逸なのは価格変動の大きさ（＝ボラティリティ）に注目したところにあります。

　もみ合い相場になるとボラティリティはなくなります。そこからボラティリティが増加していくと、やがてトレンド発生となるわけです。「ボリンジャーバンドはボラティリティの変化でエッジを発見するツールだ」と理解することがとても重要なのです。


　今回、一目均衡表の解説にページを割きました。日本発の世界を代表するテクニカル指標で、日本のチャート分析がいかに先進的なものであったかを示す代表選手です。今や世界でも大人気のテクニカル指標ですが、その一方で、残念ながら一目均衡表の使い方がわからないという日本人がほとんどです。

　今回は一目均衡表の5つの線を使った分析を中心に書きましたが、実は一目均衡表には波動とか、基本数値とか、計算値という考え方もあります。奥が深いのです。今回は紙面の関係で割愛しましたが、そちらに関しては、この本の続編を書くときに詳しく解説したいと思っています。どうぞご期待ください。


　この本は書き始めてから完成まで2年を要しました。通常の本の2倍のボリュームですが、「これくらいのボリュームでなければ満足い

く解説はできない」と、わがままを言いました。分厚い本は売れない時代に分厚い本を出すことをお許しくださったパンローリング社に心から感謝します。

　また、いつも的確なアドバイスをくださるパンローリング社の磯崎公亜氏、編集を協力いただき、細部までのこだわりで本作りへの情熱を感じさせてくださる小島栄一氏、内容に間違いがないかの最終点検を寝る時間を惜しんでしていただいたテクニカルアナリストの神藤将男氏、これらの方々の協力のもと、この本は完成しました。良い本が出来上がるには良いチームが必要です。ありがとうございました。心から感謝します。

2019年3月　小次郎講師

まえがき ——————————————————— 2

# 第1章　ローソク足および日本を代表するチャートたち

第1節　Vトレーダーを目指せ ——————————————— 16

第2節　トレンドとは何か ————————————————— 20
　　　　1）トレンドは友だち
　　　　2）トレンドラインを引くために知っておくこと

第3節　ローソク足入門 —————————————————— 25
　　　　1）ローソク足の理解がチャート読解の基本
　　　　2）ポイント1　～大陽線・大陰線を探せ～
　　　　3）ポイント2　～天井圏の上ヒゲ、底値圏の下ヒゲを探せ～
　　　　4）ポイント3　～連続陽線、連続陰線～
　　　　5）ローソク足の組み合わせ

第4節　平均足（コマ足）入門 ——————————————— 42
　　　　1）概要
　　　　2）コマ足でトレンド転換を読む
　　　　3）トレーディングビュー（TradingView）で描画

第5節　新値足入門 ———————————————————— 48

# 第2章　移動平均線徹底研究＆移動平均線大循環分析入門

第1節　投資の正しい考え方 ———————————————— 54
　　　　1）予想はよそう
　　　　2）大数の法則は唯一のよりどころ
　　　　3）絶対のない世界で最終的に勝つために
　　　　4）トレードエッジが発生しやすい場所がある

第2節　トレードエッジの見つけ方 ————————————— 61
　　　　1）最も簡単なトレードエッジ＝移動平均線大循環分析
　　　　2）3本の移動平均線を使う理由
　　　　3）株式個別銘柄でパーフェクトオーダーを確認
　　　　4）相場には3つの顔がある

第3節　移動平均線徹底研究 ────────────── 70
　　　　1）シグナルだけを覚えるのは間違い
　　　　2）移動平均線とは何か
　　　　3）移動平均線は価格の動きをなめらかにするために
　　　　4）ゴールデンクロスとデッドクロス
　　　　5）もみ合い相場でダマシが多くなる理由
　　　　6）移動平均線の本質

第4節　移動平均線大循環分析入門 ──────────── 80
　　　　1）移動平均線3本を使う「移動平均線大循環分析」
　　　　2）実際のチャートで法則を確認
　　　　3）試し玉、早仕掛け、本仕掛け
　　　　4）ステージは循環する
　　　　5）並び順のパターン
　　　　6）順行と逆行の仕組み
　　　　7）やがては順行に戻るのが相場
　　　　8）移動平均線大循環分析における現状認識

# 第3章　移動平均線大循環分析　上級編

第1節　移動平均線大循環分析の「三次元分析」 ──────── 94
　　　　1）"しっかり獲る"ことの意味
　　　　2）ステージごとの戦略を考える
　　　　3）移動平均線、傾きの意味
　　　　4）ステージ移行の成功と失敗
　　　　5）線の間隔からわかるステージの継続性

第2節　移動平均線大循環分析の「帯」 ─────────── 109
　　　　1）帯とは
　　　　2）1・2・1の押し目買い
　　　　3）実際の相場で確認
　　　　4）大局トレンドが変わる瞬間

第3節　三次元分析から読み解く仕掛けと手仕舞い ────── 124
　　　　1）手仕舞いする場合、しない場合
　　　　2）急騰相場には注意を

# 第4章　RSI＆ストキャスティクス徹底研究

第1節　RSI（相対力指数）徹底研究 ——————————————— 134
　　　1）オシレーター系指標とは
　　　2）オシレーター系の代表RSI
　　　3）サイコロジカルラインのダマシ
　　　4）上昇トレンドの3パターン
　　　5）買われ過ぎを売る誤り
　　　6）RSIが価格に先行する理由
　　　7）パラメーターを揃える
　　　8）仕掛けのタイミングがわかる"失敗したスイング"
　　　9）転換を先取りするためのシグナルとして

第2節　ストキャスティクス徹底研究 ——————————————— 152
　　　1）2つのストキャスティクス
　　　2）ファストストキャスティクスを検証する
　　　3）シグナルが早過ぎる災い
　　　4）計算式をマスターしてストキャスの本質を知る！
　　　5）ストキャスティクスの主役"%K"
　　　6）%Dの計算方法
　　　7）Slow%Dについて
　　　8）小次郎講師流ストキャスティクスの使い方

# 第5章　ボリンジャーバンド徹底研究

第1節　ボリンジャーバンドの概要 ——————————————— 178
　　　1）5本の曲線は均等の間隔に
　　　2）間違いだらけのボリンジャーバンド
　　　3）ボリンジャーバンドの間違い探し
　　　4）ボリンジャーバンドが機能する条件

第2節　正しいボリンジャーバンド解説 ——————————————— 189
　　　1）ボリンジャー氏がたどり着いた計算式
　　　2）映画「ビリギャル」が教えてくれること

第3節　ボリンジャーバンドは3つの視点で読む ——————————————— 197
　　　1）日本では使われていない指標がある
　　　2）値動きの大きさを反映するバンドワイズチャート

3）％bチャートとは
4）3つの視点に注目したボリンジャーバンドの分析方法
5）「3つの視点」のまとめ
6）ボリンジャーバンド極意書
7）変人を侮ることなかれ

# 第6章　一目均衡表 5つの線編　～一目均衡表の基本～

第1節　一目均衡表とは ──────────────────── 226
  1）一目山人と一目均衡表の歴史
  2）世界で注目を集める一目均衡表
  3）一目均衡表研究のポイント

第2節　5つの線の名前を覚える ────────────────── 230
  1）5本の線の見分け方
  2）安定上昇期と安定下降期の5本線の並び順

第3節　5つの線の計算式を覚える ───────────────── 239
  1）パラメーターは固定が原則
  2）各線のグループ分け、半値線に注目

第4節　半値線を極める ──────────────────── 246
  1）半値線の代表＝基準線
  2）最安値が先に出現したケース
  3）最高値が先に出現したケース
  4）ひと目で均衡がわかる
  5）三役好転の位置づけ

第5節　転換線を極める ──────────────────── 257
  1）転換線の計算式を覚える
  2）押し目と戻しの限界ポイント
  3）上昇トレンドの押し目の限界ポイント
  4）下降トレンドの戻しの限界ポイント
  5）転換線のポイント

第6節　基準線を極める ──────────────────── 268
  1）基準線の計算式を覚える
  2）押し目・戻しの限界ポイントを示す
  3）もみ合い相場の中心を示す

4）半値線と移動平均線の違い
　　　5）半値線が上昇する条件
　　　6）半値線が下降する条件
　　　7）移動平均線が上昇・下降する条件
　　　8）もみ合い放れを表す半値線の上昇・下降

　第7節　先行スパン2を極める ──────────────── 282
　　　1）計算式を覚える
　　　2）計算式から何がわかるか？
　　　3）先行スパン2は何を表す線か？
　　　4）予測とは何かを考える
　　　5）上昇相場時の予測
　　　6）下降相場時の予測
　　　7）もみ合い相場時について

　第8節　雲を極める　～先行スパン1と先行スパン2の関係性～ ──── 294
　　　1）価格はなぜ雲に近づくと跳ね返されやすいのか？
　　　2）なぜ雲の中でもみ合うのか？ 雲を抜けると一気に動くのか？
　　　3）雲の分厚さと抵抗の関係
　　　4）雲のねじれとは？

　第9節　遅行スパンを極める　その1 ──────────── 306
　　　1）遅行スパンの計算式
　　　2）26という数字の秘密
　　　3）遅行スパンの本質
　　　4）遅行スパンの好転・逆転
　　　5）遅行スパンの好転・逆転から見る買い時代・売り時代

　第10節　遅行スパンを極める　その2 ─────────── 319
　　　1）遅行スパンはモメンタム
　　　2）遅行スパンと移動平均線の関係
　　　3）遅行スパンが価格線の代用品ということは？
　　　4）遅行スパンを使った予測の仕方
　　　5）一目均衡表上級者は縦軸の時間軸を見ている
　　　6）1日のデータから100日の値動きがわかる

| コラム | 破産の確率を考えよう | 245 |

# 第7章　一目均衡表 5つの線編
### ～一目均衡表最大のシグナル「均衡表の好転・逆転」～

第1節　均衡表の好転・逆転 —————————————————— 336
　　1）均衡表の好転・逆転とは？
　　2）一目均衡表基本図から均衡表の好転・逆転を読み取る
　　3）均衡表の好転・逆転のダマシ
　　4）ダマシとなる状況を見抜くには？
　　5）均衡表の正しい好転

第2節　もみ合い相場と均衡表の好転・逆転 —————————————— 351
　　1）もみ合い相場の各線の動きを研究
　　2）もみ合いの周期と各線の動きの関係
　　3）もみ合い相場での仕掛け方
　　4）もみ合い放れ

第3節　世間でよく言われている一目均衡表の買いシグナルと売りシグナルを正す 364
　　1）売買シグナルに関する誤解
　　2）三役逆転の意味
　　3）もみ合い期は別の見方が必要
　　4）一目均衡表の各線の基本的な動き　その1
　　5）一目均衡表の各線の基本的な動き　その2

第4節　均衡表の好転・逆転、その本質 —————————————————— 376
　　1）26日の測り方
　　2）均衡表の好転・逆転の真髄
　　3）上昇トレンド・下降トレンド時の転換線と基準線の関係の本質
　　4）転換線と基準線が同値になるのはどのような場合か？
　　5）その他の基準線と転換線が重なるケース
　　6）仕掛けてよいケース、仕掛けてはいけないケース

# 第8章　一目均衡表 5つの線編 ～総合分析～

第1節　総合分析、10のフェイズ —————————————————— 396
　　1）トレンドの変化と一目均衡表の動き
　　2）売り時代から買い時代への10のフェイズ
　　3）準備構成について

第2節　総合分析、5つの線 —————————————————————— 408
　　1）基準線でトレンドありなしを判定
　　2）遅行スパンでトレーダーの損益状況を見る

3）次に相場の段階を見る
4）先行スパン2で予測する
5）もみ合い相場での一目均衡表の使い方

# 第9章　MACD徹底研究

第1節　MACDとは ———— 422

1）はじめに～MACDと移動平均線大循環分析の関係
2）移動平均線がくっついたり離れたり
3）SMAには問題がある
4）直近の価格を重視するEMA
5）平均建値をより正確に知る方法
6）EMAのトレンド転換

第2節　マックディ線の本質 ———— 433

1）MACDの中のマックディ
2）ゼロラインの上か下か、線上か
3）マックディ線は価格変動に先行する
4）マックディ線とトレンドの関係

第3節　シグナルの本質 ———— 440

1）シグナルは移動平均線
2）シグナルのパラメーターは9

第4節　ヒストグラムの本質 ———— 444

1）ヒストグラムはマックディ線とシグナルの差
2）オリジナルではないMACD=ヒストグラム
3）ヒストグラムは"参考程度"として使う

第5節　MACDの総合分析 ———— 448

1）5本の線の関係性を理解することが大切
2）ヒストグラムから動き出す
3）仕掛けに最も適したタイミング
4）試し玉、本仕掛け、追加玉そして仕切り
5）ロスカットの設定について
6）ダマシを回避するテクニック

# 第10章　大循環MACD徹底研究

第1節　大循環MACDとは ———— 464

1）大循環MACDとは

　　　　2）3本の移動平均線とMACDの3つの要素
　　　　3）大循環MACDはEMAで
　　　　4）人気化した移動平均線大循環分析

　第2節　大循環MACDインジケーターを使った分析方法 ———————— 474
　　　　1）それぞれのMACDからわかること
　　　　2）大循環MACDインジケーターを使った仕掛け時
　　　　3）トレンドがあるときの仕掛け、トレンドが変わるときの仕掛け

　第3節　一般的な大循環MACD ———————————————————— 484
　　　　1）3本のEMAと3つのMACDを描画できること
　　　　2）3つのMACDの役割
　　　　3）MACDのゼロライン接触とEMAのクロスの関係
　　　　4）それぞれのMACDが教えてくれること

　第4節　一般的な大循環MACDの実例紹介 ———————————————— 492
　　　　1）ステージ移行の視認と予兆
　　　　2）MACDの位置とステージの関係
　　　　3）大循環MACD、早仕掛けのポイント
　　　　4）基本の3段上げ、3段下げ
　　　　5）急上昇と我慢、手仕舞い
　　　　6）トレードの方針を立てるために

　第5節　大転換の7法則 ———————————————————————— 504
　　　　1）大転換が発生するまでには7つのステップがある
　　　　2）3つのMACDが教えてくれること

　第6節　プレミアエリアとスーパープレミアエリア ———————————— 508
　　　　1）手仕舞いはしないプレミアエリア
　　　　2）プレミアエリアが終わるとき

　第7節　仕掛けの3パターンと手仕舞いの3パターン ———————————— 511
　　　　1）仕掛けのポイント
　　　　2）仕掛けの3パターン
　　　　3）手仕舞いのポイント
　　　　4）手仕舞いの3パターン

| コラム | 相性の良いテクニカル分析がある | 471 |
| --- | --- | --- |
| コラム | 天才トレーダーを育てることは可能か！ | 491 |

　あとがき　〜本書のまとめ〜 ———————————————————————— 520

# 第1章

## ローソク足および日本を代表するチャートたち

## 第1節
## Vトレーダーを目指せ

　Vトレーダーとは、自分の目標利益を狙いすまして、安定的に達成できるトレーダーのことです。

　かつて「相場師の時代」がありました。数多(あまた)いる相場師の中でも数十億円規模で儲けた相場師は尊崇の念を込めて「黄金相場師」と呼ばれたものです。黄金相場師たちがある相場に何億円かを投じて10億円、20億円と稼いだ話は、当たり前のように転がっていました。ところが、その同じ黄金相場師が、次の投資では儲けの半分を失ったという話も、同じくらい、いやそれ以上に耳にしました。

　また、儲けた人はたくさんいます。しかし、幸せになった人はなかなかいません。儲けることと幸せになることは決してイコールではないのです。

　勉強して大きく儲けられるようになれば、そのまま幸せになれるはずだと考える人は少なくありません。ほぼすべての人がそのように考えているといっても過言ではないでしょう。

　ところが、実際は違います。人は、身の丈に合わない大金を持つと不道徳な散財を繰り返すようになります。その結果、家族をも不幸に巻き込むケースも出てきます。

　幸せになるための投資とは、短期間で大金をつかみながらも、同じように短期間でその大金を失うものであってはなりません。毎年、コンスタントに安定的な利益を上げることが一番大事なのです。もちろ

ん簡単な話ではありません。しかし、その目標を達成できる人は必ずいます。それが"Ｖトレーダー"です。

　投資の収益に対する満足度は人それぞれで異なります。
　100万円の投資元本に対して100万円の純利益が得られれば多くの人が満足することでしょう。しかし5000万円、1億円の元本で100万円の利益だとしたらどうでしょうか。
　だからこそ、自分の目標利益を定めて、それをコンスタントに達成する姿勢が必要になります。そのためには、まず投資の基本を勉強することです。
　投資の世界では、勉強せずにチャート分析の売買シグナルを見ているだけでは勝てません。投資の基本を勉強し、その中で"トレードエッジ（第2章で後述）"という考え方を理解する必要があるのです。
　トレードという世界において、勝率100％はありません。仮に、相場が上がるか下がるかを当てるだけなら50％かもしれません。その50％を60％に、60％を65％にできる局面を読み取るのがトレードエッジの根本的な考え方です。
　もちろん、容易なことではありませんが、方法はあります。**"大数（たいすう）の法則"** を用いて勝率の向上を目指すのです。確率を味方につけるのです。
　大数の法則について解説します。例えば、サイコロを振って「1」の目が出る確率は6分の1です。
　では、6回振れば必ず1回は「1」の目が出るかといえばそうではありません。6回振って1回も出ないケースはいくらでもあります。ところが、1000回、1万回と振る回数を増やせば増やすほど「1」の目が出る確率は理論通り6分の1に近づいていくのです。これが大数の法則と呼ばれるものです。「トレードエッジを見つけ出して勝利する」とはそういう作業です。

チャート分析を正しく学べば、エッジのある状態を見抜くことができるようになります。もちろん、どれほどチャート分析を極めても、やはり100％の勝率は達成できません。それでもエッジがある瞬間を狙って仕掛けていけば、当たり外れを繰り返す中で最終的に勝利を収められるのです。

　チャート分析で重要なのは、売買サイン発生の仕組みをきちんと理解することです。それには、サインを導く計算式の意味を把握しなければなりません。このことを考慮して、移動平均線の章ではゴールデンクロスで買い、デッドクロスで売ることの必然性を、ストキャスティクスやRSIの章では買われ過ぎ、売られ過ぎを判断する根拠を説明しています。売買サインに機械的に反応するだけでは勝ちは見えてきません。

　また、本書では複数のチャート分析の手法を紹介していますが、トレーダーである"あなた自身"が使うテクニックは最終的にひとつか2つになるはずです。

　では、残りの勉強は不要かといえば、決してそうではありません。すべてのチャート分析手法、テクニカル指標は、過去の相場の達人たちの経験と知恵の結晶です。相場の上下動を予見する確率をフィフティ・フィフティから6割へ、さらには7割へと高められる局面を、ある達人はこちらの角度から見て発見し、ある達人は別の角度から見て発見したからこそ、現代においてさまざまなテクニカル指標が存在するのです。われわれに必要なのは、先人がどの角度に注目したかを知ることに他なりません。チャート分析手法にかかわらず、どこに注目してエッジが生じるのか、その瞬間を見つけ出すことが重要です。できるだけ多くの分析手法を学び、達人たちが磨いたエッセンスを身につけることこそ、トレーダーとしての成長を促すからです。

　私には日本の投資教育を変えたいという気持ちがあります。多くの

投資セミナーと呼ばれるものは、株価や為替の上げ下げの予想、銘柄の推奨が話の中心になっています。それを参加者が必死にノートに書き写す光景が普通です。しかし、それでは勝てる投資家は永遠に育ちません。したがって、私自身は、そういうセミナーはしません。自分の判断で正しい投資ができる投資家に育ってもらいたいからです。

　日本では、投資で儲けることはあぶく銭を手にするようなイメージがあります。投資はビジネスの一分野です。額に汗しておカネを稼ぐことと、一生懸命勉強して投資で稼ぐことに違いはないはずです。苦労して勉強したその結果として利益を得るのですから、世界中では「投資は素晴らしい」との評価を受け、投資収益を生み出せるトレーダーは尊敬されています。日本でも投資家が尊敬され、正しく評価されるべきなのです。

　勝てる投資家の育成は何よりも大事なことです。しかし、そのためには投資家自身が勉強をしなくてはなりません。新聞や雑誌、テレビのニュースを鵜呑みにしても、なかなか勝てません。囲碁も将棋も、ゴルフでも英会話でも同じです。何かひとつのことをマスターしようと思ったらその本を読み、そのあとで実践するはずです。その中で試行錯誤を重ね、そして良いコーチに巡り合うことができれば、それが近道になります。

　投資も同じです。本書の読者もまた正しく勉強すれば正しいゴールにたどり着きます。

## 第2節
# トレンドとは何か

### 1）トレンドは友だち

　チャート分析を学ぶにあたり、あらかじめ知っておかなければならないことがいくつかあります。そのひとつがトレンドです。

　トレンドには上昇トレンドと下降トレンドがあります。投資の世界では「トレンドは友だち（Trend is my friend）」という言葉があるほどですから、大切につき合っていかなければいけません。そのためにも、まずはトレンドを知ることから始めましょう。

　まず大切なことは、トレンドには「継続する性質がある」ということです。例えば、現在の相場が上昇トレンドの渦中にあるとします。もちろん下降トレンドでもかまいません。しかし、その上昇トレンドも下降トレンドも、やがては終わりを迎えます。ところが、現在の上昇トレンドが明日終わるか、それとも明日以降も継続するのかといえば、明日以降も継続する可能性のほうが高いのです。

　ファンダメンタルズ分析ももちろん大切ですから、大いに勉強する必要があります。相場では、大局の流れはファンダメンタルズに強く影響されます。

　ところが、目先の相場がファンダメンタルズに逆らって動くことはいくらでもあるのです。

例えば、極めて業績が優れた会社を見つけたとします。そこで、いつか値上がりすると考え、その会社の株を買ったとしましょう。ところが、業績が株価に反映される前に、株価が買値より下がってしまうことは珍しくありません。最終的に先高を予想していれば、目先の小反落は我慢せざるを得ません。しかし、株価が最終的に上がるのは、あくまでファンダメンタルズが正しく働いた場合に限ります。そして、その途中で当初分析したときとは違う、何か新しい悪材料が出てくるという話はよくあることなのです。

　仮に、新しい悪材料の影響を受けて株価が下降線をたどり、やがてロスカットラインに到達したとします。

　このとき、大前提として、相場がロスカットラインに到達した場合には潔く損切りしなければいけません。自らのルールを破って損切りを惜しめば、最終的に致命傷になる可能性が高いからです。とすると、最終的には株価の上昇がそれなりの確率でわかったとしても、その予測は役に立たないことになります。


　次ページの下段に、「4パターンの折れ線グラフ（チャート）」を用意しました。どれも右肩上がり、つまり上昇しています。しかし、ここで確認したいのは、ある期間に上がっているから上昇トレンド、ある期間に下がっているから下降トレンドだとは言えない、ということです。

　トレンドにははっきりとした定義があります。それがダウ理論です。チャールズ・ダウという人が発案し、世界中のトレーダーが検証した結果、間違いないと裏づけられ、今日に至っています。

　ダウ氏はウォールストリートジャーナル紙の創設者で、ニューヨーク証券取引所の平均株価の計算方法を考えた偉人です。そのダウ理論によると、トレンドは目先の上昇と下降を繰り返しながら一定の方向性を形成します。この上昇と下降を「波（波動）」ととらえると、価格は波打ちながら（＝上昇と下降を繰り返しながら）上がり、下がって

いくのです。そして、その波の中には目先の天井と目先の底ができます。

目先の天井とその直前の天井、目先の底とその直前の底を比較して、目先の天井がその直前の天井よりも高い、目先の底がその直前の底よりも高い状態を「高値の切り上げ」「安値の切り上げ」と言います。そして、高値と安値の切り上げが継続して発生する状態を上昇トレンドと呼びます。

下降トレンドはその逆です。目先の天井がその直前の天井よりも低くなる「高値の切り下げ」、目先の底がその直前の底よりも低くなる「安値の切り下げ」が継続する状態を指します。

いずれにも当てはまらない状態は、チャートの見た目が右上がりでも右下がりでも「トレンドがある状態」とは言いません。

したがって、下図の4つのチャートのうち典型的な上昇トレンドは①ということになります。②と③は、結果的に価格上昇が見られるものの、途中で切り下がりが確認できます。その瞬間に上昇トレンドは破綻しているので、たまたま上昇したと考えるべきです。

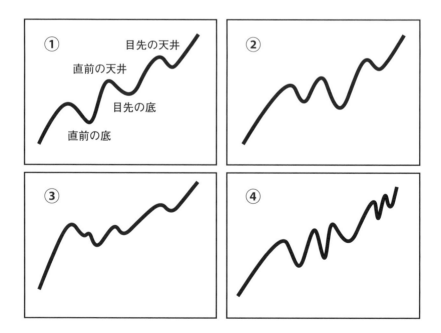

④は全期間を通して高値と安値が切り上がっているのでトレンドがある状態に見えますが、実はこれもトレンドはありません。なぜでしょうか。それを説明するために、なぜ①のような状態が起こるのかを考えてみます。

　価格が今、どんどん上昇方向にあるのは、会社の業績が良いとか、あるいは商品なら需給がひっ迫している状態です。しかし、そうしたときでも、価格は必ず波を打ちます。すなわち、波動を形成します。価格が波動を形成する理由は、価格がある程度上昇すると、安値で買ったトレーダーは「（この先まだ上昇すると思っても）いったん利益を確定しよう」と考えるからです。利益を確定する値幅はトレーダーによって異なります。仮に、節目の価格でまとまった利益確定の売りが出ると、それは価格を強く押し下げる要因となります。

　ところが、まだ需給のひっ迫が解消されていないなら、その大きな下げも結局は価格の押し上げ要因として作用するはずです。そうであれば、その株なり商品は再度買い直されるでしょう。これが「押し目買い」の理屈です。

　ファンダメンタルズに変化がなければ押し目買いは一定期間、連続して繰り返されます。ここで注意したいのは、そうした状況では、買い方も売り方も、実は買い方だという事実です。

　マーケットには買い方と売り方がいます。一般的には、価格の上昇によって利益を得るトレーダーが買い方、価格の下落によって利益を得るトレーダーが売り方です。先物取引やＦＸでは当たり前ですが、株の現物取引でもカラ売りをして、下落局面で利益を取ろうとするトレーダーがいます。ところが、長期にわたる安定的な上昇局面では下げで利益を取るのは難しくなるため、価格が上がれば上がるほど売り方はいなくなる理屈です。

　そうなると、上げ相場を支えている買い方は、当然、多くなります。そして、その後、押し目を作る下げ、つまり売りも買い方の利益確定

の売りとなり、また買い方が買い直す、そして、利益確定の売りを出すという循環になるのです。このような状態を「回転が利いている」と言います。買い方にとっては絶好の状態ですが、売り方はうかつに手を出せません。これがトレンドの継続性の理由です。

ところが、④では回転および循環の利きがまったく感じられません。継続性が感じられるのは、同じくらいの値幅で、上がって下がってという状態が安定的に繰り返す場合です。こういうときは、トレンドは継続します。このように、継続性がある価格変動をトレンドと呼ぶのです。

## 2）トレンドラインを引くために知っておくこと

トレンドラインは相場の流れを知るための重要なツールです。きちんとトレンドラインを引くことで、視覚的にトレンドを確かめることができるようになります。

トレンドラインを引くには、上昇トレンドでは波動の底を、下降トレンドでは波動の天井をつなぎます。トレンドには継続性がありますが、永遠に続くことはありません。トレンドの終焉は価格とトレンドラインの位置関係で確認ができます。

上昇トレンドなら、価格がトレンドラインの下に行ったとき、つまり、トレンドラインを割り込んだときが現在のトレンドの終わりの予兆です。下降トレンドはその逆です。価格がトレンドラインを上回ったとき、つまりトレンドラインを越えて上方に行ったときがトレンドの終わりになります。上昇トレンドでも下降トレンドでも、価格がトレンドラインを越えることを、「ブレイクする」と言います。

# 第3節
# ローソク足入門

## 1）ローソク足の理解がチャート読解の基本

　チャートというと、世界的にはバーチャートが一般的です。バーチャートは、一見すると、カタカナの「コ」のようにも見えます。「コ」の形に始値を付加したものもあります。始値・終値・高値・安値が連続しているのがバーチャートの特徴です。

　ところが、近年になると、海外でもローソク足が広く使われるようになりました。見た瞬間に「上昇か、下降か」を理解できる機能を備えているところに、ローソク足が普及した背景があります。

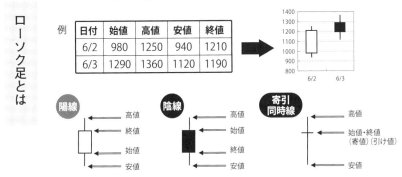

ローソク足とは、値段の動きの始値、高値、安値、終値を使用し、ローソクの形に描いたものです。

ローソク足とは

例

| 日付 | 始値 | 高値 | 安値 | 終値 |
|---|---|---|---|---|
| 6/2 | 980 | 1250 | 940 | 1210 |
| 6/3 | 1290 | 1360 | 1120 | 1190 |

経験が少ないトレーダーのみなさんには、ぜひ、ローソク足の手書きをお勧めします。なぜかというと、ローソク足を手書きすれば、チャートの理解が深まるメリットがあるからです。
　今はパソコンに４本値を入力するだけで、もっと言えば、価格情報をフィードするだけで、コンピューターが勝手にローソク足をスクリーンに表示してくれます。
　労せずしてコンピューター画面にチャートを呼び出すことの不幸は、トレーダー自身が値動きの実感をつかめなくなることです。例えば期間を１年間とした場合、コンピューターは年間の高値と安値をもとに、チャートがスクリーン内に収まるように自動的に調整をします。しかし、それでは、大きな値動きがあった１年と、ほぼ値動きが限定的だった１年の区別がつかないのです。
　ところが、トレーダー自身が手書きをすると、話が違ってきます。例えば、価格変動の大きなときには１枚のチャート用紙に収まりきれない（＝別の用紙を足す）という経験を必然的にすることになります。このように、複数の用紙を足すことによって、「今までこの値位置で動いていた相場が、今度はこの値位置に変わった」とわかるのです。
　もちろん、逆の場合もあります。チャート用紙のほんの一部、中心部分でしか動いていなければ、やはり価格変動の小ささを実感できます。

　ローソク足は「実体」と「ヒゲ」でできています。実体は四角形の部分、その上下に伸びているのが「ヒゲ」です。
　ローソク足は極めて視覚的で、見た瞬間に「これは天井の形である」など、そのときの相場の状況がわかります。この「すぐにわかる」という点が最大のメリットです。
　はじめに覚えるべき名称（呼び名）と性質を次ページ下段の「ローソク足の形状」に記しています。大陰線、大陽線、上ヒゲ陰線、下ヒゲ陽線などがそれです。詳しい説明は後述します。

◆ローソク足の特徴

### 実体とヒゲ

ローソク足は、始値と終値でローソクの実体部分を描き、高値や安値は、実体部分から線を伸ばす。なお、この線のことを『影』または『ヒゲ』と呼ぶ

### 陽線・陰線・寄引同時線

◎終値が始値よりも高いものを『陽線』と呼び、実体部分を白で示す
◎終値が始値よりも低いものを『陰線』と呼び、実体部分を黒で示す
◎始値と終値が同じ価格になっているものを、『寄引同時線』と呼ぶ

### ローソク足の特徴

◎ローソク足の最大のメリットは視覚で相場状況がわかること
◎そのためたくさんの型が発見された
◎1本の型、2本の型、3本の型などがある

◆ローソク足の形状

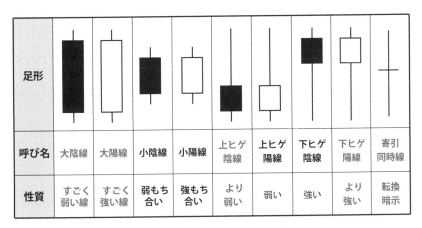

| 足形 | | | | | | | | | |
|---|---|---|---|---|---|---|---|---|---|
| 呼び名 | 大陰線 | 大陽線 | 小陰線 | 小陽線 | 上ヒゲ陰線 | 上ヒゲ陽線 | 下ヒゲ陰線 | 下ヒゲ陽線 | 寄引同時線 |
| 性質 | すごく弱い線 | すごく強い線 | 弱もち合い | 強もち合い | より弱い | 弱い | 強い | より強い | 転換暗示 |

※「強い」は価格の上昇、「弱い」は価格の下降を示す

ローソク足には「あだ名」もあります。あだ名はローソク足の形状に応じてつけられており、「陰の丸坊主」「陽の丸坊主」「トンボ」「トウバ（塔婆）」「カラカサ天井」などユニークなものばかりです。それぞれに性質・特徴がありますから、覚えておくと便利です。

ローソク足のあだ名

| 足形 | （大陰線） | （大陽線） | （大陰線） | （大陰線） | （大陽線） | （大陽線） | （小陰線） | （小陽線） |
|---|---|---|---|---|---|---|---|---|
| 呼び名 | 大陰線 | 大陽線 | 大陰線 | 大陰線 | 大陽線 | 大陽線 | 小陰線 | 小陽線 |
| あだ名 | 陰の丸坊主 | 陽の丸坊主 | 陰の大引坊主 | 陰の寄付坊主 | 陽の寄付坊主 | 陽の大引坊主 | コマ（陰の極線） | コマ（陽の極線） |
| 性質 | すごく弱い線 | すごく強い線 | 弱い線・下値暗示 | 弱い線・下値暗示 | 強い線・上値暗示 | 強い線・上値暗示 | 迷っている | 迷っている |

| 足形 | | | | | | |
|---|---|---|---|---|---|---|
| 呼び名 | 寄引同時線 | 寄引同時線 | 寄引同時線 | 寄引同時線 | 下影陰線 | 下影陽線 | 寄引同時線 |
| あだ名 | トンボ | トンボ | トウバ（石塔） | 足長同時（寄せ線） | カラカサ（たぐり線）上影が長ければトンカチ | | 四値同時（一本同時） |
| 性質 | 転換期 | 転換期 | 終戦、これからもち合いか転換か | 上影下影の足長中央に寄せて同時にしたもの、攻防の分岐 | 上位に出れば売り下位に出れば買い窓を空けて上位に出てくると「首つり線」と呼ばれる。 | | 前後によって転換期 |

実体は、それが陽線なら、始値から終値にかけて相場が上昇したことを意味します。そして、その実体が長ければ長いほど買い方の勢いが強かったことがわかります。これが、終値が始値を大きく上回ると実体が長くなる理屈です。
　ヒゲは、買い方と売り方の勢力争いの激しさの表れです。逆にヒゲがないローソク足は、買い方または売り方の一方的な相場ということになります。

◆ローソク足の本質

**実体の大きさ**

・相場の勢いを象徴。買い方・売り方のエネルギーを示す

**ヒゲの長さ**

・買い方と売り方の勢力争いの激しさを象徴

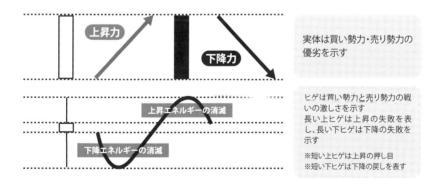

ローソク足を学ぶ目標は、描かれたローソク足を見て、頭の中で相場のリアルな動きを再現できるようになることです。例えば、ヒゲのない陽線・陰線は難しくありません。では、上にヒゲがある陽線（陽の寄付坊主）はどうでしょうか。

　陽の寄付坊主は、相場が始まり、終わるまでの間に、その日（またはその期間）の高値をつけることで描かれます。つまり、上昇していた相場が終盤にかけて押し目を迎えて終わったという解釈が成り立つのです。

　それでは、実体の上下にヒゲがある陽の極線はどうでしょう。上下にヒゲが出るコマ（極線）は、最もダマシを起こしやすい形です。相場の始まりと終わりは明らかであるけれど、下ヒゲと上ヒゲのどちらが先に発生したかにより、2通りのシナリオがありえるからです。すなわち、相場が始まったのちに安値をつけてから高値をつけ、終盤にかけて下げたのか、それとも、始まりから高値をつけたのちに安値を示現し、終値まで上げたのかの違いです。

　前者なら、先行きの下げの力を、後者なら上げの力の優勢を予感させるでしょう。残念ながら、それはこのローソク足だけでは見分けることができないのです。

　しかし、この困難も、異なる時間枠のローソク足を見ることによって克服が可能になります。工夫次第というところでしょうか。

　ローソク足チャートの読み方には、以下のように大きく3つのポイントがあります。それぞれ解説していきます。

ポイント1：大陽線と大陰線を探すこと
ポイント2：長い上ヒゲと長い下ヒゲを探すこと（特に、天井圏にある長い上ヒゲと底値圏にある長い下ヒゲが重要）
ポイント3：連続陽線と連続陰線を探すこと

◆陽の極線

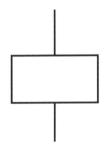

◆ローソク足から値動きをイメージする

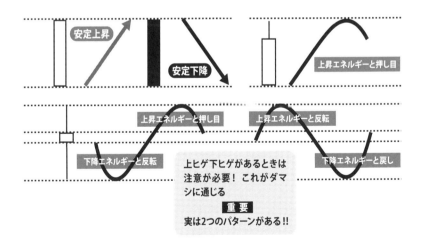

## 2）ポイント1　〜大陽線・大陰線を探せ〜

　大陽線と大陰線とは、実体の大きな陽線と陰線のことです。残念ながら、日本のチャート分析は非常に曖昧で、大陽線と普通の陽線に明確な規定はありません。つまり、トレーダーの判断にかかっているのです。

　大陽線と大陰線はとても大きなエネルギーの存在を示すものです。そして、それは基本的に上昇トレンドまたは下降トレンドの始まりを示唆します。

◆大陽線・大陰線を探せ

**大陽線・大陰線**
- ◎強力な上昇エネルギー、強力な下降エネルギーを象徴する線
- ◎大陽線または大陰線がトレンドの始まりを示すことがよくある

**上昇トレンドの始まり**
- ◎上昇トレンドの始まりに大陽線が出現し、新たなトレンド発生のエネルギーを示す
- ◎ときに上昇トレンドの最後に大陽線が出現し、売り方が撤退したことを示す
  ※売り方がいなくなると相場は急騰し、そこで上昇相場が終わる

**下降トレンドの始まり**
- ◎下降トレンドの始まりに大陰線が出現し、新たなトレンド発生のエネルギーを示す
- ◎ときに下降トレンドの最後に大陰線が出現し、買い方が撤退したことを示す
  ※買い方がいなくなると相場は急落し、そこで下降相場が終わる

**ひげ**
- ◎特にひげのないもの（短いもの）は強力

大陽線（大陰線）の出現は買い方（売り方）が相当に勢いづいたことを意味するので、大陽線をきっかけに上昇、大陰線をきっかけに下落するというのは直感的にもわかりやすいはずです。
　しかし、ごくたまに上昇トレンドの終わりに大陽線が、下降トレンドの終わりに大陰線が出現することがあります。
　例えば、大陰線で下げ相場が終わるのは、相場の下落とともに、買い方が損を覚悟で買いポジションを売り手仕舞いするケースです（その逆に、大陽線で上昇トレンドが終焉を迎えるのは、売り方が売りポジションを買い手仕舞いするパターンです）。
　そうした状況で大陰線が出現すると、マーケットには買い方の敗北宣言が伝わり、相場は下げ止まります。不思議な話ですが、もう買い方はいなくなっています。今マーケットにいるのは売り方だけです。そのとき、売り方は何をするかというと、相場が下げて生じた分の利

◆まずは大陽線と大陰線を探す

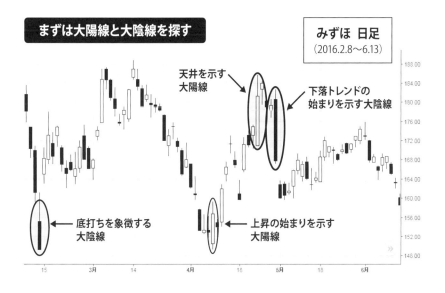

益を確定しようと買い戻すことになります。下げの利益を確定するには、売り方は買い戻すしかないからです。すると、売り方の買いにより、相場は底打ちして反転上昇に向かうのです。これが、大陰線で下降相場が終わる理屈です。

　チャートの読解力が身につけば、下降トレンドの始まりを示す大陰線、底打ちを示す大陰線、上昇トレンドの始まりを示す大陽線、天井を示す大陽線の違いがわかるようになるはずです。初心者トレーダーには難しく感じると思いますが、さまざまなチャートを研究して読解力を身に付けていきましょう。

## 3）ポイント2　〜天井圏の上ヒゲ、底値圏の下ヒゲを探せ〜

　次は天井圏の長い上ヒゲと底値圏の長い下ヒゲを探します。
　この2つの長いヒゲは、その場所での"買い"、または"売り"の終わりを示唆します。やはりトレンド転換の目安になります。上昇トレンドの最後の局面で長い上ヒゲが出た後、もしくは、下降トレンドの最後の局面で長い下ヒゲが出たあとで、それぞれ天井と底打ちになっていることを次ページ下段のチャートで確認しましょう。

## 4）ポイント3　〜連続陽線、連続陰線〜

　陽線と陰線が連続するのは、それぞれ買いまたは売りの勢いが強いからです。
　では、どれだけ連続したら勢いが強いと判断するのでしょうか。私は、日足でも、時間足でも、5分足でも、陽線が3本以上続いたら買い方が勢いづいた、陰線が連続して3本以上続いたら売り方が勢いづいたと考えるようにしています。もちろん、連続する陽線または陰線の数が多くなれば、それだけ勢いは強いことになります。しかし、まず3

◆次に天井圏の上ヒゲ、底値圏の下ヒゲを探せ!

**天井圏の上ヒゲ**
◎上昇エネルギーが尽きて、反転し始めた象徴（←天井暗示）
◎ヒゲが長ければ長いほど、その傾向が強い
◎陰線であればさらに天井打ちが明確になる

**底値圏の下ヒゲ**
◎下降エネルギーが尽きて、反転し始めた象徴（←底暗示）
◎ヒゲが長ければ長いほど、その傾向が強い
◎陽線であればさらに底打ちが明確になる

本続いたところで売り方と買い方のバランスが崩れたと判断します。

　売り方と買い方は、日々、マーケットで攻防を繰り広げています。通常のマーケットでは買い方と売り方の勢力は拮抗しています。そうした中でも、買い方が２連勝することがあります。このとき、その次に売り方が頑張って１勝を取り戻せばどうということはありません。

　しかし３連勝（３連敗）、つまり３回連続で陽線（陰線）が続くと、売り方と買い方の力関係が崩れます。そこから上昇トレンドまたは下降トレンドが発生する可能性が高まるのです。

　このことを次ページ『連続陽線、連続陰線を探せ！』の下段のチャートで確認してみましょう。

　Aで囲った箇所は連続陽線になっていますが、最初の陽線から３本続いた時点で、それまでのもみ合い状態とは明らかに相場の様相が変わったとわかります。

　連続陽線および連続陰線は、実は、大陽線・大陰線と同じ見方をします。つまり、トレンドの始まりのほかに、トレンドの終わりのときにも出現するのです。買い方の損失確定の売り手仕舞いにより連続陰線が出現することで、それまでの下げが終わることがあります。このことを株やFXなど、いろいろなチャートで確認してみてください。

## 5）ローソク足の組み合わせ

　ローソク足は１本だけでなく複数本を組み合わせることで、さらにマーケットのいろいろな情報を読み取ることができるようになります。

　まずは２本のローソク足が織りなす意味を知ることから始めましょう。

　ローソク足の組み合わせには異なる意味があり、それぞれ名前がつけられています。39ページ〜41ページに示した組み合わせのうち、特に重要なものを太字で記しました。そのほかの組み合わせも知って

◆連続陽線、連続陰線を探せ！

### 陽線・陰線

◎売り方と買い方は日々闘っている。その勝敗が陽線・陰線

### 連続陽線・連続陰線

◎売り方と買い方のバランスが変わらなければ陽線・陰線は交互に出てくるのが標準。2連続陽線、2連続陰線までは普通にある
◎陽線が3本続く、陰線が3本続くというところから、新たな何かが起こっていると判断する
◎連続陽線・連続陰線は連続する本数が多いほど、実体が大きいほどエネルギーが強い

### 分析の仕方は大陽線・大陰線と同じ

◎上昇トレンドの初期に連続陽線が出現し、新たな上昇エネルギーの誕生を象徴
◎ときに上昇トレンドの最後に連続陽線が出現し、売り方が総撤退したことを示す
◎下降トレンドの初期に連続陰線が出現し、新たな下降エネルギーの誕生を象徴
◎ときに下降トレンドの最後に連続陰線が出現し、買い方が総撤退したことを示す

日経225 先物 日足
2011.12.14 ～ 2012.8.23

いればもちろん有利に働きます。

　ローソク足の組合せは形を覚えるだけでなく、そのときに価格がどう動いたかを考える必要があります。

　例えば、陽線と陰線の組合せの代表に「包み線」と「はらみ線」があります。見た目は似ていますが、「包み線」では前日のローソク足より翌日のローソク足が長く「包み込む形状」になっている点、「はらみ線」では逆に前日のローソク足より翌日のローソク足が短く「包み込まれる形状」になっている点が異なります。

　「包み線」と「はらみ線」に共通する「陽線と陰線の連続」「陰線と陽線の連続」は、前の日のトレンドの逆転を表しています。ただし、それぞれ「包み線」では陽線が陰線を包むのか、陰線が陽線を包むのか、そしてそれぞれがチャートのどの位置で出現するかによって意味が異なる点に注意してください。

　例えば、上昇トレンドの終盤で、前回の陽線を包む陰線による「包み線」が出た場合は、売り転換の暗示となります。

　また、下降トレンドの終盤で前回の陰線を包む陽線による「包み線」が出た場合には、買い転換の暗示となります。

◆ローソク足の組み合わせ　その1

| 組み合わせ | 呼び名 | 性質 |
|---|---|---|
|  | 切込み線 | 前日の大陰線をそれより安値で始まった大陽線で、前日陰線の実体の中心を上回っている。陽転切り込んだ形。の兆し。 |
|  | 差込み線 | 入り首線よりもう少し長い形。陽線で大陽線がそれに近いただしまだ前日陰線の実体の中心は上回っていない。弱気暗示。 |
|  | 入り首線 | あて首線の陽線がもう少し上に伸びた線。ただし前日陰線の実体の中心よりは引けている。弱気暗示。下で引けている。 |
|  | あて首線 | 前日の大陰線の後、下放れて始まり、前日安値のところで引けた小陽線。買いの力不足で弱気暗示。 |
|  | かぶせ線 | 陽線の次に陰線でしかも陽線より高値をつけたが、前日陽線の実体の中に終値のある線。上昇エネルギーの打ち消し。 |

39

◆ローソク足の組み合わせ　その2

| 組み合わせ | 呼び名 | 性質 |
|---|---|---|
|  | 行き違い線 | 陽線と陰線が同じ始値をもつ形。出る場所によって見方が異なり、上昇過程では買い、下落過程では売りを暗示する。 |
|  | 出合い線 | 陰線と陽線が同じ終値で出合った形。大きな特徴が2つ。2本目が1本目を打ち消し、2本目と同じ方向に動きやすいといわれる。 |
|  | 星 | 大陽線の後に上放れて始まり、短小線で終わった形。転換暗示。なお、大陰線の後に下放れた短小線は「捨て子」、「離れ小島」、「雨だれ」という。 |
|  | はらみ線 | 前日の線に包み込まれる形。前日の線の効力を当日の線が弱めている。転換暗示。 |
|  | 包み線 | 前日の線を包み込む形。高値圏で陰線での包み足は弱気暗示。安値圏で陽線での包み足は強気暗示。 |
|  | たすき線 | 前日の線の実体内に始値を置き、その安値を下回ったり高値を上回ったりする陽線と陰線の組み合わせ。目先の逆方向かいを暗示。 |

◆ローソク足の組み合わせ　その3

| 組み合わせ | 呼び名 | 性質 |
|---|---|---|
|  | 空（くう） | 線と線の間に隙間のできた状態。空窓ギャップなどという。支持や抵抗になる場合がある。 |
|  | 連続線 | 前日の線より上か下に抜けているもの。陰陽はわずかだが、本数の制限もない。 |
|  | 毛抜き線 | 陽線で始まって高値が同じ線のこと。陰線で始まって安値が同じもの。陽線で始まるものは売り暗示、陰線で始まるものは買い暗示。 |
|  | 並び黒 | 似たような実体の陰線が2本並んだ形。一般的に上値2つの圏を出た時は手仕舞い売りのポイントとして捉えられている。 |
|  | 並び赤 | 似たような実体の陽線が2本並んだ形。「上放れ並び赤」は買い場、「下放れ並び赤」は売り場と捉えられる。三つの中間では強弱感なし。 |

41

## 第4節
## 平均足(コマ足)入門

**1)概要**

　平均足(コマ足)とは実体が短く、上下にヒゲが伸びているローソク足のことです。平均足をつなげば、それが平均足チャートになります。平均足チャートには、通常のローソク足に比べ、陰線と陽線がはっきりしているためトレンドがわかりやすいというメリットがあります。

　また「窓」を空けない点も特徴です。個別株のチャートは、夜間の為替変動や海外のイベントを反映して、翌日には前日の終値とはかけ離れた高い値位置、低い値位置から取引が始まることがあります。この価格の非連続性が「窓」となるわけで、さらに、その非連続性がトレーダーの判断を鈍らせるので、トレードをするうえでは非常にやっかいなものになります。

　ところが、それも平均足で見ると上昇トレンドのときには陽線ばかりになっています。下降トレンドのときには陰線ばかりで連続的に描画されます。したがって、今の相場がどのような状況かを容易に把握できる仕組みとなっています(次ページ参照)。

　平均足チャートでは実体の大きさが「トレンドの強さ」を、ヒゲの向きは相場が「今、上下どちらの方向を向いているか」を表しています。
　ヒゲに関して、通常のローソク足では、上ヒゲはいったん上がると

◆平均足チャートのわかりやすさ1
　〜陽線／陰線がはっきりして、トレンドがわかりやすい〜

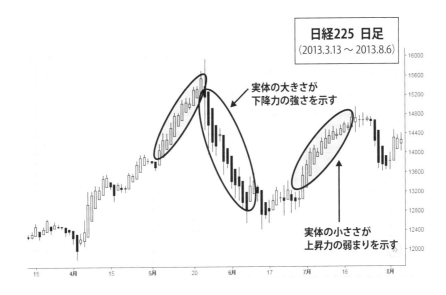

◎上昇トレンド時は陽線が続き、下降トレンド時は陰線が続く
◎窓を開けない
◎実体の大きさがトレンドの強さを表す

思った勢力が売り戻されたことになるため、下方圧力がかかりやすい傾向があります。その逆の下ヒゲなら上方圧力です。

しかし、平均足の場合は上昇トレンドでは上に、下降トレンドでは下にヒゲが出てきます。ヒゲが上下にあればもみ合い相場です。『平均足チャートのわかりやすさ２』で、ヒゲとトレンドの関係を確認してください。

◆平均足チャートのわかりやすさ２　～ヒゲの向きがトレンド方向～

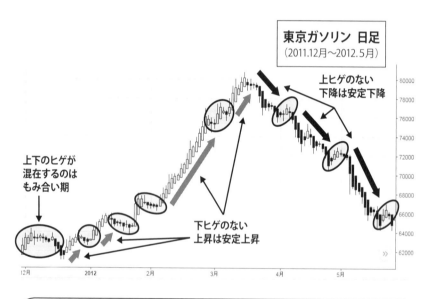

◎上昇トレンド時は上ヒゲ、下降トレンド時は下ヒゲが出る
◎下ヒゲのない上昇、上ヒゲのない下降が一番安定したトレンド
◎上下にヒゲのある足が出たり、上ヒゲのある足と下ヒゲのある足が
　短期間に混在するのはもみ合いトレンドの証拠

2）コマ足でトレンド転換を読む

　平均足チャートでは、トレンドの転換は「コマ足」を目印にします。
　コマ足とは、実体が短く上下にヒゲがあるローソク足です。実体が極端に小さい、ほとんど「十字」の形もコマ足の一種と考えます。計算式は下記の通りです。
　次ページの『平均足チャートのわかりやすさ3』では、コマ足の出現地点を丸印で囲んでいます。トレンド転換点になっていることがわかります。
　平均足チャートについて、まとめると以下のようになります。

◎陽線・陰線が連続するのでトレンドがわかりやすい
◎実体の大きさからトレンドの強弱を判断
◎ヒゲの向きでトレンドの方向性を確認
◎コマ足の出現によりトレンドの転換を予測する

**1日目**
- **始値** ＝（前日始値＋前日高値＋前日安値＋前日終値）÷4
- **高値** ＝ 当日高値
- **安値** ＝ 当日安値
- **終値** ＝（当日始値＋当日高値＋当日安値＋当日終値）÷4

**2日目以降**
- **始値** ＝（前日のコマ足の始値＋前日のコマ足の終値）÷2
- **高値** ＝ 当日高値
- **安値** ＝ 当日安値
- **終値** ＝（当日始値＋当日高値＋当日安値＋当日終値）÷4

◆平均足チャートのわかりやすさ３　～コマがトレンド転換を教えてくれる～

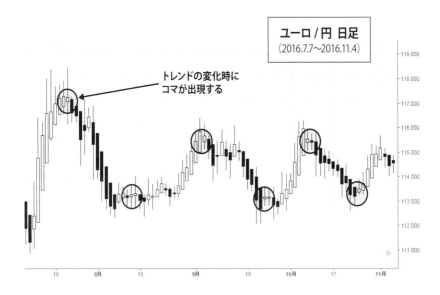

◎実体が短く、上下にヒゲが伸びている足をコマ足と呼ぶ
◎十字線もコマの一種である
◎コマがトレンド転換を教えてくれる
◎コマが短期間に複数出てくるのはもみ合い相場である

## 3）トレーディングビュー（TradingView）で描画

　平均足チャートは『トレーディングビュー』をキーワード検索すれば簡単に呼び出せます。平均足と同じ概念で作成する下記の『練行足(れんこうあし)』では日経平均株価を描画しています。

　トレーディングビューであれば、ローソク足はもちろんのこと、平均足だけでなく、練行足など、さまざまなチャートも瞬時に表示することができます。

◆練行足

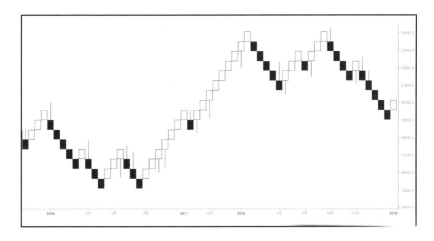

　練行足は、ボラティリティ、値動きなどからその動きをとらえるのにふさわしいと思われる任意の「基準となる値幅」を決めておき、この設定した値幅を超えて市場価格が動いたら、現在の足の隣に新たに足（値幅分）を描きます。上昇時は白抜きの陽線を、下降時は黒塗りの陰線を、それぞれ追記して描画していきます

## 第5節
## 新値足入門

　新値足は、価格が刻々と変化していく中で、どのポイントで価格に変化が出るかをチャート化したものです。
　新値足の特徴は「時間の概念を持たないこと」です。この点はポイント＆フィギュアやマーケットプロファイルと似ています。
　一般的に使われているのは"新値3本足"ですが、新値4本足、5本足を好むトレーダーもいます。何本足を使うかはトレーダー次第ですが、作成方法はみな同じですので、本書では基本の3本足で考えてみましょう。

　新値3本足では、本日（または時間枠）の終値が、直近の高値または安値を更新したら、行を変えて新しい陽線または陰線を記入します。上昇局面なら高値を更新したとき、下降局面なら安値を更新したときにそれぞれ陽線、陰線を描き込みます。
　下降トレンドにおける新値3本足の描き方は次の通りです。
　まず始点を決めます。始点となるのはひとつ前の陰線です。次の日に安値を更新したら隣の行に新しい陰線を描きます。安値の更新が続く限りその作業を繰り返していくのですが、もちろん安値の更新は永遠には続きません。安値が更新されなければ線の記入はせず、次に安値が更新されるまで待ちます。
　しかし、安値の更新が起きる前に、過去3本分の陰線を上回る価格

◆新値足とは

### 新値3本足とは

◎日本古来の罫線、明治時代末期の本にはすでに紹介されていた
◎トレンドの転換を知るためのチャート

### 名称

◎「新値三本」「新値三段」「三線転換」「三本抜き新値足」等といろいろな呼び名がある
◎大引け(終値)で判定するのが一般的で、大引け三段足とも呼ばれる
◎転換の判断の仕方で新値○本足というものもある

### 特徴

◎非時系列チャート(時間の概念がない)

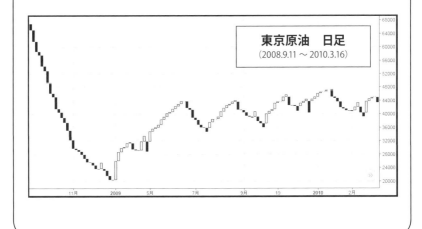

東京原油　日足
(2008.9.11～2010.3.16)

◆新値3本足の描き方

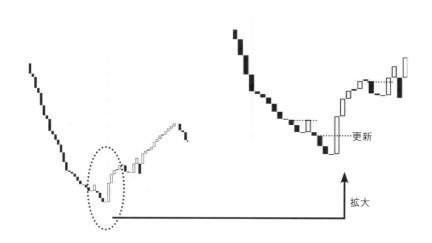

陰線3本分の高値を終値で更新

拡大

### 陽線の描き方

- 前3本の陰線の高値を終値で更新したら陽線を描く
- 始点はひとつ前の陰線の始点
- 終点は高値を更新した終値
- 終値で高値を更新するたびに行を変えて新たな高値の長方形を作る

### 陰線の描き方

- 上記の逆

上昇が発生した場合は陽線を書き込みます。このときがトレンド転換の目安です。

　上昇トレンドから下降トレンドへの転換はその逆です。陽線の安値に着目し、直近３本分の安値を更新する下落が生じたら陰線を書き込みます。

　トレンドの中には"節目"となる価格があります。その節目は1000円、5000円、１万円といった切りの良い数字かもしれませんし、高値からの半値戻し、３分の２戻しの水準かもしれません。過去に空けた"窓"の場合もあるでしょう。

　価格の上昇局面で、その節目となる価格に到達したら、その値位置で上昇がいったんストップする場合があります。

◆新値足の分析の仕方

#### 売買サイン

◎陰線が連続した後、新たな陽線が出現した時（陽転）が買いサイン
◎陽転後、前の高値を更新すれば買い乗せのチャンス
◎陽線が連続した後、新たな陰線が出現した時（陰転）が売りサイン
◎陰転後、前の安値を更新すれば売り乗せのチャンス

#### その他の分析法

◎陽転の場合、その前に続いている陰線の本数が多いほど、その後の値上がりが期待できる
◎陰転の場合、その前に続いている陽線の本数が多いほど、天井になりやすい
◎相場の転換をより確実に見極めるなら、２本目の陽線・陰線が出たときをタイミングとする。そのとき、２本目の足は小さいほどよいとされる

しかし、次の日にその節目を更新し新高値をつけ、そしてそれを繰り返せば上昇トレンドであることが確認できます。
　ただし、その更新もいつかは終わります。相場は陣取り合戦のようなものです。買い方が更新してきた高値という陣地を、勢力を増したことで売り方がひとつ回復する、2つ回復する、そして陣地を3つ回復したら、それまでの買い方の流れが、売り方の流れに切り替わったと考える。それが新値足なのです。

◆• 第2章 •◆

# 移動平均線徹底研究 &
# 移動平均線大循環分析入門

## 第1節
# 投資の正しい考え方

### 1）予想はよそう

　私の投資に関する基本的な考え方は「予想はよそう」というものです。これはテクニカル分析全般に当てはまります。

　私は米国の投資集団『タートルズ』のトレード手法と日本の『一目均衡表』を長年にわたり研究してきました。両者の共通点は、どちらも相場を予想しないことです。将来のことは誰にもわかりません。むしろ、予想することは大きな危険性をはらむことになると考えます。

　しかし、大多数のトレーダーは相場の先行きを予想し、これから上がると思えば買い、下がると思えば売ります。私自身もそういうトレードを10年間ほどやっていました。ですから、予想をせずにどうやってトレードするのかという疑問は当然わかります。

　結論としては、予想ではなく、相場を『確率』のゲームとしてとらえるところからトレードが安定するのだと考えています。相場は予想するものと考えている限りは、いつまでたっても儲かることもあれば損することもあるということです。

　ある相場で、価格が明日上がるか下がるかは常にフィフティ・フィフティです。しかし何かのきっかけで、本来はフィフティ・フィフティであるはずのバランスが崩れることがあります。

　一般的に人は、価格が高値圏にあればこれからは下がるような気が

しますし、逆に安値圏にあれば上がるような気持ちになります。本当はフィフティ・フィフティにもかかわらず、です。

ルーレットで赤か黒に賭けて勝負する自分を想像してみてください（ここでは赤でも黒でもない「0」と「00」は無視して考えます）。赤が出るか、黒が出るかはフィフティ・フィフティです。

そういう中で赤が6回連続して出ました。このとき多くの人は、次は黒が出る確率が高いと感じることでしょう。しかし確率論では、赤が連続して6回出ようが10回出ようが、その次に赤が出る確率は2分の1で変わりません。

トレードの世界では、赤が6回、7回と連続したら次も赤が出る可能性が高まると考える場合もありますが、基本はフィフティ・フィフティです。ところが、やはり価格が高くなるとこれから先売られるのではないか、価格が低くなるのではないかと考えるトレーダーは少なくありません。それでも基本はフィフティ・フィフティです。

ただ、ことトレードに関しては、確かにフィフティ・フィフティのバランスが崩れる瞬間があります。

もちろん、多くのトレーダーがもう天井だと思えば売りが増えますし、もう底だと思うトレーダーがたくさんいれば買いが出てきます。しかし、それは確実な話ではありません。あくまでも"個人の感覚"あるいは"経験による思い込み"に過ぎません。

重要なのは、確率が高いところに賭けていく姿勢です。投資を"予想のゲーム"から"確率のビジネス"にしなければ、安定的に勝つことはできないのです。

投資においては「私はアマチュアです」という感覚は捨てるべきです。

投資の世界では、ポジションを持った瞬間に誰もがイコールの立場になります。もちろん多くのプロがいます。しかし、初めてポジショ

ンを持つトレーダーであってもハンディキャップはありません。戦う相手はプロを含む無数のトレーダーたちです。

「アマチュアだから」と宣言したところで「それなら、ちょっと勝たせてあげようか」なんて話はこれっぽっちもありません。もちろん、本業を持つことは構いません。しかし、投資においても「私はプロである」という気持ちを持つこと、「賭けではなくビジネスをやるのだ」と肝に銘じておく必要があります。

◆確率のビジネスへ

```
明日上がるか下がるかは、通常 50% 50%
        ↓
しかし、ある局面ではバランスが崩れ エッジ（優位性） が生じる！
        ↓
エッジのある方向に賭けていけば、当たり外れはあるが最終的には勝てる！
        ↓
投資を「予想のゲーム」から「確率のビジネス」へ
```

## 2）大数の法則は唯一のよりどころ

　大数の法則とは、「データが大きくなればなるほど実際に発生する事柄の確率は、理論上の確率に限りなく近づく」という確率論・統計学の定理のひとつです。

　サイコロを振って「1」が出る確率が6分の1であることは誰もが知っています。しかし、実際にサイコロを6回振っても、「1」が出るかどうかはわかりません。ところが、6000回振ると1000回近く「1」の目が出ます。1万回、2万回と振る数を増やせば増やすほど、「1」から「6」の目すべてについて、それぞれの出現確率は6分の1に近づいていくのです。

　このことを踏まえ、サイコロを1〜4の目が出たら勝ち、5か6が出たら負けというゲームをすると仮定します。6回勝負で1回につき1万円を賭けて、勝てば1万円の賞金を獲得し、負ければ賭け金の1万円を失います。

　実は、このゲームの勝ち負けはルーレットの赤黒と違って、フィフティ・フィフティではありません。6回勝負で、理屈のうえでは4回勝って4万円の獲得と、2回負けて2万円の損が期待されるため、トータルでは2万円の勝ちとなるはずです。このように、勝ちの確率が負けの確率よりも高い場合、その勝負には「エッジがある」と言います。

　大数の法則によれば勝負の回数が多くなればなるほど勝つ確率は理論値に近づくはずです。どこから正確性が高まるかといえば、100回を超えたあたりからそれなりに正確になっていくと言われています。そして300回を超えると計算上の確率との誤差は3％程度になります。そうであるなら「1」から「4」までの目が出る確率は、理論上66.7％（≒3分の2）ですから、300回勝負すればおおむね190回から209回は勝てる計算になります。つまり、この時点で十分な勝算があることがわかります。そして勝負の回数を300回ではなく500回、

1000回と増やせば増やすほど誤差は漸減し、勝率はほぼ67％に収れんしていくはずなのです。

◆大数の法則

```
┌─────────────────────────────────────────────┐
│  データが多くなればなるほど正確に確率が反映されること  │
└─────────────────────────────────────────────┘
                       ↓
┌─────────────────────────────────────────────┐
│  サイコロを6回振っても必ず1の目が1回出るとは限らない  │
└─────────────────────────────────────────────┘
                       ↓
┌─────────────────────────────────────────────┐
│  ところが6000回振ると、1000回近く1の目が出る      │
└─────────────────────────────────────────────┘
                       ↓
┌─────────────────────────────────────────────┐
│ トレードの世界で唯一確かなものが…「大数の法則」    │
└─────────────────────────────────────────────┘
```

## 3）絶対のない世界で最終的に勝つために

　投資の世界に「絶対」はありません。

　日本が異次元の金融緩和を維持する一方で、米国が金利を上げると言えば、本来なら、為替は円安に傾くはずです。ところが、現実はどうでしょう。円安にならず円高になりました。まったく当てにならない世界です。

　私たちは明日がまったく見えない世界で投資をして、何とか利益を上げようと苦心惨憺しています。その中でよりどころになるのが、唯一、大数の法則なのです。エッジのあるところで勝負を仕掛けていけば、勝負の数を重ねることにより、その確率は正しく働いてきます。

では、エッジのある状況をどうやって見つければよいのでしょうか。大数の法則が機能しても、エッジのある状況を見つけられなければ話になりません。

そしてもうひとつ。どれほど確率的に有利なポイントで仕掛けても連敗は起こり得ることを理解しておかねばなりません。投資の世界で継続して9割、9割5分以上の確率で勝てるチャンスはまずありません。しかし、先ほどのサイコロの例で言うと、1～4が勝ち、5と6が負け、すなわち勝率67％程度はよくあるエッジです。

6割から7割くらいの確率で買いのほうが有利ではないか、あるいは売りのほうが有利ではないかという局面はしばしば巡ってきます。

ただし、3回に2回勝てる有利な局面というのは、裏を返せば3回に1回は負けることでもあります。3回に1回負ける賭けだとすれば、9回勝負を続ければ1回は2連敗しても不思議ではありません。27回の勝負なら1回は3連敗が起こり得ます。それは相場でもゲームでも、下手だから連敗するのではなく、数をこなしていくと一定の確率で連敗が発生するからです。そうであるなら、その不可避な連敗で破産しない資金管理が必要になります。

すなわち、トレードで最終的に勝利を勝ち獲るためには、エッジの見つけ方と資金管理をワンセットで考えなくてはならないのです。

## 4）トレードエッジが発生しやすい場所がある

トレードエッジは一連の相場の中で発生しやすい場所があります。その最大のポイントがトレンドの渦中です。

トレンドには継続性があります。しかし、その中で価格が抵抗線・支持線をブレイクする、あるいは新高値・新安値を更新する瞬間が訪れます。そのとき、次に起こり得る価格の上げ下げはフィフティ・フィフティの確率ではありません。買い方または売り方のいずれかに有利

に傾くトレードエッジが発生するのです。

　それ以外にもさまざまなテクニカル分析によって明らかになるシグナルがトレードエッジを示してくれます。テクニカル分析のそもそもの目的は、それぞれの指標に則ってエッジがある局面を見つけ出すことにあります。

　エッジがある局面はひとつではありません。エッジがある局面を、あるテクニカル指標はこちらの角度から見つけた、別のテクニカル指標はさらに違う角度から見つけたということなのです。ですから、テクニカル分析の手法を勉強すればするほど、エッジが発生する局面に対して敏感になります。とはいえ100％上がるか下がるかを予見できる指標はありません。ですから50％を超える瞬間を見つけることを目標とするのです。

◆トレードエッジが発生しやすい場所

① トレンドが出来上がる

② 抵抗線・支持線をブレイク

③ 新高値更新・新安値更新

④ さまざまなテクニカル指標のシグナル

## 第2節
# トレードエッジの見つけ方

**1）最も簡単なトレードエッジ＝移動平均線大循環分析**

　トレードエッジの見つけ方として私が一番簡単だと考えるテクニックが『移動平均線大循環分析』です。移動平均線大循環分析では3本の移動平均線の位置関係を読むことで、相場の流れの中からトレードエッジを見つけ出します。

　次ページのチャート『移動平均線大循環分析』を見てください。丸印で囲った以外の場所は相場が明確なトレンドを描いていないもみ合い状態です。そういう期間にトレードしても大きな利益には結びつきません。一方、丸印の中の局面では買いにエッジがあることは明白です。

　では、相場の流れの中から、エッジがある局面をどのようにして見つければよいでしょうか。

　そのために3本の移動平均線を使います。3本の移動平均線とは、それぞれ過去の参照期間（パラメーター）が異なる短期・中期・長期の移動平均線のことです。3本の移動平均線が右肩上がりになっていて、上から短期・中期・長期の並び順になっていれば上昇トレンドです（62ページ参照）。

　ただし、この条件が生まれたら必ず儲かるわけではありません。この状態はあくまで「買いにエッジがある」だけに過ぎません。確率的に有利ではあるものの、こういう局面で買っても、その後に相場が下

降線をたどることはもちろんあります。

　3本の移動平均線のパラメーターの組合せはマーケットによっても、取引時間（デイトレードなのか、ポジショントレードなのかなど）によっても異なります。

　したがって、最終的には、トレーダーが自分に合った組合せを見つけ出すことになります。下記のチャートは、私が使っている「短期=5日、中期=20日、長期=40日」の組合せで描画しています。

◆移動平均線大循環分析

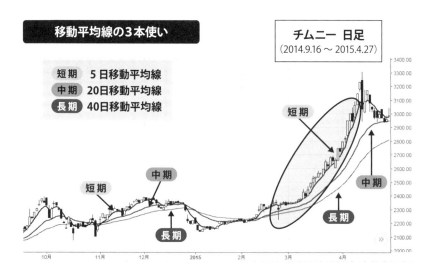

## 2）3本の移動平均線を使う理由

　移動平均線を用いたテクニカル分析では、短期線と長期線の2本線が織りなす位置関係によって、買いシグナルであるゴールデンクロス、売りシグナルであるデッドクロスが発生します。短期移動平均線が長期移動平均線を上抜くのがゴールデンクロス、短期移動平均線が長期移動平均線を下抜くのがデッドクロスです。

　ところが、このゴールデンクロス、デッドクロスという有名なサインは、トレンドが出ている局面では多くの場合で有効に機能しますが、もみ合い相場のときにはダマシを頻発させてしまいます。このため移動平均線のゴールデンクロス、デッドクロスは有名なテクニカル指標でありながらも、それだけを頼りにしているトレーダーは多くないのが実情です。

　ところが、パラメーターの異なるもう1本の移動平均線を足して3本を使うと、2本使いに比べて、もみ合い相場の中でシグナルが出る頻度が一気に減少し、結果としてダマシが少なくなる特徴があります。このため、トレンドがある局面でトレードの勝率を高めることができるのです。


## 3）株式個別銘柄でパーフェクトオーダーを確認

　株式の個別銘柄で検証してみましょう。65ページのチャート『個別銘柄でパーフェクトオーダーを確認』を見てください。

　実線の丸印で囲った期間は、3本の移動平均線の位置関係が、上から『短期・中期・長期』で、かつ、3本とも右肩上がりになっています。この期間は買いにエッジがあります。

　それとは逆の現象が起きているのが点線の丸印で囲った期間です。移動平均線の並びは下から『短期・中期・長期』の順で、いずれも右

肩下がりです。この期間は売りにエッジがあります。

　極めてシンプルな分析手法です。テクニカル分析というと、何か難しいことをしなければ利益が取れないような気になりますが、決してそのようなことはありません。

　この並び順のことを海外ではパーフェクトオーダーと呼びます。トレードで利益を上げるためのパーフェクトな並び順という意味です。

　相場分析で移動平均線を3本使うテクニックは昔からありました。そのテクニックをきちんと体系化し、他のテクニカル分析手法とうまく統合すれば、進化可能な余地があると私は気づきました。そして、今の形になったのが『移動平均線大循環分析』なのです。

## 4）相場には3つの顔がある

　価格変動の中には、安定的な上昇局面（上昇トレンド）と安定的な下降局面（下降トレンド）と、それ以外のトレンドがない局面があります。

　次ページのチャート『相場には3つの顔がある』は米ドル／円の週足チャートです。Aで囲った期間は安定的な上昇局面で、上から『短期・中期・長期』の並び順で、3本が揃って右肩上がりになっています。

　一方、Bで囲ったのは安定的な下降局面で、上から『長期・中期・短期』の並び順で、3本が揃って右肩下がりになっていることが確認できます。

　ところが、実際の個別のチャートを見ると、いずれにも該当しない局面がいくらでもあります。特にノービス（初心者）トレーダーに注意を喚起したいのは、パーフェクトオーダー以外の局面ではポジションを獲ってはいけない、ということです。

◆個別銘柄でパーフェクトオーダーを確認

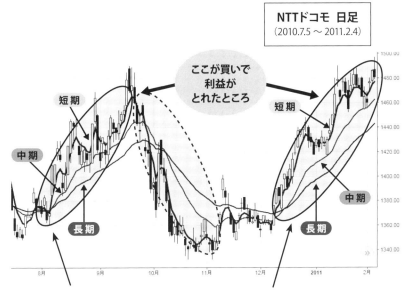

◆相場には3つの顔がある

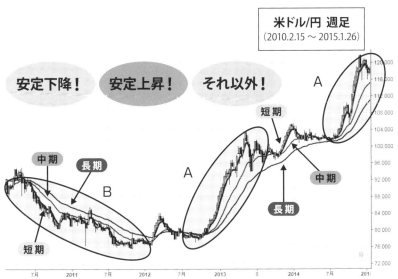

移動平均線大循環分析は、銘柄や時間軸にかかわらず、有効に機能します。
　次ページのチャート『短い足でも考え方は同様』は5分足チャートです。5分足の場合は、短期は5本移動平均（ローソク足5本）、中期は20本移動平均（同20本）、長期は40本移動平均（同40本）を使って描画します。
　異なる時間足、例えば1時間足、4時間足を使うときでもパラメーターを変える必要はありません。3本の移動平均線がパーフェクトオーダーを形成する条件に変わりはないからです。

　68ページのチャート『日足で見るエッジのある局面』『週足で見るエッジのある局面』『月足で見るエッジのある局面』は、いずれも日経225のチャートです。移動平均線大循環分析では、どの期間をとっても考え方は同じです。丸で囲んだ部分はすべて上昇トレンドの渦中にあり、かつ、3本の移動平均線はどれも上から『短期・中期・長期』の並びで右肩上がりになっています。
　チャート分析は多種多様で、複雑な分析手法も少なくありません。例えば、一目均衡表やボリンジャーバンドなどは、相場の流れを総合的に分析するツールです。そのため、「チャートのどこに着目し、どのタイミングで買うか、売るかを考える」ときには、パッと見て「ここで買えばいい」「ここで売ればいい」ということがなかなかわかりません。
　それに対して、移動平均線大循環分析では、チャートを見た瞬間に、買うタイミング（上から短期・中期・長期）や、売るタイミング（上から長期・中期・短期）がわかります。そういうわかりやすさは、実は大事なことで、ゆえに人気を博しているのです。
　ノービス（初心者）トレーダーが相場で勝つために一番大切なこと、それはもちろんベテラントレーダーにとっても同じですが、わかりや

◆短い足でも考え方は同様

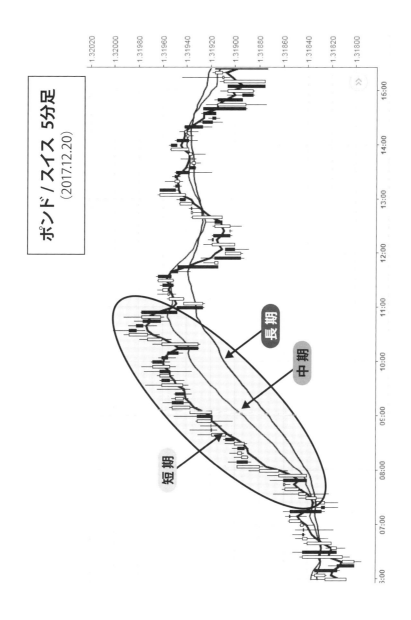

◆ 日足で見るエッジのある局面

日経225日足

短期
中期
長期
短期
中期
長期

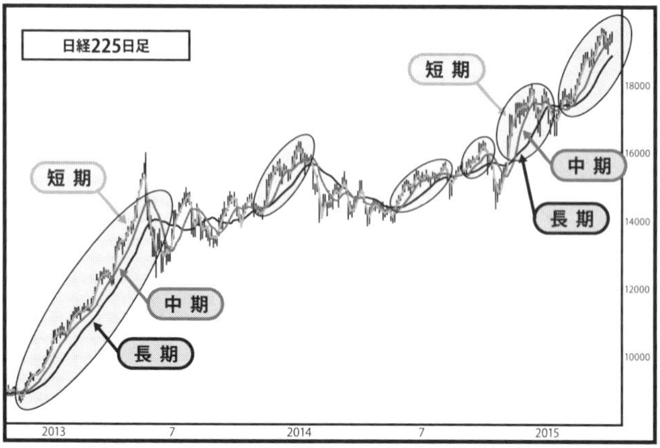

◆ 週足で見るエッジのある局面

日経225週足

短期
中期
長期
短期
中期
長期

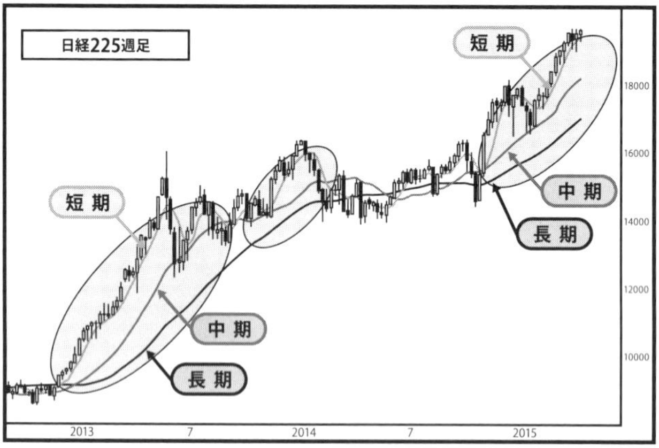

◆ 月足で見るエッジのある局面

日経225月足

短期
中期
長期

すい相場に遭遇したとき、それをしっかり獲ることにほかなりません。

　誤解のないように説明しておきますが、上昇相場でも下降相場でも、底で買って天井で売る、天井で売って底で買い戻すことは、どれほどのベテランでも不可能です。上昇トレンドの発生がわかるのはある程度の価格上昇を確認したあとです。天井や底も同様です。ある程度の下落や上昇を確認したあとで、初めてその値位置が底であったり、天井であったりしたことがわかるのです。トレンドフォロワーがある相場で利益を獲れるのは、うまくやってトレンド全体の7～8割程度と言われています。

　ところが、実際にはその7～8割を獲れないトレーダーがたくさんいます。理由は利益の確定を急いでしまうからです。勝てないトレーダーのありがちなパターンと言えるでしょう。

　では、勝てないトレーダーは、なぜ利益の確定を急ぐのでしょうか。

　それまでもみ合い相場が長く続いたため利益が上げられなかった。しかし、ようやくそれなりに満足する利益が出た。そうすると利益を確定したい気持ちがとても強く働きます。しかし、利益を確定したのちにも相場はまだまだ伸びていくというのはありがちなパターンです。

　相場の世界には「天井売らず、底買わず」という言葉があります。本当なら底で買って天井で売ったら利益は最大化するはずです。しかし、相場の天底がわかるのは、ある程度時間が経過して、チャートを振り返って見たときだけです。底で買う、天井で売るという幻想を捨てないと、相場で勝つことはできません。

## 第3節
## 移動平均線徹底研究

### 1）シグナルだけを覚えるのは間違い

　これからテクニカル分析を学ぶうえで、まず知っておかなければならないのは、移動平均線の考え方であり、その利用方法です。もちろん、多くのトレーダーがすでに移動平均線に慣れ親しんでいることでしょう。しかし誤解や勘違いも少なくありません。ここで再確認をしておきましょう。

　私はテクニカル分析を学ぼうとするトレーダーに『テクニカル指標マスターの五カ条』を提案しています。

　それは①計算式を覚える、②計算式の意味を理解する、③計算式を参考にその指標がどこを見ているのかを知る、④売買サインを学ぶ、⑤その売買サインが「それが何故、買いサインなのか、何故、売りサインなのか」を知る——の5つです。

　ところが、残念なことに、大多数のトレーダーの興味の的は④の売買サインに集中しています。理屈に対する関心は薄く、どこで買うか、どこで売るかだけを知りたいのです。計算式から覚えるとなると、世の中には数学が苦手な人が多いようで、とても難しくてついていけないと言われることが多々あります。しかし、実際のところテクニカル指標で使う計算式にはそれほど難しい数学は必要ないのです。

　価格変動の中では売りと買いのバランスが崩れるときがあります。

しかし、それは人間の心理で崩れているのであって、それほど複雑なものではないのです。ですから、どのテクニカル指標の計算式も思うほど難しくはありません。

テクニカル指標を教えるサイトや書籍でありがちなのは「計算式を覚える必要はありません。どこで売るか買うかだけを覚えればよいのです」というもので、私は常々それを批判してきました。このことを、まずは移動平均線で徹底的に勉強してみましょう。

◆テクニカル指標マスターの五カ条

**小次郎講師流**

**テクニカル指標マスターの五カ条！**

一、計算式を覚える

二、計算式の意味を理解する

三、計算式を参考にその指標が
　　どこを見ているのかを知る

四、売買サインを学ぶ

五、それが何故買いサインなのか、
　　何故売りサインなのかを知る

## 2）移動平均線とは何か

「チャート分析は移動平均線に始まり、移動平均線に終わる」という言葉があります。

私自身、移動平均線からスタートして、ストキャスティクス、RSI、ボリンジャーバンド、パラボリック、一目均衡表などさまざまなテクニカル手法を学びました。しかし、最終的には移動平均線大循環分析という移動平均線の3本使いをメインに用いているのですから、やはり「移動平均線に始まり、移動平均線に終わる」というのは本当だと実感しています。

チャートソフトでローソク足を見ると、パラメーターを設定しなくても、デフォルトで短期と中期の移動平均線が描画されるケースがよくあります。あまりにもよく見かけるので、「ある」ことが当たり前になり、勉強がおろそかになるのです。

テクニカル指標にはトレンド系とオシレーター系があります。移動平均線はトレンドの有無を見極めることが目的であり、ゆえにトレンド系の代表的な指標と考えられているのです。

1960年に、アメリカの株式アナリストであるグランビル氏が『グランビルの法則』という本を発表し、その中でゴールデンクロス／デッドクロスなどを紹介しました。それ以後、あっという間にトレードの世界を席巻して今日に至っています。

移動平均線の役割は、日々の値動きを平均化し、価格のトレンドをわかりやすくすることにあります。

計算式は簡単です。n日移動平均ならば、本日の終値からn日間の終値を合計してnで割れば良いのです。仮に「n = 10」とする10日移動平均ならば、10日間分の終値を合計して10で割ります。

移動平均線のパラメーターは何日を使うのか、というのはよくある質問です。よく使われるものとしては5、10、20、25、50、75、

◆移動平均線とは

### あらゆる時間軸で有効！

分足・時間足などの短期売買にも、日足・週足・月足などの中長期の売買にも有効

### あらゆる市場で有効

株式・FX・コモディティ等、すべての市場で同様に使える

### 上記以外のケース

ビジュアル的であり、直感的にわかりやすい。そして、初心者が勝つために一番大事な、「一番おいしいところをしっかりと獲る」という考え方に最も合っているテクニカルチャートである

100、150、200、週足では13、26、52がありますが、正解はありません。

## 3）移動平均線は価格の動きをなめらかにするために

　ローソク足は優れた価格の描画ツールですが、価格の上下動が激しいため、全体的な方向性をつかみにくいという難点があります。

　そのローソク足チャートに40日移動平均線と200日移動平均線を重ねて描画したのが『移動平均線は何のためにある？①』です。

　40日移動平均線を見ると、上昇トレンドを継続していた相場がやがて下降トレンドに変わり、直近は再び上昇に転じていることが読み取れます。つまり、中局の値動きが把握できるのです。

　同様に、200日移動平均線では、大局の動きがわかります。大局の動きは緩やかな上昇局面です。ローソク足チャートだけを見ても、「今、大局的に緩やかな上昇局面にある」と感じ取ることはできないでしょう。だからこその移動平均線なのです。価格の動きを滑らかにしてトレンドをわかりやすくする、それが移動平均線の大きな役割のひとつになっているからです。

　移動平均線のもうひとつの特徴は、過去の何日間かの買い方の平均損益、売り方の平均損益を教えてくれることです。

　『移動平均線は何のためにある？②』では、ローソク足に20日移動平均線を重ねて描画しています。20日移動平均線自体が過去20日間の終値の平均値をつないだ線です。チャート内のAは現時点の最新の価格です。一方、Bは過去20日間の平均の価格です。

　ここでAが示す価格とBが示す価格の関係性を考えてみましょう。

　過去20日間の平均値が現在の価格よりも低いということは、過去20日間に買いエントリーしたトレーダー（＝買い方）のポジションは益勘定（決済はしていないが計算上では利益）になっているはずで

◆移動平均線は何のためにある？①

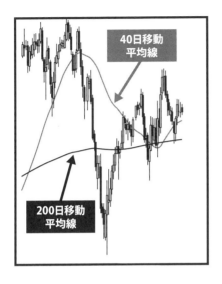

①値動きをなめらかにする

②値動きをなめらかにするとトレンドがわかりやすくなる

◆移動平均線は何のためにある？②

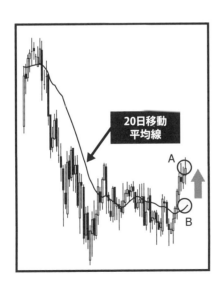

①過去の平均買値（売値）と比較する

②買っている人（売っている人）がどれくらい儲かっているか、どれくらい損しているか

す。同様の考えで、移動平均線とローソク足が重なっていれば過去20日間に買いエントリーしたトレーダーは利益にも損にもなっていませんし、移動平均線がローソク足の上にあれば過去20日の間に買いエントリーしたトレーダーは損勘定になっている理屈です。

　ローソク足と移動平均線のかい離の幅は損益の絶対値を示しています。買い方が益勘定になっている期間（＝移動平均線がローソク足の下にある期間）では、その幅が大きければ大きいほど利益の額が大きく、同時に売り方はそれと同じだけの額が損勘定になっていることがわかります。

## 4）ゴールデンクロスとデッドクロス

　ゴールデンクロスとデッドクロスは価格と移動平均線の関係で決まります。

　ゴールデンクロスは価格が移動平均線を下から上抜くケース、デッドクロスは価格が移動平均線を上から下抜くケースです。このことは先述の『グランビルの法則』で定義されていますが、現在では価格と移動平均線の関係だけでなく、2本の移動平均線の位置関係でもゴールデンクロス／デッドクロスと表現するようになっています。

　チャート『損と益が逆転する瞬間』では、ローソク足チャートに25日移動平均線を重ねて描画しました。ゴールデンクロスが発生する以前は、移動平均線がローソク足の上側にあるので、買い方のトレーダーは損になっているはずです。

　しかし、ある瞬間を境に、価格が移動平均線を下から上に抜けて両者の位置関係が逆転します。その逆転が生じる瞬間がゴールデンクロスです。今まで損勘定だった買い方のトレーダーの損は、このときゼロになります。そこから先は、移動平均線がローソク足の下にあるため、買い方は益勘定を維持できているはずです。

それとは逆に、デッドクロスは、それまで益勘定だった買い方のプラスがゼロになる瞬間を指します。
　ここで、買いポジションを持っているトレーダーの心の内を考えてみましょう。
　ゴールデンクロス発生以前は、買いポジションを持っているのに価格が下がっているのですから、普通なら「早く手仕舞いをしなければならないのではないか」と不安に駆られるでしょう。それは「売りたくなる」ということです。
　ところが、ゴールデンクロス発生時には損がゼロになるのですからひと安心。そして、その後は利益が増していくうえ、もともと強気で買いポジションを持ったのですから、買い増す気持ちはあっても、売りたい気持ちは消えています。今まで不安だった人たちが強気に買い進む分岐点がゴールデンクロスです。ですから、ゴールデンクロスは買いサインになるのです。

◆損と益が逆転する瞬間

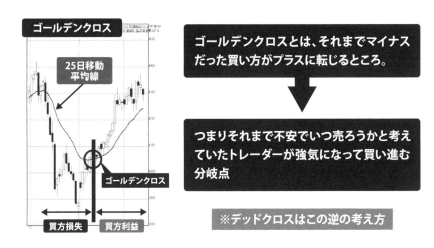

## 5）もみ合い相場でダマシが多くなる理由

　このように移動平均線の本質を理解できれば、移動平均線ではどのようなときにダマシが出やすいかもわかるようになります。

　ゴールデンクロス／デッドクロスは、トレンドの転換時だけではなく、もみ合い相場の中でも頻繁に発生します。しかし、もみ合い相場の渦中では、今までの損勘定からプラスに転じた、益勘定からマイナスになったという心理的な動揺は大きなものではありません。なぜなら、もみ合い相場の中では小さな益勘定と損勘定を相互に行き来するからです。つまり、ゴールデンクロス／デッドクロスは大きな意味を持たないことになります。

## 6）移動平均線の本質

　こうしたことを踏まえて、もう一度、前ページのチャート『損と益が逆転する瞬間』を振り返ってみましょう。

　ゴールデンクロスに至る前に買いポジションを建てたトレーダーは相場の下落とともに損勘定が増大し、ある一定のラインを超えると損切りのための売り注文を出します。トレーダーはみなロスカットラインを決めているはずです。「ある一定のライン」とは、そのロスカットラインのことでもあります。

　そうした売り注文が重なれば、相場は一気に下落し、チャート上では長大陰線となって現れます。そのラインを見極める手がかりが移動平均線と現在の価格（＝ローソク足）とのかい離の幅です。

　逆に、相場が上昇を続けたらどうでしょう。そのときの買い方の投資行動を考えてみます。

　自分が買い方だと想像してください。ポジションにある程度の利が乗ったら、いったん手仕舞いして利益を確定しようと考えるのは極め

て自然な話です。つまり、ある程度相場が上昇すると、利益確定の売りが出てくると想定されます。ゆえに、移動平均線を見ていると、そろそろ利益確定の売り注文が出てくる、あるいは、そろそろロスカットの売り注文に引っかかるとわかるようになるのです。

移動平均線はゴールデンクロスとデッドクロスだけではないことを理解しましょう。

◆移動平均線分析の本質

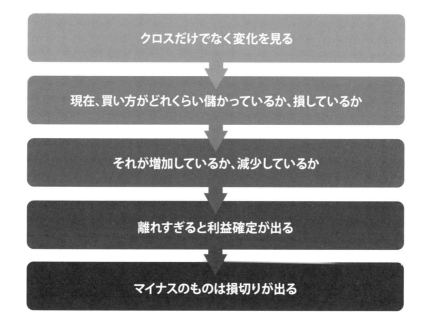

クロスだけでなく変化を見る

現在、買い方がどれくらい儲かっているか、損しているか

それが増加しているか、減少しているか

離れすぎると利益確定が出る

マイナスのものは損切りが出る

## 第4節
# 移動平均線大循環分析入門

### 1）移動平均線3本を使う「移動平均線大循環分析」

　移動平均線を3本使う場合、その並び順は全部で6通りあります。それ以外はありません。

　それぞれの並び順を「ステージ」と呼びます。上から「短期・中期・長期」の順番になっていると「第1ステージ」です。3本すべてが右肩上がりの状態ならば、第1ステージでは買いにエッジがあります。

　逆に、上から「長期・中期・短期」の並び順が「第4ステージ」です。3本とも右肩下がりになっていれば売りにエッジがあります。

　この2つのステージの他に「第2ステージ」「第3ステージ」「第5ステージ」「第6ステージ」があります。

　次ページ上段の『移動平均線の3本の並び順は全部で6通り』を参照してください。実戦で使う場面を想定して3本の並び順を見ただけで、今がどのステージかを瞬時にわかるようにしておく必要があります。

　実は、価格変動の中で第1ステージの次は第2ステージ、第2ステージの次は第3ステージ、第3ステージの次は第4ステージ……という順番でステージは動くことがわかっています。その中で買いにエッジがあるのが第1ステージ、売りにエッジがあるのが第4ステージですから、移動平均線大循環分析を知っていれば、そのステージに至る前に仕掛けの準備ができる理屈になります。

◆移動平均線の3本の並び順は全部で6通り

◆並び順の変化には法則があった

## 2）実際のチャートで法則を確認

次ページの『実際のチャートで法則を確認』で、このことを確認してみましょう。移動平均線の位置関係に対応するように、チャートの上部にステージを記入しました。

このチャートの期間では、教科書通り、ものの見事に「1⇒2⇒3⇒4⇒5⇒6⇒1⇒……」という具合に、ステージが変化していることが見て取れます。

その中で大きな利益を獲ることができるのは丸で囲った第1ステージです。ただし、見てわかる通り、チャートの中盤にも第1ステージがありますが、そこはあっという間に終わっています。つまり、第1ステージだからといって必ず利益を獲得できるという話ではないのです。

ところが、そのほとんど買いにエッジがない第1ステージでも、そこに至る直前の第6ステージになった瞬間に買いを仕掛けていれば、「大きな」とは言えないまでも、若干の利益を得ることはできたはずです。

さらにいえば、もし第5ステージで仕掛けて成功すればより大きな利益が見込めます。ただし、第6ステージののちに必ず第1ステージが到来して価格が上昇するかといえば、それは確実ではありません。つまり第6ステージ、第5ステージで買い仕掛けをするには一定の条件を満たす必要があるのです。

## 3）試し玉、早仕掛け、本仕掛け

移動平均線大循環分析を実戦で使ううえでは「試し玉」「早仕掛け」「本仕掛け」というテクニックを学ぶ必要があります。

本仕掛けは本来的に仕掛けるべきタイミングでポジションを持つことです。第1ステージに入ったことを確認できたときがその瞬間です。ところが、その本仕掛けのタイミングは一定程度、価格上昇が起きた

◆実際のチャートで法則を確認

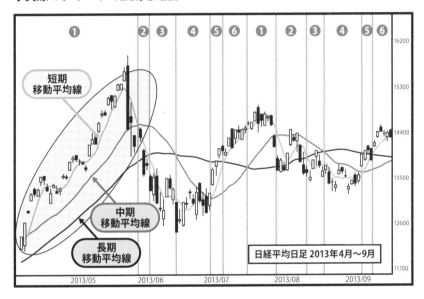

ステージが教科書通りに順行していることを示しています。これを見ると、同じ第1ステージと第4ステージであっても、トレンドのあるところはしっかりと利益を獲得できている一方、トレンドのないところでは利益を獲りにくくなっていることがわかります

あとで"それ"とわかるため、「得べかりし利益」の一部を見逃してしまうことになります。そうなると、そもそも貪欲であるトレーダーは、第1ステージを確認するよりも早く仕掛けたいと考えます。

第1ステージの確認よりもワンテンポ早く仕掛けるのが早仕掛けです。早仕掛けでは本仕掛けで仕掛けるのと同じ程度のポジションをワンテンポ早く仕掛けます。

試し玉は、いわば偵察のためのポジション取りです。これから上がるか下がるか確証はない状況で注文を出すものです。したがって、失敗してもよいだけの量を仕掛けます。試し玉をしたのちに、もしそのままスルスルと価格が上昇し本仕掛けが可能なタイミングになったら、取引をする量から試し玉を除いた数量を、その時点で改めて買い建てます。つまり、試し玉は本仕掛けとワンセットなのです。

これに対して、早仕掛けは本仕掛けで取るべきポジションをワンテンポ早く仕掛けているわけですから、早仕掛けをした後に再度、ポジションを取ることはしません。

なお、早仕掛けや試し玉の仕掛けどころについては、第3章で解説しています。

## 4）ステージは循環する

次ページ上段の『大循環分析の基本パターン』では循環の仕組みを示しています。図中の線はそれぞれ短期線、中期線、長期線、そして価格に分かれています。この中で、安定的な上昇トレンドである第1ステージから安定的な下降トレンドである第4ステージに至る変化に注目します。

第1ステージでは価格は右肩上がりで3本の移動平均線の並びは上から「短期・中期・長期」の順になっています。その後、価格がピークを迎え右肩下がりに変化すると短期線が中期線とクロスし、並び順

◆大循環分析の基本パターン

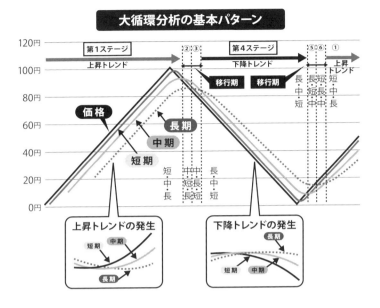

◆上昇期の①、下降期の④に注目

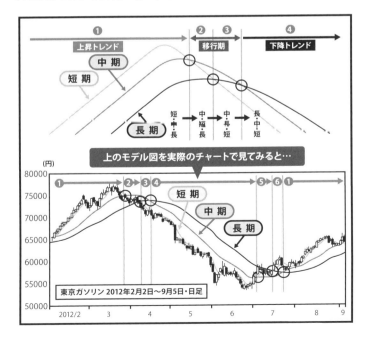

は「中期・短期・長期」となります。第2ステージへの移行です。

さらに、価格の下降が続くと、やがて短期線は長期線を下抜いて並びは「中期・長期・短期」の順に変わり、第3ステージに入ります。

なおも下降が継続すると、今度は中期線と長期線がクロスして、並び順は「長期・中期・短期」となり、第4ステージが完成します。このような教科書通りの価格変動はしばしば発生します。

ステージが「1⇒2⇒3⇒4⇒5⇒6⇒1⇒……」と順番通りに進む状況を「正順」と呼びます。正順でトレンドが展開していくそのときこそが利益獲得のチャンスで、取りこぼしは避けたいところです。

相場が正順で推移する確率は、私は、経験的に7割ほどだと感じています。残りの3割はステージが「6⇒5⇒4⇒3……」と変化するケースです。この状況を「逆順」と呼びます。価格の変化は正順か逆順のいずれかしかありません。

## 5）並び順のパターン

最初の並び順がどうであっても、価格が上昇を続けると、それまで下向きまたは横ばいであった短期線が初めに上向きに変化し、次いで中期線、最後に長期線の順で上向きになります。

短期線の反応が早いのは、中期線と長期線に比べて過去を振り返る期間（参照期間）が相対的に短いためです。例えば5日移動平均であれば、本日を含む過去5日間の終値の平均が正（プラス）になると、上向きになります。

しかし、それよりも参照期間が長い中期線は、例えばそれが20日であれば、20日間の平均がプラスにならなければ上向きになりません。

過去20日間の平均がプラスでも、過去40日間の平均がプラスになるとは限りません。しかし、価格の上昇が続けば、いずれはプラスになるはずです。そのときこそ長期線が上向きになるときです。

並び順の変化のパターンは①一番上と中央が入れ替わる、②中央と一番下が入れ替わる——の2通りだけです。一番上と一番下が入れ替わることはあり得ません。一番上と一番下が入れ替わろうとしたら、途中で必ず中央とクロスしなければならないからです。

### 6）順行と逆行の仕組み

第1ステージ（短期・中期・長期）では、価格が上昇を続ける限りその状態で推移しますから、買いポジションはそのまま持ち続けます。しかし、やがて価格がピークをつけて下げ出すと、反応が一番早い短期線が下向きに変わり、中期線に接近してクロスすることになります。すると、3本の移動平均線の並びは「中期・短期・長期」となり、第2ステージに移ります。

第2ステージからの変化は2通りしかありません。中央に来た短期線が下の長期線とクロスするか、それとも上の中期線とクロスするかのいずれかです。短期線と長期線がクロスすれば、それは正順で第3ステージ（中期・長期・短期）入りです。しかし、短期線が中期線とクロスした場合は逆順で、直前の第1ステージに戻ります。

では、第3ステージに進んだとしましょう。このときもこれからの展開は2通りです。中央に来た長期線が上に位置する中期線とクロスするか、それとも下にある短期線とクロスするかのいずれかです。前者は正順で第4ステージへの移行、後者なら逆順で第2ステージへの移行になります。

### 7）やがては順行に戻るのが相場

順行も逆行も1段階ずつ移行します。逆行はあくまでも一時的な現象で、最終的には順行に戻ります。順行で展開していた相場がときに

◆順行のサイクル

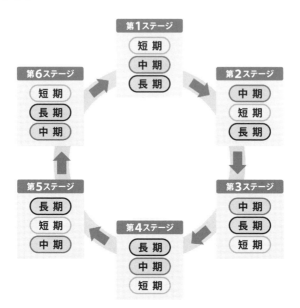

◆逆行のサイクル

1段階ないし2段階逆行しても、その後は7割方順行に戻ります。逆行が長く続くことがないとはいえませんが、それはあくまでも例外です。

このことをチャートで確認してみましょう。

以下の『逆行をチャートで確認』には移動平均線の位置関係に応じたステージが描き込んであります。その下のグレーの矢印が順行、黒色の矢印が逆行の期間です。

逆行の期間は2カ所です。左側は「②⇒①⇒⑥⇒⑤⇒④⇒③⇒②」と長い逆行となりました。その逆行期間を経て第1ステージ（丸囲み部分）に移行しましたが、その第1ステージは長く続いています。買いポジションを建てていれば利益を獲りやすかったはずです。

◆逆行をチャートで確認（日経225日足：2013年9月11日〜2014年3月10日）

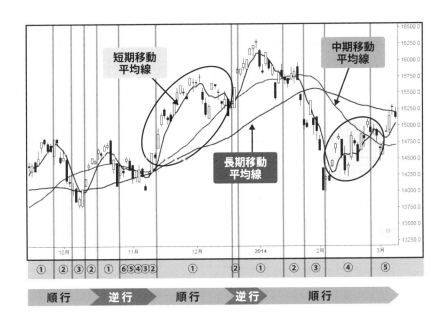

もちろん、第1ステージでも第4ステージでも、仕掛けるタイミングによっては利益を獲れないケースはあります。グレーの丸囲みの部分がそうです。3本の移動平均線の並び順と傾きを確認しましょう。それでも利益の可能性が断然高いのが第1ステージ か第4ステージなのです。

### 8）移動平均線大循環分析における現状認識

　移動平均線大循環分析をトレードに活かすとき、最初にするのは現状分析です。"今"を把握し、これから先の展開を読みます。

　第1ステージは安定上昇につながる可能性が高いと言えます。必ず大きな上げ相場になるわけではありませんが、安定上昇につながるとしたら第1ステージしかありません。

　第2ステージは上昇相場の終わりです。そして、第3ステージは下降相場入口の位置づけです。

　第4ステージは安定下降につながる可能性があります。そして、第5ステージは下降相場の終わり、第6ステージは上昇相場の入口です。

　通常の場合、相場はこういう形で展開を続けるので、トレーダーは第6ステージの次は第1ステージに、第3ステージになれば次は第4ステージになるのではないかと、自然と身構えることができます。

　また第1ステージと第4ステージは長く、第2ステージと第3ステージ、第5ステージと第6ステージは比較的短期間に終わるのが価格変動の基本です。

　ところが、稀に、この基本とは異なり、短時間の第1ステージと第4ステージ、長期間にわたる第2ステージと第3ステージ、第5ステージと第6ステージ、あるいは第2ステージと第3ステージ、第5ステージと第6ステージの行ったり来たりが生じます。

◆移動平均線大循環分析による現状認識

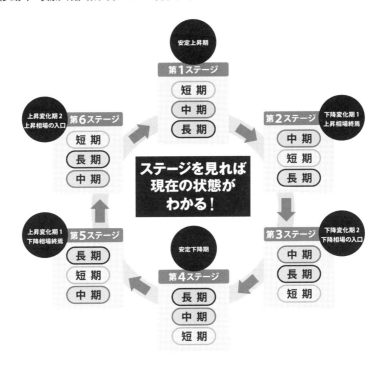

◆通常は、第1ステージと第4ステージは長い

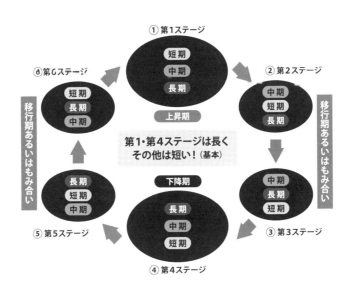

そういう状況はもみ合い相場の中で起こります。そのときに第1ステージまたは第4ステージで利益を獲るのは至難です。第2ステージと第3ステージ、第5ステージと第6ステージが長いときには、ポジションを持たない選択をすることになります。

# 第3章

## 移動平均線大循環分析
## 上級編

## 第1節
## 移動平均線大循環分析の「三次元分析」

### 1）"しっかり獲る"ことの意味

　移動平均線3本使い最大のメリットは、あらゆる時間軸で有効であることです。分足を使った超短期のトレード、時間足を使ったデイトレード、日足、週足、月足を使った中・長期のトレードでも、すべて同じように使えます。
　また視覚的であるため、相場の流れや現況を直感的につかめるという意味で、初心者に向いた分析手法でもあります。
　チャート分析において視覚的、直感的というのは重要な要素です。トレーダーはチャートを見て、今がチャンスだと判断したら、即座に注文を出さなければなりません。タイミングを逸すれば、高値つかみ、安値売りになりかねないからです。

　大きな利益をしっかり獲るという点でも有効です。
　どれほどの達人でも相場の底から天井までを余すことなく獲ることはできません。"しっかり獲る"というのは、上げ相場なら、上昇トレンドの発生を確認してから買いエントリーし、トレンドの終了を確認したところで手仕舞うという意味です。その場合、当然、トレンドの"アタマ"と"尻尾"は獲りこぼすことになります。買いのエントリーは上昇トレンドの発生を確認してから、手仕舞いはトレンドの終

了を確認してからになるため、必然的にワンテンポ遅れにならざるを得ないのです。しかし、相場の底と天井がわからないながら、そのトレンドの中核部分を利すれば、それは"しっかり獲る"ことになります。

アタマと尻尾を獲りこぼすのはトレンドフォロワーの宿命です。底を拾おうとする、天井で売ろうとすると、かえってトレードが乱れます。底だと思ったのにまだ下がった、天井だと思ったのにさらに上がったというのはありがちな話です。

◆移動平均線３本使いのメリット（再掲）

### あらゆる時間軸で有効！
分足・時間足などの短期売買にも、日足・週足・月足などの中長期の売買にも有効

### あらゆる市場で有効
株式・FX・コモディティ等、すべての市場で同様に使える

### 上記以外のケース
ビジュアル的であり、直感的にわかりやすい。そして、初心者が勝つために一番大事な、「一番おいしいところをしっかりと獲る」という考え方に最も合っているテクニカルチャートである

移動平均線大循環分析の中級編は"三次元分析"です。
　移動平均線の3本使いからは、3本線の「並び順」「傾き」「間隔」という異なる情報が得られます。この3つの情報を結びつけて分析することにより、精度の高いトレードが可能になるのです。

　並び順と傾きは第2章で説明しました。この2つの情報に「間隔」という、もうひとつ別の要素をプラスすると、本格上昇の第1ステージと短期間で終了する第1ステージ、本格下降の第4ステージと短期間の第4ステージを見分けられるようになります。

　第1ステージは相場の上昇期です。しかし、その第1ステージがごく短期間で終わってしまい、大きな上昇につながらないケースがあります。
　その一方で、価格が安定上昇を見せるのは必ず第1ステージです。その他のステージで安定上昇を描くことはありません。

　第4ステージは下降期ですが、必ず安定下降するかといえば、第1ステージ同様、その保証はありません。
　しかし、安定下降の局面は必ず第4ステージであり、それ以外のステージで安定下降することはありません。

　第2ステージは上昇相場の終末であり下降相場への移行期、第3ステージは下降相場の入り口です。また第5ステージは下降相場から上昇相場への移行期、第6ステージは上昇相場の入り口です。

　このことを意識すると、第3ステージまたは第6ステージで、「この先、第1ステージあるいは第4ステージになること」を、ある程度、読めるようになります。そうなれば試し玉、早仕掛けも可能になるはずです。つまり"しっかり獲る"準備ができます。

◆ステージ（並び順）からわかる相場の現状

**①第1ステージ（上から短期線・中期線・長期線）**

◎上昇トレンド期、長く続くのが基本
◎ここが短期で終わるともみ合い期入りの可能性

**②第2ステージ（上から中期線・短期線・長期線）**

◎上昇トレンド終了（ときに押し目）
◎下降トレンド発生の第1予兆
◎短期が基本

**③第3ステージ（上から中期線・長期線・短期線）**

◎下降トレンドの入り口（ときに大きな押し目）
◎あるいはもみ合い期
◎短期が基本。もし②③が長続きなら、もみ合い期の可能性大

**④第4ステージ（上から長期線・中期線・短期線）**

◎下降トレンド期、長く続くのが基本
◎ここが短期で終わるともみ合い期入りの可能性

**⑤第5ステージ（上から長期線・短期線・中期線）**

◎下降トレンド終了（ときに一時的戻し）
◎上昇トレンド発生の第1予兆
◎短期が基本

**⑥第6ステージ（上から短期線・長期線・中期線）**

◎上昇トレンドの入り口（ときに大きな戻し）
◎あるいはもみ合い期
◎短期が基本。もし⑤⑥が長続きなら、もみ合い期の可能性大

3本の移動平均線の並び順で、現在のステージと相場の状況がわかります。第1ステージは上昇トレンドの継続が基本ですが、短期間で終わるケースではもみ合い相場に入る可能性がある、またはすでにもみ合い相場に入っている可能性があります。

　上昇トレンドが終了すれば第2ステージに入りますが、ときに押し目となる場合があります。そのケースでは第2ステージは上昇相場の終わりではなく、もう一度、第1ステージに戻ることがあるのです。このことを並び順、傾き、間隔で分析します。

　時間的には、第1ステージは長く、第2ステージと第3ステージは短いのが基本です。第1ステージから第2ステージ、第3ステージと正順で遷移したものの、そこからもう一度、第2ステージ、第1ステージと戻って上がっていくのが、押し目の特徴です。

　また、本来ならば短期間で終わる第2ステージと第3ステージが長期間にわたり継続したら、それは逆にもみ合い相場に入っている証拠にもなります。

　第4ステージは下降トレンドで、それが長く続くのが基本です。ところが、その第4ステージが短期間で終わることもあります。そうしたケースでは、もみ合い相場に入っていることが想定されます。

　第5ステージは本来なら下降トレンドの終了です。しかし、逆行して再び第4ステージに戻る場合があります。これを押し目の逆で「戻し」と呼びます。一時的な戻しを経てまた下がる相場もあるのです。これから先、相場が上昇に変化するなら、第5ステージは短期間で終息し、上昇トレンドの入り口である第6ステージへと遷移するはずです。

　ところが稀に大きな戻しが発生し、第4ステージから第5ステージ、第6ステージまで変化した後に、第5ステージ、第4ステージへと逆行することもあります。

下記のチャート『教科書通りの正順』は米ドル／円の4時間足です。2012年1月から2月にかけて「上昇⇒下降⇒上昇」の展開となっています。ステージの変化と移動平均線の並びを確認してください。

　このようにステージが教科書通りの正順で遷移しているときには、第2ステージと第3ステージが短く、第4ステージが長い、第5ステージ、第6ステージが短くて第1ステージが長いことも見てとれます。

◆教科書通りの正順（米ドル／円　4時間足　2012.1～2012.2）

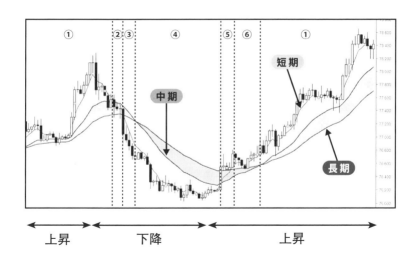

## 2）ステージごとの戦略を考える

　第1ステージで買いを仕掛ける理想的なタイミングは、①3本の移動平均線が上昇している、②間隔が広がっている——とき（パーフェクトオーダーのとき）です。それは同時に大きなトレンドに発展する可能性が一番高いときでもあります。

　第2ステージでは、買いポジションはいったん手仕舞うのが基本です。ただし、第2ステージでも手仕舞いする必要がないケースがあります。それは中期と長期の間隔（＝帯）が広く、上昇基調を緩めていないときです。そうしたケースでは高い確率で押し目となります。

　「帯が太い＝間隔が広い」、つまり安定上昇を崩していないのは長期的なトレンドがしっかりしているためです。私たちが目指すトレードでは、初めに長期的なトレンドの方向性を見抜き、その中で上下動が激しい短期の動きを見て売り買いを決めます。このとき、長期のトレンドが安定しているときには第2ステージに入っても第1ステージに逆行するケースが少なくありません。

　第3ステージでは様子見が基本ですが、早仕掛けをすることもあります。第3ステージになると、第4ステージへ移行する可能性が高まるからです。第4ステージは安定下降の局面です。そうであるとすれば、第4ステージになってから売り注文を出すのではなく、第3ステージの段階で売りポジションを建てたほうが有利なはずです。

　ただし、ダマシの可能性も高まります。ダマシがあることを承知のうえで、第3ステージの段階で売りポジションをとるとしたら、3本の移動平均線が下を向き始めていることを確認できることが条件です。

　第4ステージ、第5ステージ、第6ステージは第1ステージ、第2ステージ、第3ステージの裏返しです。

　第4ステージでは3本の移動平均線が右肩下がりであること、その

◆ステージごとの戦略

### ①第1ステージ（上から短期線・中期線・長期線）

◎3線の上昇とそれぞれの線の間隔が広がっていることを確認して買いを仕掛ける（※海外では「パーフェクトオーダー」と呼ばれる）
◎大きなトレンドに発展する可能性が一番多い状況

### ②第2ステージ（上から中期線・短期線・長期線）

◎買いの手仕舞い
◎ただし、中期線・長期線の間隔（「帯」と呼ぶ）が広く、上昇基調を緩めていないときは押し目の可能性大なので様子を見る
◎売りの試し玉（※線の傾き等で仕掛けの可否を探る）

### ③第3ステージ（上から中期線・長期線・短期線）

◎基本は様子見
◎売りの早仕掛け（※3本の線が下落を始めていれば売りの早仕掛けどき）

### ④第4ステージ（上から長期線・中期線・短期線）

◎3線の下降とそれぞれの線の間隔が広がっているのを確認して売りを仕掛ける
◎注意事項は第1ステージと同じ

### ⑤第5ステージ（上から長期線・短期線・中期線）

◎下降トレンド終了（ときに一時的戻し）
◎上昇トレンド発生の第1予兆
◎短期が基本

### ⑥第6ステージ（上から短期線・長期線・中期線）

◎上昇トレンドの入り口（ときに大きな戻し）
◎あるいはもみあい期
◎短期が基本。もし⑤⑥が長続きなら、もみあい期の可能性大

間隔が広がっていることを確認して売りを仕掛けます。ただし、第4ステージは短期間で終わることもあります。

第5ステージでは売りポジションの手仕舞いが基本です。しかし、帯が広く、安定的な下降を緩めていない場合は、一時的な戻しによる上昇の可能性が高いので、売りポジションは維持します。

第6ステージは基本的に様子見です。しかし、3本の移動平均線の上昇が確認できれば、早仕掛けを考えます。

### 3）移動平均線、傾きの意味

3本の移動平均線のうち、短期・中期・長期の移動平均線はそれぞれ短期・中期・長期のトレンドの方向性を示しています。移動平均線を3本使う目的は、大きな流れは上向きでも目先の流れは下げていることや、大きな流れは下向きでも目先の流れは上昇していることを察知することにあります。

一番安心して買いを仕掛けられるのは短期・中期・長期が揃って上昇しているときです。

ところが、3本の移動平均線がその状況に至るには、相場が底を打ったときから相当の期間の経過を要します。このため"しっかり獲る"には「安心」するよりも前に早く仕掛けなければなりません。

第2章では、3本の移動平均線が揃って上昇したら買いシグナル、逆に揃って下げたら売りシグナルだと説明しました。これは線の「傾き」に着目したものです。

もちろん、一番強い買いシグナルは第1ステージで、かつ、3本の線が揃って右肩上がりになった場面です。しかし、第1ステージまで待たなくても、第6ステージでも、それより前の第5ステージでも、3本の線が右肩上がりになる局面はあります。それが買いシグナルであることは間違いありません。ただ、第5ステージや第6ステージで

はダマシが起きやすいのも事実です。

　それにもかかわらず、第5ステージまたは第6ステージで買いを仕掛ける理由は、次のステージに移行するかしないかが線の傾きを観察することでわかるからです。すなわち、ステージが移行するときは移動平均線の傾きが変化し、変化が見られない場合は移行しないか、移行してもすぐにダマシとなって元へ戻る特徴があるのです。

◆線の傾きからわかるトレンドの状況

### 3つの線の傾きからわかるトレンド

◎短期線は短期トレンドの方向性を示す
◎中期線は中期トレンドの方向性を示す
◎長期線は長期トレンドの方向性を示す

#### 買いシグナル

3本の線が上昇
※第1ステージの前でも3本の線が上昇していたら、早仕掛け&試し玉のチャンス

#### 売りシグナル

3本の線が下降
※第4ステージの前でも3本の線が下降していたら、早仕掛け&試し玉のチャンス

#### 次のステージに移行するかしないかがわかる

◎移行する場合は次の線の傾きが変化する
◎変化が見られない場合は移行しないか、移行してもすぐにダマシとなって元に戻る

## 4）ステージ移行の成功と失敗

　ステージの移行を見極めるためには移動平均線を"クロスする線"と"クロスされる線"に分けて考えます。

　3本の移動平均線では、短期線と中期線、短期線と長期線、中期線と長期線の3通りのクロスが起こります。クロスする線は常に相対的に短期の線で、クロスされる線は常に相対的に長期の線です。

　クロスが発生するときには、"相対的に短期の線"は"相対的に長期の線"に比べて変化の速度が速い（＝価格への感応度が高い）ため、価格変動に合わせてどんどん変化します。そのときにクロスされる側の線も変化しているかどうかを見抜くのがコツです。

　このことを、上昇相場が下降相場に変化する場合を例にとって説明します。

　それまでの位置関係はクロスする線が上、クロスされる線が下でした。しかし価格の下落に応じて変化の速いクロスする線が下向きとなり、クロスされる線に近づいて行きます。そしてクロスの瞬間に、それまで上向きだったクロスされる線が横ばい、または下向きに転じていたとすれば、そのクロスは成功してステージは遷移します。

　クロスが失敗するのは、クロスする線がクロスされる線に近づいて行っても、クロスされる線が右肩上がりの基調を崩していないケースです。価格変動次第でクロスする線はクロスされる線に近づいて行くもののそこで跳ね返されてしまうか、瞬間的にクロスしてもまた元の状態に戻ってしまいます。すなわち逆行です。

　クロスされる線の状況を次ページ下段の『クロスされる側の線の傾きの変化でわかるクロスの成否表』にまとめました。

　①～④のうち、①は上昇トレンドがほぼ変化していない状況です。②は上昇力が緩やかになったものの依然として上昇トレンドを維持し

◆クロスされる側の線の傾きでステージ移行の成功・失敗がわかる

クロスされる側の線が反転

クロスされる側の線が不動

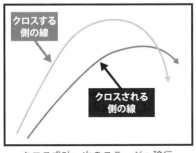
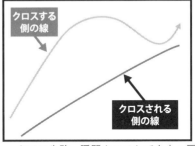

クロス成功＝次のステージへ移行

クロス失敗、瞬間クロスしても上へ戻る公算大＝移行は失敗に終わる！

【クロスされる側の線とは？】
◎短期と中期のクロス……中期線
◎短期と長期のクロス……長期線
◎中期と長期のクロス……長期線

◆クロスされる側の線の傾きの変化でわかるクロスの成否表

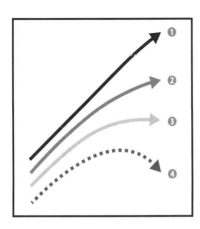

①**ほとんど変化なし**
　クロスが失敗に終わる
②**やや変化するも傾きの方向は変わらない**
　クロスの失敗。瞬間的にクロスしたとしても、すぐに元のステージに戻る可能性あり
③**線の傾きが平行状態まで変化**
　クロスが成功する確率が高い。クロスした後、すぐに元のステージに戻る確率は低い
④**線の傾きが下げ始める**
　クロスはほぼ成功に終わる。クロスした後、すぐに元のステージに戻ることはほぼない

ています。③では上昇力が失われ平行になりました。④では上昇力は完全に失われ下向きになっています。

クロスする線がクロスされる線に近づいて行ったとき、クロスされる線が①〜④のどの状態にあるのかを判別します。

①ならクロスはほぼ成功せず、クロスする側も再び上昇力を取り戻す可能性が高いでしょう。

②では、クロスが失敗することもあるし、クロスしてもすぐに元に戻る可能性もあります。

③では、クロスされる線が上昇エネルギーを相当失っています。このためクロスが成功する確率は極めて高く、クロスする線が跳ね返されて上昇に戻る可能性はほとんどありません。

④では、クロスされる線がすでに下げ始めています。クロスはほとんど成功したも同然で、元のステージに戻ることはまずありません。

## 5）線の間隔からわかるステージの継続性

今、3本の移動平均線の間隔が開いているとします。この状態がずっと続けば、クロスは発生しません。つまり、現在のステージが続きます。第1ステージで3本の移動平均線の間隔が狭まらなければ安定上昇、第4ステージなら安定下降です。

もしステージがこれから変化していくとしたら、2本の移動平均線は接近し、やがてクロスすることになります。このため、どの線とどの線が接近し始めたかに注目していれば、理屈として、次にどのステージに移行するかがワンテンポ早く読めるのです。

仮に、現在、第4ステージだとしましょう。順当ならこの先は短期線と中期線がクロスして第5ステージに移行するところです。しかしそうはならず、中期線と長期線が入れ替わってしまえば、逆行して第3ステージに逆戻りとなります。つまり、短期線と中期線の接近は順

◆線の間隔からわかるステージの継続性

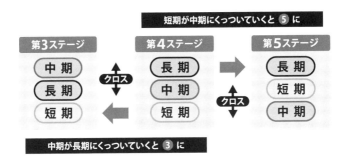

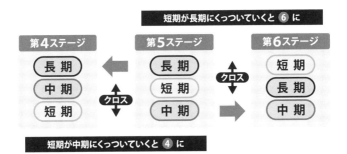

①**間隔の拡大（あるいは広いまま推移）**
　ステージが長続き！
②**ある２線が急接近**
　そちらへステージが変化（←これにより順行か逆行かが読める！）
　※上図参照（重要）
③**３線とも接近**
　横ばいで３本の線が接近するのは、もみ合い期入りの可能性
④**買いシグナル**
　第１ステージで３本の線が間隔を広げる
⑤**売りシグナル**
　第４ステージで３本の線が間隔を広げる

※**３本の線の間隔が広がるのは第１ステージか、第４ステージのみであることに注目！**

行で第5ステージへの移行、中期線と長期線の接近は逆行で第3ス テージへの戻りを意識することになります。もっといえば、中期線と 長期線の間隔がそれなりに開いている状態で、短期線と中期線が接近 し出したら、第5ステージに移行する可能性は極めて高いとわかるの です。

　もうひとつ例を挙げます。第5ステージにおける3本の移動平均線 の並び順は上から「長期・短期・中期」です。普通ならば、第4ステー ジ「(上から)長期・中期・短期」で短期線と中期線が入れ替わって 第5ステージになるはずです。そして、第5ステージも順当に進めば、 中央の短期線が一番上の長期線と入れ替わり、第6ステージ『(上から) 短期・長期・中期』の状態になって上昇トレンドの入り口に至ります。

　ところが、第5ステージでこれから第6ステージ⇒第1ステージへ の移行を期待しているにもかかわらず、また第4ステージに戻って下 げ出す展開の相場があります。ですから、第5ステージから第4ステー ジに戻るのか、第5ステージから第6ステージに進むのかは重要なポ イントになるのです。

　この場合は、短期線と長期線が入れ替わると第6ステージに移る、 短期線と中期線が入れ替わると第4ステージに戻るのですから、この 2本の線の中央に位置する短期線の挙動を注視することになります。 短期線が中期線に向かうなら逆行して第4ステージ、長期線に向かう なら第6ステージを意識します。

　このようにして実際にクロスが発生するより以前に、次に起こり得 るクロスを先読みして売買を仕掛けることができるのです。このこと に加えて線の「傾き」という要素をプラスすれば、相当高い確率で先 のステージが読めるようになります。

## 第2節
## 移動平均線大循環分析の「帯」

### 1）帯とは

　移動平均線大循環分析の要は「帯」です。帯は中期移動平均線と長期移動平均線の間の部分です。この帯を正しく認識することによってチャートの読解力が格段にアップします。

　111ページの『帯チャートを描こう』の中にはAの帯とBの帯を描きました。それぞれの機能の違いは追々説明しますので、まずは「帯は河だ」と想像してください。地図上に滔々(とうとう)と流れる大きな河です。

　それに対して短期移動平均線は「道」です。道が河沿いに走っています。ローソク足の動きは人の歩みです。道沿いに人が動いています。このような観点に立ってチャートを眺めると、河に沿って人が動いている感じがしてくるものです。

　帯の太さは河幅を、帯の傾きは流れの緩急を表します。もちろん傾きが水平に近づけば河の流れは緩やかになります。そういうイメージを持ってください。

　人が河の片岸を歩いていました。反対側に行きたいのですが、河が太かったり、流れが急では渡ることはできません。しかし、河幅が細くなったり、流れが緩やかになれば、そこは渡るチャンスです。渡り切ることができれば、今度は河の逆岸を歩いていけます。そして、河が再び緩やかになればまた逆側に渡るのです。このようにチャートを

眺めると、いろいろなことがハッキリとわかってきます。

　帯には2つの種類があります。中期移動平均線が長期移動平均線の上に位置するのが上昇帯、下に位置するほうが下降帯です（次ページの上段『帯チャートを描こう』を参照）。
　帯はトレンドの大局が変化したときに"ねじれ"ます。下降帯から上昇帯に変化することを「帯の陽転」と呼びます。トレンドの大局が下降から上昇に変化したことを示します。
　逆に、上昇帯から下降帯に変化することを「帯の陰転」と呼びます。大局トレンドが上昇から下降に変化したことを示します。

　移動平均線大循環分析では、帯で大局トレンドを、そして、短期移動平均線と価格で目先の動きをつかみます。「大局の動きと目先の動きを比較しながらトレードするのが移動平均線大循環分析の醍醐味」ということを意識すると、理解は一段と深まるはずです。
　上昇帯と下降帯で大局トレンドの方向性が、また帯の傾きでその大局トレンドが強いか弱いかがわかります。帯が急上昇していれば大局トレンドは非常に強く、傾きが緩やかになるに従って上昇トレンドは勢いを失っていくことになります。また、帯が横ばい状態なら、それはもみ合い相場に入った証拠です。
　帯の幅もトレンドの安定性を示しています。帯の間隔が広がっているときはトレンドがどんどん発展している状態です。トレンドが勢いを失えば、帯はどんどん細くなります。帯が横ばい状態で細くなれば、もみ合い相場だとわかります。

　このことを113ページの米ドル／円の月足チャート『帯の位置づけ』を見ながら確認します。
　米ドル／円相場は、2012年12月にいわゆる"アベノミクス"がスター

◆帯チャートを描こう

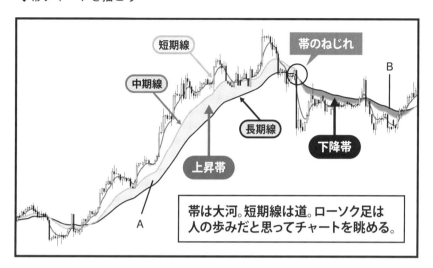

◆帯とは

### 帯とは？

移動平均線大循環分析において、中期移動平均線と長期移動平均線の間のこと。中期線が上の「上昇帯」と中期線が下の「下降帯」がある

### 帯のねじれ

帯のねじれは大局トレンドの変化点を示す

### 帯の陽転

下降帯から上昇帯に変化することを帯の陽転と呼ぶ。大局トレンドが下降から上昇に変化したことを示す

### 帯の陰転

上昇帯から下降帯に変化することを帯の陰転と呼ぶ。大局トレンドが上昇から下降に変化したことを示す

トするまで長期にわたり円高傾向を継続していました。ところが、アベノミクスがスタートすると一転して円安へと変化します。その変化が起きたのが、チャート内で丸く囲ってある「大転換」と記した時期です。短期線と中期線の位置関係が変わり、3本の移動平均線は「長期・短期・中期（第5ステージ）」の並び順になりました。そして、それまでほぼ一定の幅を維持してきた下降帯が急激に狭まっているとわかります。次いで、短期線と長期線が入れ変わり「短期・長期・中期（第6ステージ）」へと変わっています。

　2013年6月を過ぎると、今度は上向きの中期線が同じく上向きの長期線とクロスし、並び順を「短期・中期・長期」と変え、第1ステージを完成すると同時に、帯のねじれが生じてついに帯が陽転しました。その後は2015年6月に至るまで第1ステージを継続しています。

　このチャートは月足ですからローソク足の1本1本が1カ月を表しています。帯の形、短期移動平均線の位置関係を読むことで長期にわたる大きな相場の流れが把握できるのです。

　しかし、その大局の流れの中で、大転換に至るまでに、ローソク足の目先の動きは上昇と下降を繰り返しています。実は、その事実を理解することが非常に大切なのです。

## 2）1・2・1の押し目買い

　移動平均線大循環分析の最も基本的な買いシグナルは、第1ステージを確認して、かつ、3本の移動平均線が揃って右肩上がりになったときです。第6ステージで早仕掛け、第5ステージで試し玉という戦略もあります。

　さらには、帯が安定上昇している中で短期移動平均線が下げ出して第2ステージになった（順行）としても、再び上昇して第1ステージに戻った（逆行）ならば、そこもやはり買い仕掛けのタイミングとな

◆帯の位置づけ

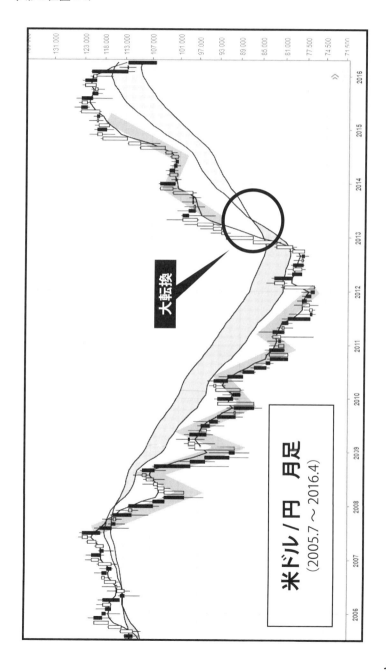

ります。これを「1・2・1の押し目買い」と呼びます。

　逆に、帯が長期にわたり下げている中で、短期移動平均線がジグザグを描きながら第4ステージと第5ステージを繰り返し、結局、第4ステージに戻るパターンが「4・5・4の戻り売り」です。

　「1・2・1の押し目買い」「4・5・4の戻り売り」が可能なのは、帯が抵抗帯または支持帯となっているからです。そして、その特徴は①上昇帯（下降帯）が太い、②傾きがそれなりにある――状態で、それは大局トレンドが非常にしっかりしていることを意味します。

　大局トレンドが上昇でしっかりしているときには、価格が第1ステージで推移した後に第2ステージになっても、再度、第1ステージに戻りやすいのです。帯が頑強な支持帯の役割を果たすからです。

　逆に、下降トレンドで下降帯が太く、傾きを持っていれば下降トレンドが安定するので、やはり同じ効果をもたらします。つまり、戻り売り相場が続きやすいのです。

　ただし、帯が細いときと横ばいのときは上記の法則は機能しません。その点には注意してください。


　次ページの『上昇帯に乗った仕掛け方』を見てください。これはチャートを単純化したものです。帯が安定した右肩上がりで、その間隔は広がっている点に注目してください。これが長期トレンドが安定している状態です。その中で短期線は上げ下げを繰り返しますが、下げて帯に近づくと反発するようにまた上昇軌道をたどります。このとき、長期トレンドに乗って上昇を描く軌跡を『推進波』、下降を描く軌跡を『訂正波』と呼びます。

　短期線は推進波⇒訂正波⇒推進波を繰り返しつつも長期の上昇トレンドを継続しています。このときのトレード戦略は、①推進波が出たら推進波に乗る格好で買いを、②訂正波が出たら訂正波が帯で跳ね返されたところで買いを仕掛けます。②のケースでは、訂正波の下げ局

◆「帯」が抵抗帯、支持帯になるとき、ならないとき

### 上昇帯が太く、傾きを持っているとき

価格は帯を支持帯として上昇していく。価格が帯まで下がれば押し目買いのポイントとなる。ステージ①→②→①の押し目買いも多い

### 下降帯が太く、傾きを持っているとき

価格は帯を抵抗帯として下降していく。価格が帯まで上がれば戻り売りのポイントとなる。ステージ④→⑤→④の戻り売りも多い

### 帯が細いとき、横ばい状態のとき

◎もみ合い相場を示す
◎価格は、ある時期に帯の上にあると思えば、次の瞬間には下に移る
　※帯は抵抗帯・支持帯にならない

◆上昇帯に乗った仕掛け方

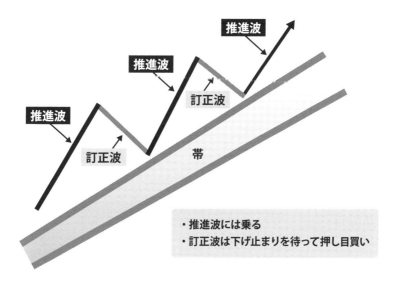

・推進波には乗る
・訂正波は下げ止まりを待って押し目買い

面での売り仕掛けは避けるのがセオリーです。

　安定した下降トレンドは、帯が下向きで間隔がどんどん広がっていく状態です。その中で上下動を繰り返す短期線は、大局トレンドに沿った下げが推進波、上昇し帯に向かう上げが訂正波となります。短期線が帯に入ればそれまでの第4ステージから第5ステージになり、帯から下放れれば第4ステージに戻ります。そうした状況で推進波が出たら推進波に乗る格好で売りポジションを仕掛け、訂正波が出たら帯で跳ね返されたところでやはり売りポジションを仕掛けます。

### 3) 実際の相場で確認

　このことを実際の相場で確認してみましょう。チャート『安定した上昇帯の実例』はユーロ／ドルの1時間足です。短期線、中期線、長期線を示してあります。帯は安定した右肩上がりで、丸印の大転換以後、各線の間隔は広がっています。長期トレンドが安定している状態です。

　その中で短期線および価格は上げ下げを繰り返していますが、下げて帯に近づくと反発するように上昇をたどり、再度、帯へと接近しています。これが推進波、訂正波、推進波、訂正波の動きです。訂正波が出て跳ね返ったところが買い注文を出すチャンスです。そのチャンスは繰り返し訪れていますから、2度目以降の訂正波の跳ね返りは買い増しポイントだと考えてください。とは言え、買い増しはとてもレベルが高い戦術ですからやり過ぎは禁物です。高値つかみに注意しなければなりません。

　119ページのチャート『安定した下降帯の実例』はユーロ／ドルの30分足です。とてもわかりやすい下降トレンドを描いています。このように安定的な下降トレンドの中で、もし短期線が中期線とクロス

◆下降帯に乗った仕掛け方

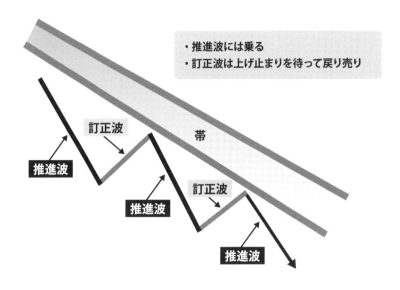

◆安定した上昇帯の実例

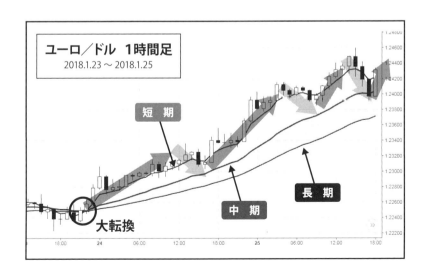

したら、第4ステージから第5ステージになった後、再び第4ステージに回帰する戻り売り相場になる可能性が高いです。

　しかし、その安定的に推移していた下降帯もやがて横ばいになり、そこから先は帯が急速に細くなっています。下降トレンドの終焉です。そうなると短期線と価格は簡単に帯を渡って逆側に行くことができるようになり、結果、大転換が発生します。そのときは売りポジションを手仕舞いし、買いへとポジションをシフトします。

　ところが、帯が抵抗帯にも支持帯にもならない場合があります。それが次ページのチャート『困難な時間帯』です。四角で囲った期間を通して帯は細いまま推移し、かつ、横ばいになっています。

　帯が横ばいで細いのはもみ合い相場の特徴です。もみ合い相場では、短期移動平均線と価格は、帯の上になったり下になったりを繰り返します。そういう状態で仕掛けても利益を獲るのは困難です。

### 4）大局トレンドが変わる瞬間

　大転換は大局トレンドが変化する瞬間です。短期移動平均線の下降から上昇への転換、上昇から下降への転換は頻繁に発生します。しかし、大きな下降トレンドが大きな上昇トレンドに変わる、大きな上昇トレンドが大きな下降トレンドに変わるのは、例えば日足でいえば1年に1回程度で、そうそう起きるものではありません。

　そして、大局トレンドもいつかは必ず終わりの時を迎えます。しかし、今まさに大局の上昇トレンドの渦中にあるとするならば、そのトレンドが明日も継続するのか、それとも終わるのかを単純に比較すると、明日も継続している可能性のほうがぐんと高いという事実はぜひとも覚えておいてください。

　大局の上昇トレンドを確信して買いポジションを建てても、多くの

◆安定した下降帯の実例

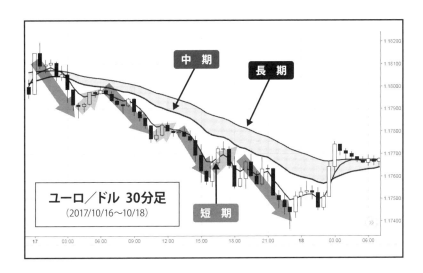

◆困難な時間帯

トレーダーは論理的な根拠を持たないままトレンドの終わりに怯え、わずかの利益だけで確定させてしまいます。そして、それでも一応は利益を獲れているので、そのトレードを失敗だと考えないのです。

本来なら獲れていたはずの利益に遥かに届かないまま利益を確定させてしまうのは、大きな失敗です。その失敗がなぜ起こるかといえば、大局トレンドの大転換がどのように起こるのか、そのシステムを理解していないからにほかなりません。

大局トレンドはそう頻繁に変化しません。

例を挙げれば、アベノミクスがスタートして以来、日経225においても、ドル／円においても、月足チャートは一貫して第1ステージを継続してきました。それが2016年6月に第2ステージに変化し、上昇相場は終わりを迎えています。

では、その大転換はどのように見抜くことができたのでしょうか。

大局の買い時代には価格と短期移動平均線は帯の上にありました。それから大局の売り時代には価格と短期移動平均線は帯の下に移ります。それが大転換であり、その大転換をどう見抜くかがチャート読解の最大のテーマなのです。

そのためには大転換が起きるまでの流れを理解する必要があります。

第1の前兆は、帯の傾きが緩やかになることです。第2に帯が細くなっていきます。第3に価格が帯に突入し、帯を突き抜けます。次いで第4に短期移動平均線が帯に突入し、帯を抜けます。この第3と第4の変化は、第4が若干遅い程度でほぼ同時に発生します。

この第1～第4が終わると帯は向きを変えます。帯に着目すれば「上昇帯⇒平行⇒ねじれ⇒下降帯」または「下降帯⇒平行⇒ねじれ⇒上昇帯」という変化です。別の言葉でいえば、中期移動平均線と長期移動

平均線の間隔の変化ともとらえられます。

　帯のねじれは中期線と長期線のクロスによって生じるので、これが実は第1ステージあるいは第4ステージに突入する瞬間だと考えることもできます。このことをまとめたのが下記の『大転換を見抜くために』です。

　もちろん、大転換へ至る途中で、大転換に失敗してしまうケースもあります。帯に突入して価格と短期線が帯を抜ける前に跳ね返される、または一度帯を抜けたけれどもまた戻す、というパターンです。

◆大転換を見抜くために

**大転換とは**

◎大局買い時代（価格が帯の上）から大局売り時代（価格が帯の下）への変化、大局売り時代から大局買い時代への変化を「大転換」と言う
◎大転換を見抜くこと、これがチャート読解の最大テーマなり

**大転換の流れ**

①帯が傾きを緩やかにする
②帯が細くなる
③価格が帯に突入し、帯を抜ける
④短期線が帯に突入し、帯を抜ける
⑤帯が向きを変える
⑥帯が収束してねじれる
⑦上昇（下降）帯が下降（上昇）帯となり、間隔が広がっていく

◆大転換はかくして生じた

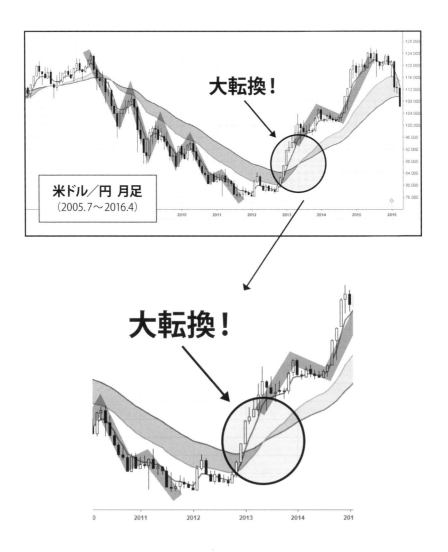

前ページのチャート『大転換はかくして生じた』は米ドル／円の月足です。
　アベノミクスが始まったのは2012年の後半です。その後、若干のタイムラグを経て大転換が発生し、以降は円安が継続しています。
　ところが、2016年4月に、短期線が帯に突入しています。これから先、長期にわたる円高相場に切り替わるかどうかはわかりません。しかし、紛れもない円安相場で、円売りを仕掛けておけば安心していられた時代が終わったことは確かです。
　今後、円高トレンドに切り替わるのか、もみ合い相場になるのかは見極めていかなければなりませんが、これについて大転換を例に参照してみましょう。

　アベノミクス以前（2012年前半）は右肩下がりの下降帯が続く円高のトレンドでした。下降帯に入ったのは2008年の初頭ですが、そこからは帯の間隔がどんどん広がっていき、ずっと傾きを保った状態です。価格と短期線は繰り返し帯に近づきながらも跳ね返されています。
　ところが、2012年に入ると、帯の傾きが緩やかになり間隔も狭まっています。そして、2012年11月には価格が帯に突入し、12月に帯を突き抜けています。2008年の大転換を契機とした下降帯の形成以降で、価格と短期線が帯に突入したのはこの時だけです。それまでの下降帯が上昇帯に変わっていることを確認しましょう。

## 第3節
## 三次元分析から読み解く仕掛けと手仕舞い

### 1）手仕舞いする場合、しない場合

　三次元分析から読み解く仕掛けのタイミングは次ページの通りです。手仕舞いに関しては、買いポジションの手仕舞いは第1ステージの終了時点、売りポジションの手仕舞いは第4ステージの終了時点が基本です。

　買いポジションに関して言えば、基本的には第1ステージの終了は短期線と中期線のクロスによって完成しますが、そうはならずに、中期線と長期線が入れ替わって第6ステージに戻るパターンがあります。第2ステージに移行するのは、経験則的に7割程度の確率だととらえていますが、このときに手仕舞いのタイミングを逸すると、本来、獲れるはずの利益を逃すことにつながります。第2ステージにおける買いポジションの手仕舞いは、例えば第1ステージに戻り、買いが継続するような逆行が発生しないことを確認できたら間髪を入れずに執行します。

　ただし、第2ステージに入っても、手仕舞いしない場合があります。それは帯が安定上昇を崩していないときです。そうしたケースでは押し目になる可能性が高いからです。

　帯の間隔も判断のヒントになります。帯の間隔が広ければステージ継続の示唆となりますので、手仕舞いはしません。逆に、帯の間隔がどんどん狭まっているときは、これから先のクロスが示唆されている

◆三次元分析から読み解く仕掛けのタイミング

### 並び順

第1ステージ：3本の線が上から短期・中期・長期の並び順・・・買いシグナル
第4ステージ：3本の線が上から長期・中期・短期の並び順・・・売りシグナル

### 傾き

◎3本の線ともに上昇・・・買いシグナル
◎3本の線ともに下降・・・売りシグナル

### 間隔

3本の線の間隔が広がっている（第1ステージなら買いシグナル、第4ステージなら売りシグナル）

### 帯

◎帯の間隔が広く安定上昇・・・長続きする上昇
◎帯の間隔が広く安定下降・・・長続きする下降

◆三次元分析から読み解く手仕舞いのタイミング

### 並び順

◎買いの手仕舞い、第1ステージの終了
◎売りの手仕舞い、第4ステージの終了
　※ただし、帯が広く安定上昇・安定下降を崩していないときは手仕舞いを様子見する・・・押し目(戻し)の可能性大
　※ステージ終了まで待たず、終了を先読みして手仕舞うのが正解

### 傾き

買いの手仕舞いの例(売りはこの逆)
　・短期・中期・長期、3本とも下がる!・・・絶対決済
　・短期下降、中期下降、長期横ばい・・・決済
　・短期下降、中期横ばい、長期上昇・・・様子見
　・短期下降、中期上昇、長期上昇・・・手仕舞わない

### 間隔

◎帯の間隔が広いまま・・・手仕舞わない
◎帯の間隔がやや縮小しているがまだ広い・・・様子見
◎帯の間隔が狭まり、短期が中期に接近・・・クロスしていなくても手仕舞い

わけですから、早めの手仕舞いを心がけます。

### 2）急騰相場には注意を

　相場が急騰して第1ステージになり、かつ、3本の移動平均線が右肩上がりの状況のときや、急落して第4ステージになり、かつ、3本の移動平均線が右肩下がりの状況のときに、すぐに売買を仕掛けるのは危険です。急騰から一転して急落、急落から一転して急騰する相場があるからです。今の相場が、そういう相場ではないことを見極める必要があります。

　見極めののちに仕掛けるポイントは、急騰した相場がいったん押し目を迎えたときや、急落した相場が戻しを迎えたときです。移動平均線と現在の価格の位置が離れているときや、現在の価格が帯から離れているときには、仕掛けてはいけません。

　また、仕掛けと同時にロスカットのための逆指値注文（ロスカット注文）を出しておきます。買いポジションを建てた場合、価格がどこまで下がったらロスカットするかはトレーダー次第です。

　相場には急騰急落がつきものです。多くは予想外の出来事（例えば要人の発言・行動や天変地異など）がそのきっかけとなりますが、買いポジションを持っていて何らかの事情で急落症状となったときにあわてて売り注文を出しても、なかなか約定できない可能性があります。成行で注文を出しても、取引所の注文マッチングシステムには「時間優先（受付順）」のルールがあるため、日本中、世界中から注文が殺到したら自分の注文の約定順位は遅くなり、不利な価格での約定を余儀なくされます。ゆえに、約定の順位を上げるためにも、売買注文とロスカット注文はワンセットであることを心がける必要があります。

下記のチャート『急騰は注意が必要』を見てください。これは相場が急騰して第1ステージになったものの、買ったら失敗する典型的なパターンです。3本の移動平均線は揃って右肩上がりになっています。そこで、反射的に買いポジションを建てたのもつかの間、短期間で第1ステージが終わってしまいます。

◆急騰は注意が必要

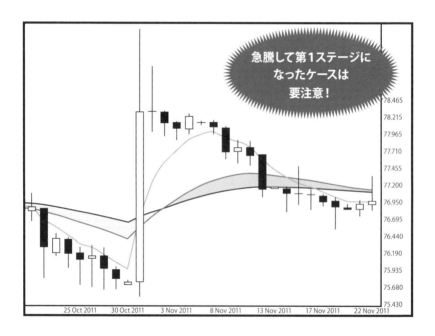

下記の『手仕舞いどころを誤るな』は米ドル／円の月足チャートです。アベノミクスで円安に推移しましたが、2016年4月には第1ステージが終了して第2ステージになりました。第2ステージになったことを確認して売り注文を出すと、もう一段下がってしまうことが多いので、第2ステージになりそうなとき、つまり第2ステージの手前で手仕舞わなければなりません。

◆手仕舞いどころを誤るな

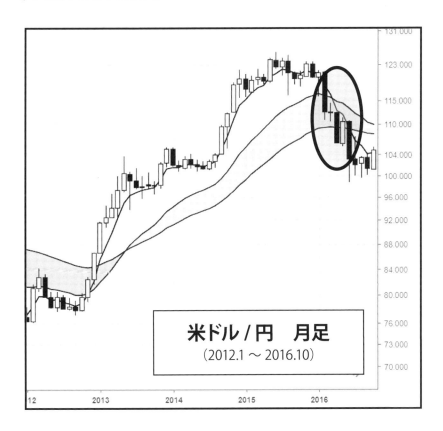

次ページの上段のチャート『微妙な判定が必要なときも』は日経225の日足です。「3本の移動平均線がどういう傾きになっているか」「今のステージは何か」に注目が必要です。

ここで次ページ下段の『大循環分析仕掛けポイント早見表』を見てください。これは「今、何をしてよいか」を示しています。

第1ステージにおける移動平均線の並び順は上から「短期・中期・長期」で、第6ステージはその一歩前、第5ステージは二歩前の状態です。一歩前の状態、二歩前の状態で、3本の移動平均線がいずれも上昇していれば買いを仕掛けることができます。

表中では「上昇・上昇・ほぼ上昇」と微妙に言葉を変えています。短期線と中期線の上昇は判別がつきやすく、見た目にも明らかです。しかし、動きが緩やかな長期線が下降から上昇に転じたか否かの判断は微妙です。このためノービス・トレーダーは仕掛けにくくなります。しかし「ほぼ上昇」なら仕掛けやすくなるはずです。

3本の移動平均線の上昇が明白な第1ステージは本仕掛けのタイミングで、大きな相場を獲るのには大変有効です。しかし、小さな相場を獲ろうとすると、第6ステージで仕掛けなければなりませんし、もっと言うなら第5ステージで仕掛けることもあり得ます。その条件が3本の右肩上がりです。第5ステージで仕掛けるときは早仕掛けとなります。

「上昇・ほぼ上昇・ほぼ平行」の「ほぼ平行」も、緩やかに下向き程度であれば、「ほぼ平行」と感じて、第1ステージであれば早仕掛けをするタイミングだと判断します。第6ステージも同様ですが、この状態が第5ステージで出現しているならば、試し玉でとどめておきます。試し玉は本仕掛けの4分の1程度のポジションを取るイメージです。

「上昇・ほぼ平行・はっきりと緩やかに」は、今まで下向きだった短期線が上向きに転じ、中期線がほぼ平行となり、長期線の下げ幅が明らかに緩やかになってきた場面を表しています。上記の2つの場合

◆微妙な判定が必要なときも

◆大循環分析仕掛けポイント早見表

| 短期線 | 上昇 | 上昇 | 上昇 |
|---|---|---|---|
| 中期線 | 上昇 | ほぼ上昇 | ほぼ平行 |
| 長期線 | ほぼ上昇 | ほぼ平行 | はっきりと緩やかに |
| 第1ステージ | 本仕掛け | 早仕掛け | 試し玉 |
| 第6ステージ | 早仕掛け | 早仕掛け | 試し玉 |
| 第5ステージ | 早仕掛け | 試し玉 | × |

に比べてエッジがないため、第1ステージであっても試し玉とします。この状態が第6ステージでも出現しているならば試し玉とします。もちろん、外れる場合もありますが、可能性でいえば獲れる頻度のほうが高いはずです。

　一方、第5ステージでは、獲れる可能性よりダマシのほうが多くなりますので仕掛けを見送ります。

## 第4章

# RSI＆ストキャスティクス徹底研究

## 第1節
# RSI（相対力指数）徹底研究

### 1）オシレーター系指標とは

　RSI（相対力指数）は、多くのトレーダーが用いるメジャーな指標です。ただ、その位置づけは"参考資料"の領域を出るものではありません。したがって、RSIだけを根拠として買いまたは売りポジションを取ることは、普通はしません。

　一方、ストキャスティクスは「ここで買う」「ここで売る」というシグナルを出すのに大いに役立ちます。世界で一番人気があるボリンジャーバンドは、ストキャスティクスを進化・発展させたテクニックです。考案者のボリンジャー氏はストキャスティクスの信奉者で、自分が愛するテクニカル指標の有効性を高めるためにはどうすべきかと知恵を絞り、ボリンジャーバンドにたどり着いたと言われています。

　ストキャスティクスはそれ単体でも重宝しますが、ボリンジャーバンドと併用すると一層の効果を発揮します。

　テクニカル指標は"トレンド系"と"オシレーター系"に大別されます。
　トレンド系は、現在トレンドがあるのかないのか、あるなら上昇トレンドなのか下降トレンドなのかを分析します。移動平均線、パラボリック、ボリンジャーバンドがその代表格で、ローソク足に沿って色々

◆よく見かける RSI の説明

**説明**

◎最もポピュラーなオシレーター系指標
◎買われ過ぎ、売られ過ぎが判断でき、基本的に逆張りトレードで使う

**見方**

◎上昇トレンドが発生するとRSIの数値は上昇し、下降トレンドが発生するとRSIの数値は下降する。ただし、数値が一定以上に上昇、または一定以下に下落することは買われ過ぎ・売られ過ぎを示す
※オシレーター系指標の買われ過ぎ・売られ過ぎの基準となる数値は書籍により違うが、RSIに関しては70/30が圧倒的に多く、ごく一部で75/25が使われる
※ただし、数値が大きければ大きいほど買われ過ぎの度合いが強く、小さければ小さいほど売られ過ぎの度合いが強いという考えは共通

**使い方**

◎70%以上のゾーンに来たときが買われ過ぎ＝売りシグナル
◎30%以下のゾーンに来たときが売られ過ぎ＝買いシグナル

な線が描き込まれている点が外形的な特徴です。

　それに対してオシレーター系は、ローソク足の下に別ウィンドウを設けて、折れ線が0〜100、あるいは、−100から＋100の間を行ったり来たりするイメージの指標となります。

　本書では多数のテクニカル分析手法を学びますが、最終的にはメインとなるテクニカル指標をひとつ決め、別の指標を補助的に用いることを提案します。例えば、トレンド系指標をメインとしたら、オシレーター系を補助とするといった形です。テクニカル指標は多く使うほどよいというものではありません。例えば、メインの指標のほかに、補完的な役割を果たす指標を1種類にするなど、使用する数は調整するほうがよいでしょう。たくさんのテクニカル指標を同時に使うと混乱を招きやすいということは覚えておくべきです。

　しかし、その使う予定のないテクニカル手法もきちんと学んでおく必要があります。例えば、ストキャスティクスの知識があれば、一目均衡表を学習するにあたって両手法の関係性、すなわち見方・考え方の類似性を理解できます。あるいは、一目均衡表と移動平均線大循環分析の考え方がとても近いこともわかります。

　一目均衡表と移動平均線大循環分析に関していえば、移動平均線大循環分析は5日、20日、40日の移動平均線の関係性から短期・中期・長期のトレンドを分析しますが、一目均衡表もまた、短期トレンドの状態を転換線で、中期トレンドの状態を基準線で、長期トレンドの状態を先行スパン2で見て、短期・中期・長期のトレンドがどうなっているかを分析しているのです。そういう共通点を発見すると、価格変動の中で注目すべきポイントや、トレードルールの構築で大切な事柄がわかってきます。

　予備校で試験に出そうな問題だけを集中して勉強すればテストの成績は上がるでしょう。しかし、前提となる基礎力がないと伸びしろには限界があります。トレードは受験と違って応用問題だらけで、過去

◆オシレーター系指標の特徴

**オシレーター系指標とは**

◎オシレーターとは振り子・発振器のこと
◎通常のチャートの下欄に別枠で折れ線グラフ表示されることが多い
◎0から100、あるいは－100から＋100までの範囲で折れ線が動くものが多い
◎トレンドの強弱を表し、逆張りトレードによく使われる

**長所**

◎トレンド系（順張り系）の指標は、トレンドが発生してしばらくしてから仕掛けのシグナルが出て、トレンドが終了してしばらくしてから手仕舞いのシグナルが出るという問題があるのに対し、逆張り系の指標はトレンド全体を獲れる可能性がある
◎もみ合い期間に特に効果を発揮する

**短所**

◎大きなトレンドの発生時、早めに買われすぎのシグナルが出てしまうため、大きなトレンドが獲れない
◎またそれを新規売りシグナルと勘違いすると大きな損を被る
◎サポートライン・レジスタンスラインの明確なもみ合い相場のときに有効だが、1回ごとの利益は少なく、最後にもみ合い放れしたときに大きな損を被る

**基本的な使い方**

◎仕掛けのシグナルではなく、早めの手仕舞いシグナルとして使うトレーダーが多い
◎トレンド系指標の補完指標として使い、あくまで注意喚起の指標として使う

問題で良い点を取れたからといって合格できるような世界ではありません。その意味で、基礎力を上げるためにさまざまなテクニカル分析手法を勉強しておく必要があるのです。

## 2）オシレーター系の代表 RSI

　オシレーター系で最もポピュラーなテクニカル指標は RSI です。

　オシレーター系の指標は"買われ過ぎ""売られ過ぎ"を判断するもので、基本的に逆張りトレードで用います。"買われ過ぎ"だったら売りポジションを、"売られ過ぎ"だったら買いポジションを建てるのが基本となります。ただし、あくまでも基本であって、実戦で用いるには注意が必要です。

　上昇トレンドが発生するとRSIの数値は大きくなり、下降トレンドが発生すると小さくなります。数値が一定以上に上昇した場合が"買われ過ぎ"、一定以下に下落した場合が"売られ過ぎ"です。数値は0から100までの間を絶えず変動しており、一般的には70％以上になれば"買われ過ぎ"、30％以下になれば"売られ過ぎ"と判断します。75％以上で"買われ過ぎ"、25％以下で"売られ過ぎ"とする説明もあります。

　RSIをインターネットで検索すると「70％以上のゾーンは売りシグナル、30％以下のゾーンは買いシグナル」という説明に行きあたります。

　そもそもオシレーターとは、地震計のように、振幅を測定する振り子を指します。トレンド系の指標は、トレンド発生後、しばらくしてから仕掛けのシグナルが出る、トレンド終了後もしばらくしてから手仕舞いのシグナルが出るのが特徴です。つまり、価格変動とシグナルの発生にタイムラグがあるため、そもそもトレンドの天底（始点から終点まで）を獲ることができない仕組みなのです。

ところが、オシレーター系の指標は、トレンドの全体を余すことなく獲れる可能性を秘めています。

逆張りトレードでは、価格が下げている状況で「そろそろ底を打つだろう」との想定に基づいて、底入れ前に買いポジションを建てます。トレンドの転換を確認してからポジションを取るトレンドフォローとは異なり、逆張りがうまくはまれば底から天井まで丸ごと獲るのも夢ではありません。ただし、底が読める確証がないのは、ほかのどのようなテクニックとも同じです。「底だ」と思ったポイントから、さらに下がってしまった場合には、もちろん損を被ります。

逆張りが効果を発揮するのは、相場が一定の価格帯の中で上昇と下降を繰り返すもみ合い相場においてです。その一方でトレンドが発生すると逆張りで利益を獲るのは難しくなります。オシレーター系の指標は上昇トレンドの渦中でも"買われ過ぎ"のシグナルを発生させてしまうことがあるからです。それを売りサインだと勘違いして売りポジションを持ってしまうと、とんでもないことになります。

◆詳しいRSIの説明

### RSIの概要

◎RSI(Relative Strength Index=相対力指数)はATR・パラボリック・DMI・ピボットなど多数のテクニカル指標を生み出したJ・ウェルズ・ワイルダー・ジュニアが開発し、1978年に発表された名著『ワイルダーのテクニカル分析入門』の中で紹介された
◎その名の通り、売り勢力と買い勢力の相対的な強さを示す指標
◎オシレーター系指標の代表選手

RSIとストキャスティクスを上下に並べたのが下記の『RSIとストキャスティクスの比較』です。両者の見た目はとてもよく似ていますが、その性質はまったく異なります。

　RSIは"Relative Strength Index"の頭文字で、日本語では『相対力指数』と訳されています。先に示した通り、米国のテクニカル・アナリスト、J.W.ワイルダー氏が考案し、1978年に『New Concepts in Technical Trading Systems（邦訳、ワイルダーのテクニカル分析入門）』（パンローリング）という書籍の中で紹介されました。

◆RSIとストキャスティクスの比較

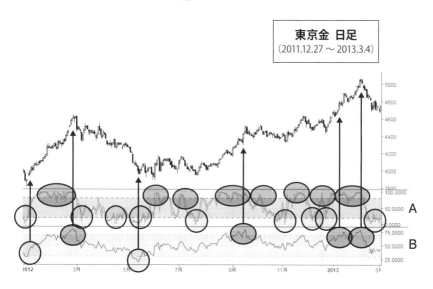

Aの段がストキャスティクス、Bの段がRSI。RSIはストキャスティクスに比べるとダマシが少ない。また、シグナルに先行性があるのが特徴

## 3）サイコロジカルラインのダマシ

　RSIはその名が示す通り、売り勢力と買い勢力の相対的な力関係を示す指標です。その誕生は、何とかして買い勢力と売り勢力の強さを客観的に知る方法はないかという考えに端を発しています。

　例えば、過去10日間で、価格が上昇した日数と下落した日数を数えます。仮に7日が上昇、3日が下落なら、その10日間に限っては買い勢力が強く、相場は上昇トレンドである可能性が高いと推定できます。

　そういう考え方に基づいてできたテクニカル指標が"サイコロジカルライン"です。チャート分析ソフトの数あるテクニカル指標の中には必ず入っているはずです。

　サイコロジカルラインは上昇日の割合が全体の何％かを知るという単純な話で、数値が大きくなれば上昇トレンド、小さくなれば下降トレンドと考えるのが基本です。ところが、しばらく使っているとサイコロジカルラインにはダマシがあることに気づくことになります。

　ダマシが起きるのは上昇幅と下落幅に無頓着で、機械的に数値を算出しているためです。例えば過去10日間で、上昇は8日、下落は2日なら、数値は80％と大きくなり、上昇トレンドを示唆することになります。

　ところが、8日間の上げ幅は毎日10円ずつ、最後の2日間の下げ幅が連続100円だったらどうでしょう。本来なら急落状態のはずです。これはとてもおかしな話です。つまり、上げ下げは日数で計算するのではなく、上昇幅の合計と下落幅の合計をもとに算出すべきだとの考え方に行き着きます。

　実はこの考え方を活かして、サイコロジカルラインというシンプル過ぎるテクニカル指標を進化させたものがRSIなのです。

14日RSIについて説明します。例えば、過去14日間について、前日比で上昇した日の上昇幅の合計をA、同じく下落日の下落幅の合計をBとします。RSIは、AをAとBの合計で割って、それをパーセンテージ（百分率）で表すために100を掛けて求められる数値です（ちなみにワイルダー氏は14というパラメーターが大好きでした）。こうして求めたRSIが50％以上だったらその14日間は相場が上昇したことになりますし、50％以下だったら下落したことになります。

　試みに5日間RSIを計算してみましょう。下記の『RSIの計算式』を見てください。計算の結果は50％を上回っていますから、この5日間のケースでは、5日前より上昇していることになります。もちろん、もし計算結果が50％を下回れば下がっているはずです。

◆ RSIの計算式

**RSI計算式**

◆ 毎日の前日比を計算し、それを上昇した日と、下降した日に分ける。
　※ 例としてnは14で解説
◆ A＝14日間の上昇幅の合計
◆ B＝14日間の下落幅の合計　とする
◆ **RSI＝A÷（A＋B）×100％**
◆ ※ 全体の価格変化の中で上昇エネルギーがどれくらいあったかを示す数値

（5日間RSIの計算）

本日：前日比＋50円
2日前：－40円
3日前：＋100円
4日前：－60円
5日前：＋50円

RSI＝（50＋100＋50）÷（50＋40＋100＋60＋50）×100
　　＝66.6％

実際の数値を見てみましょう。下記の『RSIに惑わされるとき』は金先物のローソク足チャートの下にRSIチャートを描き込んだものです。ローソク足とRSIを比較すると、一般的に言われる30％以下が"売られ過ぎ"、70％以上が"買われ過ぎ"は、必ずしも正しくない場面があることがわかります。

　例えば、チャート内に「買われ過ぎゾーン」「過熱」と示した地点では、RSIは70％を超えていますが、売り仕掛けに適した局面ではありません。上昇トレンドが長く続いているときは、オシレーター系の指標は正しい数値を出してくれないのです。

◆ RSIに惑わされるとき

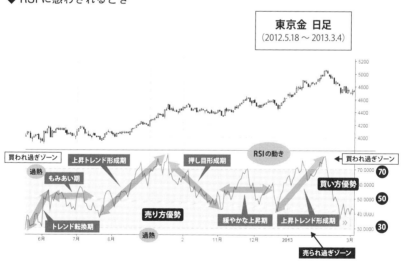

　　　　　70〜100：買われ過ぎゾーン
　　　　　50〜 70：買い方優勢
　　　　　30〜 50：売り方優勢
　　　　　 0〜 30：売られ過ぎゾーン

RSIが50％より下にある期間はおおよそ下降トレンドが、50％より上の期間は上昇トレンドが続いています。数値が大きくなればなるほど上昇を継続する期間が長くなり、上げ幅もそれに応じて大きくなります。ところが、50％より上だとしても、過去の一定期間にわたり90％程度の上昇を示していたものが60％に落ちれば、やはり上昇の勢いは減退したことになります。

　RSIでは、50％より上か下かが大切です。14日間のRSIが100になるのは、14日間すべて前日比でプラスになった場合に限ります。1日でも前日比でマイナスになったら100にはなりません。しかし、14日間連続して前日比を上回るチャートはまずありません。14日間連続マイナスも同様です。

　上昇トレンドの中でも下げはあるし、下降トレンドの中でも上げる日はあります。ただ、安定的な上昇をイメージするなら（あくまでもイメージですが）、2日プラスで1日マイナス、安定的な下降は2日マイナスで1日プラスといったところでしょうか。

　それに対してもみ合い相場はプラスとマイナスが交互に発生します。もちろん2日連続プラス、2日連続マイナスというパターンもありますが、結局、RSIは50％を挟んで小刻みに上下動を繰り返しながら、一定の幅で横ばいに推移していく形になります。

　50％を継続して超えているのは上昇トレンドの条件ですが、その上昇トレンドにも安定的な上昇トレンド、過熱している上昇トレンド、勢いを失った上昇トレンドの3パターンがあります。もちろん、一番長続きするのは安定的な上昇トレンドです。


## 4）上昇トレンドの3パターン

　50％以下から急激に数値を伸ばし70％、80％となるのが"過熱している上昇トレンド"の特徴です。相場に勢いがあるので、数値がさ

らに大きくなる可能性は十分ありますが、いずれ押し目をつけることも否定できません。そろそろ利益を確定したいと考えるトレーダーがたくさんいるからです。

逆に"勢いを失った上昇トレンド"は、これから先、下降トレンドへの転換を予感させます。

"安定的な上昇トレンド"は、「2日プラス・1日マイナス」のパターンを継続しながら上げ続けます。その場合のRSIは66.6％前後となるはずです。仮に50％を超えていても、それ（66.6％前後）以下のパーセントでは、上昇トレンドに勢いがないとわかります。

なお、先述したように、RSIが100％になることは、普通はありません。90％台もなかなかありませんが、もしも、そのような数値を付けたとしたら、そのあとには利益確定の売りが出てきやすくなります。

### 5）買われ過ぎを売る誤り

仮に現在、RSIが70％を超え、80％になっているとします。状況として"買われ過ぎ"であることは間違いありません。しかしそのとき、下げで獲ろうと売りポジションを持つのは失敗につながる可能性が高いと言えます。

なぜでしょうか。確かに、今ものすごい勢いで相場が上げているなら、やがて利益確定の売り注文が出てくるかもしれません。ところが、利益確定が一巡した後には、もう一度買い直されるパターンがあるのです。80％をつけた値位置が天井になる保証はありません。

また、RSIが買い直しで70％を超える、売り直しで30％を下回っても、そこで慌てての逆張りはお勧めできません。ポジションを取るにしても、「そろそろ利益確定の注文が出てくるかもしれないから、自分もいったん利益確定しておこう」といった注意信号ととらえるべきです。

## 6）RSI が価格に先行する理由

　RSI には重要な特徴として、実際の価格変動に先んじて動きが速くなる"先行性"があります。

　次ページのチャート『RSI の先行性』は東京ゴム先物相場です。ローソク足（価格）は上げて、下げて、また上げています。このときの RSI の動きを見ると、価格が上昇しているときには 50％より上にあり、どんどん数値が大きくなっています。試みに、RSI チャートの 30％と 70％の間に太い線を引いてみましょう。線よりも数値が上になれば買いが、線よりも数値が下になれば売りが過熱していることがわかります。

　相場の過熱を経て、RSI の上昇の勢いは緩やかになります。もちろん、緩やかになりつつも上昇は止んでいませんが、ある瞬間を境に RSI は下げ出します。下げるときも、あるときまで下げの勢いがどんどん加速していきます。しかし底打ちが近づくと、その下げの勢いが緩やかになります。

　すると、RSI のチャートは 50％より下をキープしつつもその動きは平行に近づいていきます。RSI が 50％以下ですから価格は依然として下げ続けています。そして、その状況の中で RSI は平行になり、最後には右肩上がりに転じるのです。

　これが RSI の価格に対する先行性です。


## 7）パラメーターを揃える

　RSI のパラメーターの基本は 14 日ですが、トレンド系テクニカル指標と併用する場合には必ずパラメーターを揃える必要があります。

　チャート分析では画面を上下 2 つに分割して、上にトレンド系テクニカル指標（例えば移動平均線）を、下にオシレーター系指標の RSI

◆ RSI の先行性

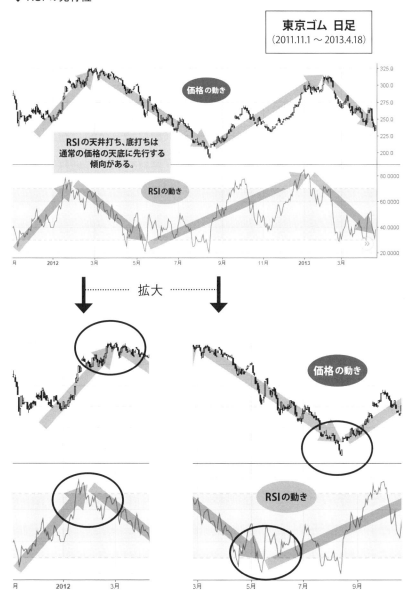

RSIのほうが早く底（天井）をつける

147

を描画するのは極めて一般的です。ところが、トレンド系テクニカル指標のパラメーターの数値とオシレーター系パラメーターの数値が一致しないと、一方では長期トレンドを見て、他方では短期トレンド見ることになってしまいます。もちろん、意図的にやっているならそれもよいでしょう。しかし、時間枠の異なる2つのチャートを見比べて、今、売るか買うかは判断のしようがありません。長期トレンドと短期トレンドの違いがあるのですから当然です。

　RSIだけを使うなら、パラメーターは基本的に14日でよいと思います。開発者のワイルダー氏は14日に重きを置いていました。多岐にわたる銘柄を分析した結果、ワイルダー氏は多くの銘柄が28日周期で動いていると気づいたからです。

　28日周期で動いているなら、上げが14日、下げが14日、上げが14日、下げが14日……という動きになると信じていたためです。

　しかし、ワイルダー氏が提唱する28日周期は、その後、あまり重要性をもって受け入れられていません。その他のテクニカル指標でも14というパラメーターは重視されていません。なお、ワイルダー氏が開発したテクニカル指標には、ほぼ14というパラメーターが用いられていますが、もちろん変更可能です。

## 8）仕掛けのタイミングがわかる"失敗したスイング"

　RSIを実戦で使うために"失敗したスイング"を学びましょう。

　注目するのはRSIのウェーブです。次ページの『仕掛けのタイミングがわかる"失敗したスイング"』では、上が東京ガソリンのローソク足チャート、下がRSIチャートを示しています。もちろん、パラメーターは14日で揃えています。価格は波打ちながら上昇し、波打ちながら下落します。RSIも同様です。

　注目してほしいのは、RSIチャート中に2つの丸で囲った箇所です。

それまで上昇してきたRSIが左側の丸部分で最初の天井を打ち、下降後に小さな反騰を見せたものの、右側の丸部分で改めて天井を打っています。

2つの丸の位置関係を見てみると、右側が下にあります。すなわち、RSIの天井は切り下がっていることになります。これは、これから先、下降トレンドに変化する前兆になります。

またこのとき、左側の丸部分は90％を超えていますが、右側の丸部分は80％近辺であるところにも注目が必要です。

◆仕掛けのタイミングがわかる"失敗したスイング"

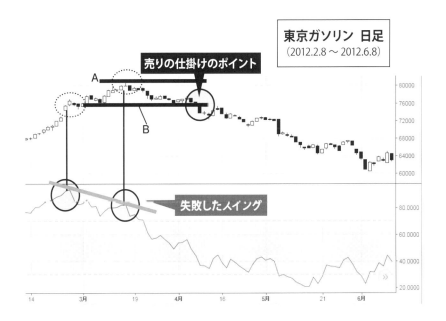

このように、前回まで90％を超えていた数値が、次回は80％近辺である点が、これから先の下降トレンドを暗示する代表的なシグナルで、これを"失敗したスイング"と呼びます。

　こうした条件の下で仕掛けのポイントを探します。前ページの図をもう一度、見てください。

　2つの丸印を上側に延長して対応するローソク足を見ると2つの山（点線円）ができています。その2つの山の間、AとBの直線で挟まれた部分に注目します。この間で一番の安値を探してください（この例では、たまたまほぼ同値の安値が2つあってダブルボトムの形になっています）。この安値を次に下にブレイクしたところが、売りシグナルです。

　ちなみに、下記で説明する"ダイバージェンス"も、これから先はもう上昇トレンドが終わりそうだという前兆を示してくれます。とは言え、その上昇トレンドが"いつ"終わるかはなかなかわかりにくいのが現実です。しかし、2つの天井に挟まれた期間の最安値を割り込んだときが売りのタイミングと明示できる"失敗したスイング"は、その意味で有効といえます。


## 9）転換を先取りするためのシグナルとして

　ダイバージェンスは、オシレーター系の指標です。価格のウェーブ（波動）は切り上がっているにもかかわらず、オシレーター系の天井が切り下がっている状態を言います。

　本来、価格が上昇トレンドを描けば、それに伴いオシレーター系の指標も上昇します。下降トレンドならば、オシレーター系の指標も下向きになります。しかし、そこに食い違いが出てくると、「そろそろ下げ（上げ）が近い」と判断できます。それがダイバージェンスです（次ページの『転換を先取りするためのシグナル＝ダイバージェンス』参照）。

結論から言うと、RSIはそれを単独で売買シグナルとして使うものではありません。相場の過熱度合いを知ることはとても大事ですが、新規の逆張りポジションを取るのではなく、むしろ買いポジションがあれば、一部を手仕舞うという戦略に活かすべきです。RSIは、いわばこれからの転換を先取りした注意信号の位置づけと言えます。

◆転換を先取りするためのシグナル＝ダイバージェンス

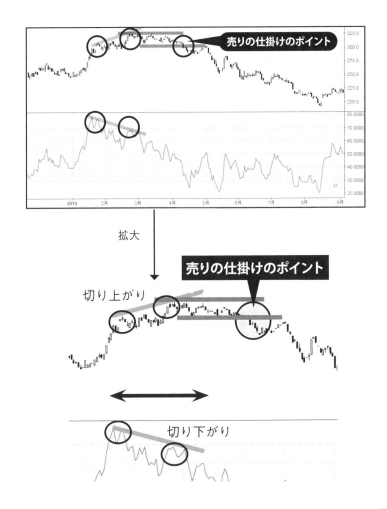

## 第2節
## ストキャスティクス徹底研究

### 1）2つのストキャスティクス

　ストキャスティクスはRSIによく似たテクニカル指標だと言われますが、実際はまったく異なります。ともにオシレーター系の指標で、数値が0から100までの間で絶えず変化し、その数値のいくつ以上が買われ過ぎ、いくつ以下が売られ過ぎと分析する点は確かに共通しています。

　ストキャスティクスがRSIと異なるのは3本の線を持つことです。3本の線はそれぞれ"％K""％D""Slow％D"──と名づけられています。ただし、通常は3本のうち2本の線を使います。

　インターネット上にはストキャスティクスの誤った解説があふれています。主な誤りは『間違いだらけのストキャス解説』にまとめた通りです。

　ストキャスティクス（stochastics）とは、過去の一定期間の価格帯における現在の価格の位置づけの意味で、テクニカル指標としては"ファストストキャスティクス"と、"スローストキャスティクス"の2つがあります。

　％Kと％Dを使うものがファストストキャスティクス、それに対して％DとSlow％Dを使うものがスローストキャスティクスです。どちらかと言えば、最近はスローストキャスティクスのほうが一般的（よく使われている）かもしれません。

◆間違いだらけのストキャス解説

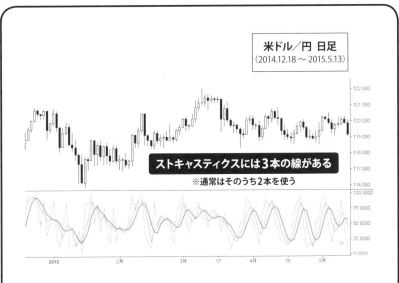

### 説明

買われ過ぎ・売られ過ぎを示す指標に、ストキャスティクスがある(←誤解を与える)

### 見方

◎70(80)％以上が買われ過ぎで売りサイン(←間違い)
◎30(20)％以下が売られ過ぎで買いサイン(←間違い)
◎他の指標と同様に上記のことだけ覚えていれば、簡単に活用できる
◎計算式は覚える必要がない(←間違い！)

### ファストとスロー

◎％Kと％Dを使うファストストキャスと、％DとS％D(スロー％D)を使うスローストキャスがある
◎最近はスローストキャスを使うのが主流(←お薦めしない)

## 2）ファストストキャスティクスを検証する

ストキャスティクスの有効性を検証してみましょう。

ストキャスティクスは、説明者により意見は異なりますが、一般的に70％〜80％以上が買われ過ぎ、逆に20〜30％以下が売られ過ぎだとされています。ここでは一番厳しい条件を採用して80％以上で買われ過ぎ、20％以下で売られ過ぎとし、条件を満たした場合に逆張りします。すなわち80％以上だったら売り、20％以下だったら買います。トレードの対象銘柄はドル円で、2時間足を使います。この条件で機械的にトレードした結果は3勝10敗4分け。大負けは5回となりました（次ページ上段の『使い物にならないファストストキャスティクス』参照）。

このような結果を見て、「ぜひ使ってみたい」と考えるトレーダーはまずいないはずです。これが、日本でストキャスティクスが人気にならない理由です。しかし、それは、ストキャスティクスが使い物にならないのではなく、ストキャスティクスを正しく使っていないからにほかなりません。

開発者のボリンジャー氏はストキャスティクスをいたく気に入っています。ストキャスティクスのことを「スイス軍用ナイフのように使える」と自賛しているほどです。

スイス軍用ナイフはあらゆる便利な道具がついた「十徳ナイフ」のようなものです。つまり、ボリンジャー氏は、ストキャスティクスはあらゆる機能を発揮すると言いたいのでしょう。


## 3）シグナルが早過ぎる災い

それでは、上述の検証作業では、何が間違っていたのでしょうか。

注文の条件は80％以上だったら売り、20％以下だったら買いでした。しかし、ここに大きな問題があります。それは上昇トレンドが発

◆使い物にならないファストストキャスティクス

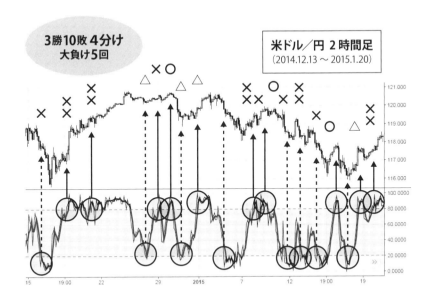

◆シグナルが早すぎる災い

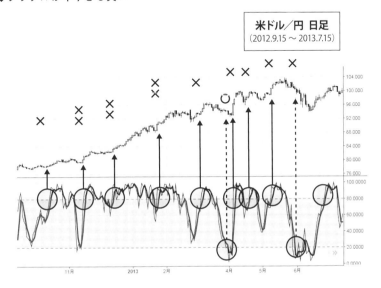

生したごく初期段階のうちに、ストキャスティクスの数値があっという間に80％を超えてしまっている点です。

RSIと同じで、ストキャスティクスも上昇トレンドでは数値が大きく、下降トレンドでは数値は小さくなります。問題は、上昇トレンドの初期段階において「数値が80％を超えた」という理由だけで売りポジションを取ってしまうと、上昇トレンドが継続する限り、そのポジションは損を出し続けてしまう点にあります。これがまさにストキャスティクスでの仕掛けを失敗に導くのです。そして、その失敗は、シグナルの出現が早過ぎることに起因しているのです（前ページの『シグナルが早すぎる災い』参照）。

ストキャスティクスによる分析では、本来、％K、％D、Slow％Dという3本の線を用います。いずれも価格変動に従って上昇トレンドなら右肩上がり（上昇）、下降トレンドなら右肩下がり（下降）を描きます。そのうち一番早く大きく動くのが％K、次いで％D、一番ゆっくり動くのがSlow％Dです。

この3本の線のうち、ファストストキャスティクスでは％Kと％Dを使いますが、それでは、シグナルが早く出過ぎてダマシが多くなってしまいます。そうした問題点を克服するために、スローストキャスティクスでは％DとSlow％Dの組合せを使ってシグナルの発生を遅らせるのです。

それを検証したのが次ページの『スローストキャスティクスにしても使えない』です。

先に見た『使い物にならないファストストキャスティクス』と比べると、一見してサインの出方が少ないことがわかります。ベースのチャートは同じドル円の2時間足です。サインが少ないのは、サインの出現が遅いためです。

その結果は4勝9敗2分け、大負け2回です。やはり「使いたい」と手を挙げるトレーダーはいないでしょう。

◆スローストキャスティクスにしても使えない

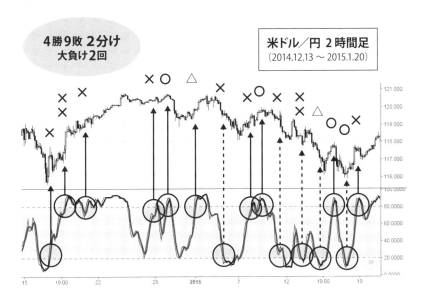

では、どうしたらよいでしょうか。星の数ほどあるネットや書籍の中で、ややまともな解説は次のようなものです。

「％Ｄが20％以下で、％Ｋと％Ｄがゴールデンクロスしたところで買いましょう。％Ｄが80％以上で、％Ｋと％Ｄがデッドクロスしたところで売りましょう」

　上記はファストストキャスティクスの説明ですが、％Ｋを％Ｄに、％ＤをSlow％Ｄに置き換えればスローストキャスティクスにも当てはまります。

　これをドル円2時間足に描画したのが次ページの『まだ使えない』です。シグナルの出現がさらに少なくなりました。その結果が7勝8敗です。それでもぜひ使ってみたいと思わせる内容ではありません。

### 4）計算式をマスターしてストキャスの本質を知る！

　ストキャスティクスを正しく使いこなすために、まずは「計算式を覚えることから始める」のが小次郎講師流です。

　もちろん、計算式を丸暗記するのではありません。計算式の意味を知り、次のことを理解します。

> ◎その売買シグナルが価格変動のどこを見ているのか
> ◎なぜそこで売買すれば有利なのか

　その前提となるのが移動平均線の計算方法やゴールデンクロス／デッドクロスの考え方、価格が移動平均線の上または下にある場合の買い方と売り方の損益関係などです（75ページ参照）。

◆まだ使えない

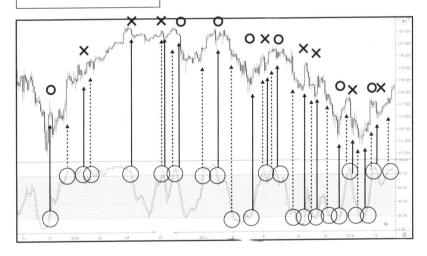

## 5）ストキャスティクスの主役"％Ｋ"

　ストキャスティクスの主役は％Ｋです。％Ｄは％Ｋを３日平均した数値、Slow％Ｄは％Ｄを３日平均した数値です。ということは、％Ｋを理解すれば、％ＤとSlow％Ｄはおのずとわかる仕組みになっています。

　％Ｋは、ある一定期間において、現在の価格がどれほど高いのか、その位置づけを％で表示したものです。"ある一定期間"とはパラメーター（変数）を意味しています。次ページの『ストキャスティクスの主役、％Ｋ』にその詳細をまとめました。

　その一定期間の値動きの中で一番の高値がＨｎ、逆に一番の安値がＬｎです。そして、現在の価格をＣとして、そのＣがＨｎとＬｎの間で、一番下のＬｎから何％の位置にあるかを求めると、それがストキャスティクスにおける％Ｋとなります。

　それでは具体的な数字を当てはめて％Ｋを計算してみましょう。条件は以下の通りです。

---

　◎一定期間＝ 20 日
　◎Ｈｎ＝ 1,000 円
　◎Ｌｎ＝ 500 円
　◎Ｃ＝ 850 円
　◎％Ｋ＝（850 － 500）÷（1,000 － 500）×100
　　　　＝ 350 ÷ 500 × 100 ＝ 70％

◆ストキャスティクスの主役、％K

### ％Kとは

ある一定期間の中で現在の価格がどれくらい高いかを％で表示したもの

### ％Kの計算式

％K＝（C－Ln）÷（Hn－Ln）×100
※Cは現在値　Lnはn日間の最安値　Hnはn日間の最高値

### C-Lnとは？

現在の価格とある一定の期間の最安値の比較

### Hn-Lnとは？

ある一定の期間の最高値と最安値の幅をゾーンと呼ぶ

### ×100とは？

小数をパーセント表示に換算

### ％Kの計算式の意味

ある一定の期間の値動きゾーンの中で現在価格が下から何％の値位置にあるかを示したもの

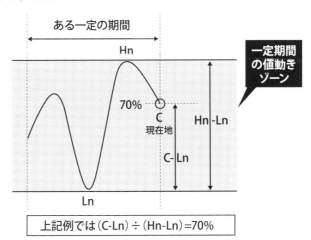

上記例では（C-Ln）÷（Hn-Ln）=70%

理解度を確かめましょう。

5日間の値動きが図1〜3の通りでした。安値は100円、高値は200円、現在の値段はグレーの丸です。それぞれの%Kを求めてみましょう。

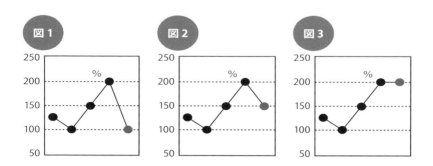

（答え）

　　図1＝0％　　図2＝50％　　図3＝100％

それでは上記の価格変動を踏まえて、％K＝80％の現在値をイメージしてください。％Kの80％水準は、本来なら売りサインです。ではこれから先は相場が下がるかといえば、必ずしもそうではありません。

144ページでは、RSIが100％を示すためには、過去n日間において、日々の終値がn日間連続で前日の価格を上回らなくてはならず、その実現性は極めて低いことを説明しました。とはいえ、RSIにおいて数値の大きさが相場の過熱を示していることは間違いありません。

一方で、ストキャスティクスが100％をつけるのはなぜでしょうか。

ストキャスティクスにおける100％は、過去n日間の価格変動の中で、n日目が最高値と等しいかそれ以上になった状態です。つまり上昇トレンドの渦中においては、ストキャスティクスは、容易に100％

をつけ得るのです。もっと言えば、90％でも80％でもそこから感じとれるのは、今がまさに上昇トレンドの渦中にあるその事実に過ぎません。

しかし、それが"買われ過ぎ"の状態かどうかは別問題なのです。ここを履き違えてはいけません。90％でも80％でもストキャスティクスの数値から読みとれるのは「今の相場には勢いがあり、この上昇トレンドはまだ続くのではないか」ということなのです。

### 6）％Dの計算方法

％Dの計算式は165ページに示した通りです。注意したいのは、Yはほとんどの場合で「3」を使うという点です。すなわち（当日の終値－n日間の最安値）を3日間合計してAを、（n日間の最高値－n日間の最安値）を3日間合計してBとします。つまり、％Dは％Kの3日平均ということになります。

このことをわかりやすく説明するために、以下の問題を用意しました。

（問題）

ある幼稚園に星組、月組、雪組の3つのクラスがあります。女の子の比率は星組が30％、月組が40％、雪組が50％となっています。

幼稚園全体の女の子の比率を求めましょう。

（30％＋40％＋50％）÷3とすると、平均値は40％になります。しかし、この計算方法は必ずしも正しくはありません。3つのクラスともに同じ人数であれば、この計算式で正しいことになりますが、星組

50人、月組40人、雪組10人とそれぞれの人数が違ったらどうでしょう。

正しい割合を出すためには、まず全体の人数を調べなければなりません。この例の場合、その合計は100人です。

そのうち女の子は、星組（50人×30％）＝15人、月組（40人×40％）＝16人、雪組（10人×50％）＝5人。合計は15＋16＋5＝36人です。ゆえに全体に占める女の子の割合は、36÷100＝36％ということになります。

％Ｄの計算も考え方は同じです。次ページの『％Ｄの計算方法』を参照しながら考えてみましょう。ここでは、仮に「ｎ＝10日」とします。過去10日間の高値と安値は一目瞭然ですから、1日目の％Ｋはすぐに計算ができます。

2日目は、仮に高値が同じで安値がｄからｅに更新されたとして、現在の終値が変わらなくても％Ｋは変わります。

3日目には高値がｂからｃに変わったことで過去10日間の高値が下がり、安値は変わらない状態です。現在の終値が変わらなくても、やはり％Ｋは変化します。

この3日間の数値を平均化するには、「当日の終値－ｎ日間の最安値」を3日分足してＡを、「ｎ日間の高値－ｎ日間の安値」を3日分足してＢを求めたうえで、計算式「Ａ÷Ｂ×100」に当てはめます。

## 7）Slow％Ｄについて

Slow％Ｄは、簡単に「Ｓ％Ｄ」と表記します。

Ｓ％Ｄは％ＤをＺ日平均したものです。％ＤのＺには、多くの場合、3を使います。3つの数値の関係性としては、％Ｋが主役、％Ｋの3日平均が％Ｄ、さらに％Ｄの3日平均がＳ％Ｄとなります。

これを相場に当てはめると、価格の上昇が生じた場合には、％Ｋの

◆ %D の計算方法

### %D とは

- %K の Y日移動平均

### %D の計算式

- A =（当日終値-n日間の最安値）の Y日間合計
- B =（n日間の最高値-n日間の最安値）の Y日間合計
- %D=A÷B × 100
- ※ Yはほとんど3を使う、

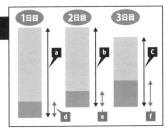

### 当日終値-n日間の最安値の3日間合計

- %K における（C-Ln）の3日間合計…右の図の d+e+f

### n日間の最高値-n日間の最安値のY日間合計

- %K における（Hn-Ln）の3日間合計…右の図の a+b+c

### A ÷ B ×100

- 右の図で言うと（d+e+f）÷（a+b+c）
- ×100 は小数をパーセント表示に換算

### %D の計算式の意味

- %K を3日平均しただけ
（↑ 計算式から3日平均と読み取れると超簡単なのだが！）

値はどんどん大きくなります。グラフにすると、右肩上がりを示します。逆に、価格が下がれば％Ｋはどんどん小さくなります。グラフにすると、右肩下がりを示します。

　その％Ｋよりも遅れて数値が大きく・小さくなり、グラフも緩やかに上昇・下降するのが％Ｋの３日平均である％Ｄです。％Ｄを３日平均したＳ％Ｄはその動きがさらに緩やかになります。別の言い方をすれば、価格の変化に対する感応度は％Ｋが最も速く、次いで％Ｄ、最後にＳ％Ｄの順となるのです。

◆ S%D について

### S%Dとは？

S%Dは%DをZ日平均したもの
※Zはほとんど3を使うので以後は3日平均と説明

### S%Dの計算式

S%D＝%Dの３日移動平均

### 結論

%Kの3日平均が%D、%Dのさらに3日平均がS%D

### 8）小次郎講師流ストキャスティクスの使い方

①％KとS％Dを使う。パラメーターは「26」

私はスローストキャスティクスがあまり好きではありません。ストキャスティクスの主役は％Kであると考えるからです。

先述の通り、そもそもストキャスティクスは、過去何日間かの値動きの中で、現在の価格が安値から何％の位置にあるのか、その変化を分析するためのツールです。

小次郎講師流のストキャスティクスでは、スローストキャスティクスではなく、％KとS％Dを使います。

％KとS％Dを両方描画できるチャートシステムを用いるのが理想的ですが、もしできない場合にはファストストキャスティクスとスローストキャスティクスを2つ描画します。ストキャスティクスでわかるのは、現在の値段の相対的な高安です。

価格への感応度が高い％Kをチャートにするとその変化はギザギザになってしまいます。そのためトレンドの変化が読みにくいデメリットがあります。

それに対してS％Dは緩やかに上昇・下降するので、その変化を見て、上昇トレンドが下降トレンドに変わったとか、下降トレンドが上昇トレンドに変わったということがわかります。

ストキャスティクスで最も重要なのはパラメーターの設定です。そしてストキャスティクスの最大の難しさは"標準"とされるパラメーターが存在しない点にあります。RSIなら14日、一目均衡表なら9・17・26が標準とされています。ところがストキャスティクスだけはそうではないのです。

この点に関して、チャートソフトによっては十分な注意が必要です。あるソフトにはデフォルトでRSI、MACD、ストキャスティクスなどの"パラメーター"があらかじめ設定されています。しかし、不思

議なことに、実はストキャスティクスには標準のパラメーターがないのです。チャートソフトごとに違うパラメーターが設定されています。

当たり前ですが、5日間のストキャスティクスと20日間のストキャスティクスでは、意味するものがまったく異なります。それを見て80％以上だから買われ過ぎだとか、20％以下だから売られ過ぎだと判断することはできないはずです。

本来、パラメーターは短期なのか長期なのか、トレーダーが自分のトレードスタイルに合わせて設定すべきです。長期のトレーダーが、短期のパラメーター（例えば5日なり9日なり）に設定したストキャスティクスのサインを眺めたら、それはダマシだらけになってしまい、とても使いものにはなりません。

◆小次郎講師流「ストキャスティクス戦術」

### %KとS%Dを使う

◎ファストでもスローでもなく、%KとS%Dを使う
◎%Kで現在の価格の相対的高安を正しく判定
◎S%Dでダマシの少ないトレンド転換を読み取る
◎パラメーターは26日（日足以外も26が有効）
　※パラメーター26で、%KとS%Dを使うのが小次郎講師流
◎チャートシステムで%KとS%Dが同時に表示できない場合はスローストキャスティクスで代用も可

### ポイント

ストキャスティクスはパラメーター（期間）をどう設定するかによって使えるか使えないかが決まる！

私が経験的に最も良いと思っているのは26日です。理由は一目均衡表を併用するためで、例えばMACDでも同じく26日を使っています。
　ノービス・トレーダーにとってパラメーターの設定は難題です。
　テクニカル指標は数多くあります。それぞれ有効なパラメーターを決定するに当たって、そのテクニカル指標の考案者が過去の膨大なチャートを検証して、その中から最も適正と考えられる数値を提案しています。例えば「26日」が重要な意味を持つ数字のひとつであるのは、そういうことなのです。
　とは言っても、必ず26日でなければダメというわけではありません。20日でも30日でも大差はないとの考えも否定はしません。しかし、その中で「一番のお勧めは？」と聞かれたら、26日ということなのです。どこを26日にするかといえば「％K」のところです。ストキャスティクスはパラメーターの設定で生まれ変わります。

## ②仕掛けとダマシ対策

　仕掛けの条件には"セットアップ（準備段階）"と"仕掛けのポイント"があります。
　売りの仕掛けでは、まず％Kが90％を超えることが前提となります。小さな値だった％Kが次第に大きくなり50％を超えれば上昇トレンドの発生はほぼ明らかですが、90％になれば確信に変わります。次いで％Dが、その後、さらにS％Dの値が大きくなってくるのが理想です。
　S％Dは90％まで上がらないこともあります。80％を超えてくれば上昇トレンドの発生を確認したと認識して良いでしょう。
　ネットであふれている単純なストキャスティクスなら、この段階で売りサインと判断するものもあるでしょうが、上昇トレンドを示唆しているのですから、売りの選択肢はあり得ません。むしろ買いを仕掛ける場面です。

しかし、上昇トレンドもやがては終わりを迎えます。すると、ストキャスティクスは％K⇒％D⇒S％Dの順で下がります。売り仕掛けのタイミングは、S％Dが80％を割り込み、それまで続いた上昇トレンドの終わりが確認できた時点です。そのときには、％Kはとっくに80％を下回っているはずです。

　逆に、買いを仕掛けるには、％Kが10％以下になり、下降トレンドが形成された証拠をつかむことが前提となります。％Kが10％以下を継続するとS％Dもどんどん下がり、やがて20％を下回ります。下降トレンドが続いている間は、％Kはおよそ10％以下、S％Dは20％以下を維持します。しかし、下降トレンドが終わると、％Kが明らかな上昇を始め、それに遅れて％Dが、最後にS％Dが続きます。20％を割り込んでいたS％Dが20％を超えてきたら買い場です。以上が仕掛けの基本です。

　これにダマシ対策が加わります。そもそも、ストキャスティクスを用いた売買戦略が成功する条件は、もみ合い相場の渦中にあり、かつ、％KとS％Dが同じ方向を向いていることです。しかし、そのもみ合い相場の中にも小さな上げと下げがあります。では、もみ合い相

◆ストキャスティクスの仕掛けの条件

**仕掛けの条件**

◎セットアップ：％Kが90以上で、S％Dが80以上となる
◎売りの仕掛け：80を超えていたS％Dが80を割ったときが売り場
◎セットアップ：％Kが10以下で、S％Dが20以下となる
◎買いの仕掛け：20を割り込んでいたS％Dが20を超えたときが買い場

場の上げ下げとトレンドとの違いはどのように見極めればよいのでしょうか。

　もし、しっかりした上昇トレンドができているならば、Ｓ％Ｄが20％を超えたときには、％Ｋはそれよりも上にあり、さらに上を目指しているはずです。ところが、もみ合い相場では、Ｓ％Ｄが右肩上がりの状態でも、％Ｋはすでに下げ出しているのです。

　これはストキャスティクスと同じく、異なる３つの時間軸を用いる移動平均線大循環分析や一目均衡表にも共通しています。トレンドの形成が明確なときには異なる３つの時間軸に基づく指標が同じ方向を向いて上がります（または下がります）が、もみ合い相場では、それが一致しません。つまり、そのことからトレンド形成ともみ合い相場の違いを言い当てられるのです。

　仕掛ける直前に％Ｋが明らかに反転したら、例えば買いであれば、％Ｋが下げ出したら、それはもみ合いの証拠ですから注文はとりやめます。

　また、仕掛けた直後にそういう反転が起きたら、それはダマシですから即座に手仕舞いします。もちろん、いったん見送った後に％ＫとＳ％Ｄが同じ方向に動き出したなら、それが急騰または急落の後でない限り仕掛け直すことになります。

◆ストキャスティクスのダマシ対策

**ダマシ対策（％Kフィルター）**

◎%KがS%Dと同じ方向を向いていることが仕掛けが成功する条件
◎仕掛けた前後に%Kが明確に反転した場合は、仕掛け前なら仕掛けの中止。仕掛けた後なら、速やかに手仕舞う
　※見送った後に%KとS%Dが見送った売買の方向に一緒に動き出したら、大きく上がった後でない限り仕掛け直す（敗者復活エントリー）

### ③再エントリーで信頼性が上がる

　売り仕掛けは、Ｓ％Ｄが80％を割り込み、そのとき、同時に％Ｋが下を向いていることが条件です。しかし80％を割り込んだはずのＳ％Ｄが、再び80％を超えたら、それはダマシの証拠ですから、そのときはすぐに手仕舞いをしなければなりません。

　買い仕掛けは20％を割り込んでいたＳ％Ｄが20％を超えてくることが条件です。しかし、買いポジションを建てた後でＳ％Ｄが再度20％を割り込んだらそれはダマシですから、やはり手仕舞いします。

　それとは別に値幅でのロスカットも同時に設定します。買いポジションを建てた場合は何円下がったらロスカットするか、売りポジションを建てた場合は何円上がったらロスカットするかをあらかじめ決めておき、ポジションを取るのと同時に逆指値注文を入れます。急騰、急落が起きてからロスカット注文を出すのでは間に合わない場合があるからです。

　その一方で、再エントリーという戦略があります。一度建てた売りポジションをロスカットしたものの改めてＳ％Ｄが80％を割り込んできたので売り建て、買いポジションを手仕舞いした後に再びＳ％Ｄが20％を超えてきたら買い直し──というのがそれです。

　場合によっては２度、３度と再エントリーを重ねることがあります。再エントリーを繰り返すのは、回数を重ねることでシグナルの信頼性が高まるからです。イメージとしては、１回目のシグナルは３割程度がダマシ、２回目は２割、３回目は１割……という感じでしょうか。ダマシを重ねれば重ねるほど後に出てきたシグナルの信頼性が高くなるのが、不思議ですが、テクニカル分析の世界なのです。

◆ストキャスティクスの再エントリー

> **ロスカット**
> ◎売りを仕掛けた後、再度、S%Dが80を超えたらすぐに手仕舞う
> ◎買いを仕掛けた後、再度、S%Dが20を割ったらすぐに手仕舞う
> ◎値幅でのロスカットも同時に設定
>
> **使い方**
> ◎売りをロスカットした後、再度S%Dが80を割ったら、売りを再エントリー
> ◎買いをロスカットした後、再度S%Dが20を超えたら、買いを再エントリー
> 　※ダマシ対策、ロスカットは同じ

### ④同じチャート、同じテクニックで明暗

次ページの『見違えるように使えるストキャスティクス』は、ユーロ円の1時間足です。パラメーターを26日に変え、％KとS％Dを描画しています。20％を割り込んでいたS％Dが20％を超えたところ（A）が買い場、80％を超えていたS％Dが80％を割り込むところが売り場です。

Bで囲ったシグナルに注目してください。S％Dが80％を割り込んでいます。これを売りシグナルととらえるには％KがS％Dの下にあって、同時に右肩下がりになっていなければなりませんが、％Kは明らかに右肩上がりになっています。こうしたシグナルはダマシになりますから仕掛けません。

同様のダマシは他にも2か所あります。同じく黒丸（CとD）をつけておきましたが、S％Dが20％を超えているけれど％Kは下げているケースです。

仕掛けるタイミングは、買いならば「①S％Dが20％を超え、②％

◆見違えるように使えるストキャスティクス

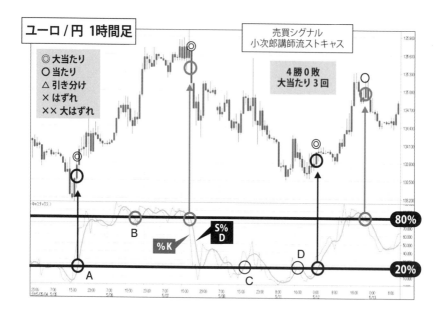

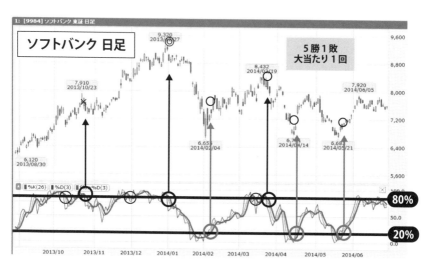

Kがそれよりさらに上の位置にあって、③かつ同じ方向（上昇）を向いている」、売りならば「①Ｓ％Ｄが80％を割り、②％Ｋがそれよりさらに下の位置にあって、③かつ同じ方向（下方）を向いている」ことが条件です。

　前ページ上段のチャートの中では、条件に適合した買い場と売り場は合計４回（◎印と○印）訪れ、その結果は４勝０敗、うち大当たり３回となりました。下段のソフトバンク日足チャートでは５勝１敗、うち大当たり１回という結果です。

# 第5章

## ボリンジャーバンド徹底研究

## 第1節
## ボリンジャーバンドの概要

**1）5本の曲線は均等の間隔に**

　現役のアナリストであるジョン・ボリンジャー氏が考案したボリンジャーバンドは、世界で最も人気の高いテクニカル指標のひとつです。もちろん、私自身もその有効性を高く評価しています。

　ボリンジャーバンドは移動平均線を中心として、その上下に価格の幅（バンド）を示す2本ずつの波動（曲線）を描画し、合計5本の曲線で構成するのが一般的です。5本の中心に位置する曲線を"ミッドバンド"と呼び、上下の曲線はミッドバンドからどれだけ離れているかによって"＋1σ（シグマ）""＋2σ""－1σ""－2σ"の線と呼びます（＋3σと－3σを用意した7本線ボリンジャーバンドもあります。逆に、シンプルなものは＋1σ、－1σを省略して、ミッドバンドと＋2σ、－2σの3本で構成することもあります）。

　ボリンジャーバンドで初めに覚えるべきことは、ミッドバンドに対して4本の曲線の構成がどのようになっているかです。

　仮に白地の紙に1本の直線を引いてそれをミッドバンドとすると、そのミッドバンドから＋1σまでの間隔（＝距離）、＋1σから＋2σまでの間隔、ミッドバンドから－1σまでの間隔、－1σから－2σまでの間隔はどこをとっても同じになります。

　チャートに描画したボリンジャーバンドを見ると、それぞれの曲線

◆ボリンジャーバンドとは？

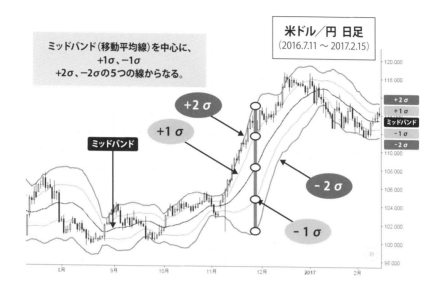

◆ボリンジャーバンドの概要

**ボリンジャーバンドの概要**

◎米国の現役テクニカルアナリスト、ジョン・ボリンジャー氏が考案したテクニカル指標
◎ボリンジャーバンドは今、世界で最も利用されているテクニカル指標

**作図法**

◎中心線(ミッドバンド)は20日移動平均線
◎20日間の終値を元に標準偏差($\sigma$)を算出
◎移動平均線を中心に移動平均+1$\sigma$、+2$\sigma$、-1$\sigma$、-2$\sigma$の線を引く
　(※3本のもの、7本のものもある)

が無秩序に動いているように見えるかもしれませんが、決してそうではありません。どこを取ってもミッドバンドとの距離は等しくなっていることを前ページの『ボリンジャーバンドとは？』で確認してください。

　ボリンジャーバンドを描画するには、まず中央に位置するミッドバンドを描きます。このミッドバンドは、通常は20日単純移動平均線（SMA）を用います。単純移動平均線を指数平滑移動平均線（EMA）に変更することはもちろん個人の自由です。しかし、ボリンジャー氏自身が単純移動平均線を指定していますから、同氏の考えに従うなら、やはり単純移動平均線を使うべきでしょう。ボリンジャーバンドの正しい使い方を学べば、単純移動平均線が推奨される理由がわかるはずです。

　次に20日間の各終値をもとに「標準偏差」を計算します。

　標準偏差は統計学に基づく平均の考え方です。日々の標準偏差を算出し、移動平均線と比べて標準偏差で1だけ大きい（高い）価格をつないだ結果が＋1σの線、2だけ大きな価格をつないだ結果が＋2σの線、同じく1だけ小さい（低い）価格をつないだ結果が－1σの線、2だけ小さな価格をつないだ結果が－2σの線です。したがって、ミッドバンドと±1σの幅、±1σと±2σの幅はすべて等しくなるのです。

## 2）間違いだらけのボリンジャーバンド

　インターネット上には、さまざまなテクニカル分析手法の解説があふれています。しかし、その中には正確性に疑問を抱かざるを得ないものも少なくありません。ボリンジャーバンドに関しても同様です（次ページの『間違いだらけのボリンジャーバンド』参照）。

◆間違いだらけのボリンジャーバンド

### 統計学

統計的に、価格が＋1σ（シグマ）から－1σまでの間に存在する確率は68.3%
価格が＋2σから－2σまでの間に存在する確率は95.5%

### 使い方

◎この確率で考えると、価格が±2σのバンド（線）を抜けてしまったということは、統計学上ほとんどあり得ない異常事態が起きたことになる
◎そんなことは長く続かないから価格はその後修正される
◎その修正されるタイミングを利用して売買する

### 売買のタイミング

＋2σを超えたら売り、－2σを超えたら買い

間違った説明であっても、ネットの複数のサイトで見たり、書店で手にした書籍に書いてあったりすれば、正しいと信じてしまうのは仕方がないことかもしれません。とはいえ、誤りをそのまま信じてトレードをしたら損を被ってしまうのは明らかです。

　典型的な誤りは、価格が「＋2σの波動を超えたら買われ過ぎだから売り」「－2σを超えたら売られ過ぎだから買い」という説明です。

　標準偏差の「偏差」とは、あるデータ（＝価格）が平均から「どれだけ離れているか」を意味する言葉です。仮に「ある期間」の価格の算術平均値が100円で、その期間中の「ある日」の価格が110円ならその偏差は＋10円、120円なら＋20円、80円なら－20円となります。

　これに対して「平均偏差」という考え方があります。平均偏差とは「偏差」の平均値です。平均からプラスの方向かマイナスの方向かにかかわらず、とにかく「どれだけ離れているか」だけを考えます。つまり、先の例では120円も80円も平均から「20円だけ離れている」という観点では同じです。つまり「偏差の絶対値」は等しいことになります。

　この偏差の絶対値をn日間にわたって算術平均して得た結果が「平均偏差」です。平均偏差からわかるのは、もし平均偏差の値が小さければ、その期間中の価格のバラつきは小さく、平均偏差の数値が大きければ、その期間中の価格のバラつきは大きいということになります。

　平均偏差を求めるうえで、各データと算術平均がどれだけ離れているのかを知るために絶対値を使いました。これに対して「標準偏差」を求めるには、平均値とデータの差を2乗し（マイナスの値を2回掛ければプラスになる）、その平方根を計算します。難しく聞こえるかもしれませんが、考え方は絶対値と同じで、マイナスをプラスにする方法が違うだけです。つまり、各データと平均の差を2乗し、その値を合計した後にデータの個数で割ることによって平均値を算出し（これを数学用語では「分散」という）、その平方根を計算した結果が「標準偏差」となるのです。

前述の通り、+1σは平均から標準偏差+1だけ離れた価格、-1σは平均から標準偏差-1だけ離れた価格……とはそういう意味なのです。

さて、統計的には、価格が+1σから-1σまでの間に存在する確率は68.3%、+2σから-2σまでの間に存在する確率は95.5%と定義されています。このことを逆の角度から見ると、価格が+2σを超える、または-2σを下回るのは95.5%の残りのケース、すなわち4.5%というほとんどあり得ない異常事態だということになります。

ここでありがちな間違いが起こります。

すなわち「そうした異常事態は長く続かないはず。だから価格はやがて修正される。その修正のタイミングを利用して売買すれば儲かる。具体的には+2σを超えたら売り、-2σを下回ったら買えばよい」という理屈です。このことを185ページの『ボリンジャーバンド検証』で確かめてみましょう。

## 3）ボリンジャーバンドの間違い探し

185ページのチャート『ボリンジャーバンド検証』に6つの丸印をつけました。それぞれ±2σを超えた地点です。

時系列で左から4つ目までは、+2σを超えた後に売られ、-2σを下回った後に買われています。その後、株価は修正され、ミッドバンドを超えていますから、ここだけを見れば±2σを超えての売り／買いエントリーは正解のように見えます。

しかし、その後の2つの丸印はどうでしょう。+2σを超えたからといって売っていたら大変なことになっていたはずです。

ボリンジャーバンドで+2σを超えたら売ってもよい、-2σを超えたら買ってもよいというのは、実はもみ合い相場の時だけに通用

する理屈なのです。トレンドが形成されている渦中で、同じように売買をすると大きな損を被る恐れがあります。ところが、ネットの一部ではなぜか「±2σを超えるのは異常事態であり、その価格は修正される」とだけ喧伝されているのです。

アベノミクスが声高に叫ばれていたころ、日経新聞で投資家の特集が組まれました。特集は長期にわたるもので、その中であるトレーダーの経験談が紹介されていました。

いわく、そのトレーダーは一時期とても儲けたが、結局、大損したと……。そして、そのトレーダーが使った投資戦略がボリンジャーバンドでした。当初はものの見事に成功したけれども、ある日を境にボリンジャーバンドが突然機能しなくなり、それまでの利益を全部吹き飛ばしたそうです。『ボリンジャーバンドは95.5％の成功率があるにもかかわらず、私が大損したということは、4.5％しか起き得ない、たいへんな不運に見舞われたためだ』と振り返っています。

このトレーダーは、もみ合い相場の時は当たっていたけれど、トレンドが出てからも同じ逆張り戦略を続けたために損を出したのでしょう。それにもかかわらず、失敗の原因は4.5％のケースにあると考えているのです。本当の原因はボリンジャーバンドの使い方を間違ったところにあります。すなわち、このトレーダーは損を出すべくして出したのです。

### 4）ボリンジャーバンドが機能する条件

だれもが学生のころに「偏差値」という言葉を耳にしたはずです。テストを受けると、点数とともに「偏差値がいくつ」という分析結果を手渡されました。この偏差値も標準偏差の考え方に由来するものです。

偏差値は試験の点数のバラつきに基づいて計算します。受験者の得点に0点から100点までのバラつきがあるのか、それとも受験者のほ

◆ボリンジャーバンド検証

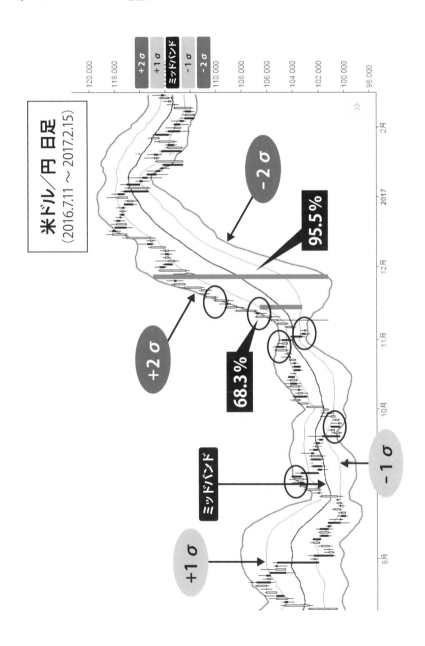

とんどは 40 点から 70 点までの間に集中しているのか。そうした違いを見分けて、自分が受験者全体の中でどの位置にいるのかを把握することが偏差値の目的です。

そのときに±1σの中に 68.3％、±2σの中に 95.5％のデータ（この場合は全受験者の得点）が収まるためには、そのデータが「正規分布」を示していることが大前提となります。やみくもに「±2σを超えたら逆張りをする」という解説は、この前提を盲信しているに過ぎません。

平均身長を例にこのことを考えてみましょう。

高校 1 年生の男子の平均身長を仮に 170cm だとすると、175cm、180 cm、185 cm、190 cm……と平均値から離れるにしたがって人数はだんだん少なくなります。逆に 165cm、160 cm、155cm、150 cm……と小さくなる場合も同じです。

このように中心の人数が多く、中心から離れるにしたがって少なくなるモデルを図に表すと、中央の山から両端にかけて裾野が長く広がります。そしてデータに偏りがない場合、その多くは左右対称形となります。そうしたデータのバラつき具合を正規分布といいます（次ページの『何が間違いなのか①』参照）。

正規分布のデータに基づいて標準偏差を計算すると、確かに±1σの間に 68.3％のデータが、±2σの間には 95.5％が入ります。

ところが、ボリンジャーバンドが対象としているデータは過去 20 日間の終値です。そして、その過去 20 日間の終値は必ずしも正規分布とはなっていません。データに偏りが生じているからこそ上昇トレンド、下降トレンドが形成されるのです。正規分布ではないにもかかわらず、±1σは 68.3％、±2σは 95.5％という理屈は通りません。

具体的にチャートで検証しましょう。チャート『なぜ間違いなのか

◆何が間違いなのか①

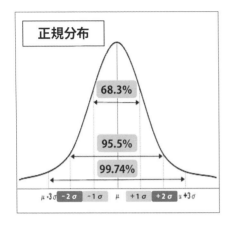

### 正規分布とは

例えば身長の分布のように標準的なものが一番多く、それ以上、それ以下が相似形で減少していく左例のようなデータ配分を言う

### 正規分布であれば

データが＋1σから−1σまでの間にある確率は68.3％、＋2σから−2σまでの間にある確率は95.5％、＋3σから−3σまでの間にある確率は99.74％

### 価格変動は正規分布ではない！

だから、ボリンジャーバンドで「＋2σから−2σまでの間に95.5％の確率で価格がある」というのはまったく見当はずれ

◆なぜ間違いなのか②

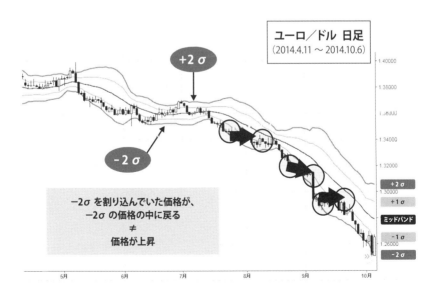

②』を見ると、標準偏差が±2σを上回る、あるいは、下回ることは確かに多くはありません。

　この期間中で±2σを超えたケースは3回あります。1回目は価格が-2σを下回ってから、その後、-2σの内側に入っています。では、その動きに価格の上昇が伴っているかといえば、チャートを見る限り、価格はさらに下げています（-2σを下回ったところまで戻していない）。

　2回目のケースも同じです。価格は-2σを下回って、その後、-2σの中に入り込んだものの、やはり下げています。

　価格が標準偏差-2σを下回ることが少ないのは事実です。しかし、いったん-2σを下回った価格がやがて-2σの中に入る確率が高いことと、そのときに価格が上昇するか否かはまったく違う話です。

　ゆえに、ボリンジャーバンドで-2σを下回ったら買い、+2σを超えたら売りというのは間違いであることがわかります。

## 第2節
# 正しいボリンジャーバンド解説

### 1）ボリンジャー氏がたどり着いた計算式

　ボリンジャーバンドを正しく使うために計算式を理解しましょう。

　第4章の134ページで、ボリンジャー氏はストキャスティクスの大ファンであり、かつストキャスティクスを利用しながらその弱点を改良しようとした結果、ボリンジャーバンドにたどり着いたと説明しました。

　ストキャスティクスはオシレーター系の指標で、チャートの中ではローソク足の下に別枠をとって描きます。

　一方、ボリンジャーバンドはローソク足に重ねて5つの波動を描きますから、見た目はまったく異なります。2つの異形の分析手法がなぜ兄弟のような関係になるのでしょうか。その秘密が計算式に隠されています。

　実は、第2章と第3章で説明した移動平均線大循環分析とボリンジャーバンドにも共通点があります。そのポイントとなるのが20日移動平均線です。

　ボリンジャーバンドでは20日移動平均線をミッドバンドとして設定します。一方、移動平均線大循環分析では主に5日、20日、40日の3本の移動平均線を使いますが、カギを握るのは中間の20日移動平均線なのです。

ある局面において5日間にわたり上昇トレンドを形成した相場があったとします。"トレンドを形成していた期間"が5日間であったという事実は、あとにならなければわかりません。しかし、うまい具合に、トレンド形成途上の3日目に上昇トレンドに気づいて、買いポジションを持つことができたとします。

　しかし、トレンドはあっという間に終わりを迎えてしまいます。つまり、この5日間の上げ相場では、大きな利益は獲れそうもありません。

　移動平均線大循環分析の長期線として使う40日、あるいはそれよりも長く続く上げ相場があったとします。ところが、そういう上げ相場も一直線に上昇するのではなく、上下動を繰り返しながら上昇曲線を描きます。つまり、あるトレーダーが買った値位置からいったん押し目をつけて、そこから上昇する可能性もあるのです。とすると、狙って獲れるのは20日ぐらいの上げ相場ということになります。

　ボリンジャー氏は長年の研究により、20日間の平均が金融に関する多くの事項について妥当な数字であると発見したそうです。多くの投資家が20日、（現在は1カ月が20営業日前後が多い）を意識しているから、20日が意識されやすいのかもしれません。

　ゆえに、20日くらいのスパンの上げ相場、下げ相場をしっかりと見ていこうということで、ボリンジャーバンドにしても移動平均線大循環分析にしても、中心に20日移動平均線を据えているのです。

## 2）映画「ビリギャル」が教えてくれること

　相場ではよくボラティリティが大きいとか、小さいという言葉を使います。ボラティリティとは価格変動の大きさまたは荒さの度合いです。その大きさ・荒さを客観的な数値で表すために"標準偏差"という統計的な考え方を使うのです。

　イメージしやすいように別の言い方をすると、過去20日間の価格

◆ボリンジャーバンドの計算式

### ミッドバンド

20日(単純)移動平均線

### その他の線

◎＋1σ＝ミッドバンド＋標準偏差
◎＋2σ＝ミッドバンド＋標準偏差×2
◎－1σ＝ミッドバンド－標準偏差
◎－2σ＝ミッドバンド－標準偏差×2

### 標準偏差の計算法

本日を含む過去20日間の終値から算出！

変動の幅（＝ボラティリティ）が大きければその期間の標準偏差は大きく、過去20日間の価格変動の幅が小さくなれば標準偏差は小さくなります。

ボリンジャーバンドでは＋2σと－2σの間隔を"バンド幅"といいます。過去20日間の値動きが大きければバンド幅は必然的に広がり、逆に過去20日間の値動きが小さくなればバンド幅は縮小します。

ここでもう一度、標準偏差について考えてみることにします。

学校で100点満点のテストをしました。平均点は50点だったとします。ある生徒の得点は60点でした。果たして、60点は良い成績なのでしょうか。

平均点を10点上回っているのだから良い、という意見はもっともです。しかし、それは科学的な答えではありません。

個々の成績（＝すべてのデータ）を見て、0点から100点までものすごくバラつきがあった場合の60点と、バラつきが小さくて一番成績の悪い人が40点、一番成績の良い人が65点の場合の60点では意味が違うはずです。後者なら上位の成績と言えるでしょう。つまり、得点の評価はデータのバラつき次第で違ってくるのです。この理由から、より客観的な視点に基づいて正しい評価をしようというのが偏差値の考え方なのです。

何年か前に『ビリギャル』という映画がヒットしました。勉強嫌いの女の子が一念発起して懸命に勉強した結果、偏差値30から、（偏差値を）30〜40上げて慶応義塾大学に合格したという、実際にあった物語の映画化作品です。

もともとの偏差値30は、クラスの中でも最下位に近い順位のはずです。そこから偏差値を60〜70くらいまで上げるわけです。その偏差値を計算する基本となるのが標準偏差です。

標準偏差に対して"偏差値"は、相対的なデータの位置づけを示す

数値です。

　試験で60点を取っても、成績が良いかどうかは一概にいえません。ところが、偏差値70ならかなり良い成績であることがわかります。偏差値30はその対極です。

　その偏差値をどのように計算するかというと、まずテストの平均点（先ほどは50点が平均点と言いましたが）を取ったら、必ず偏差値は50と定義します（もちろんこの例だけの約束です）。しかし、平均点以外の場合は得点による評価は異なります。例えば60点でも、偏差値は55のときもあれば、65のときもありえるのです。

　同じ60点でも、データのバラつきが大きければ偏差値は低く、バラつきが小さければ偏差値は高くなります。偏差値の計算では、平均値を50として、平均値から1σ上がると偏差値は60に、2σ上がると偏差値は70と約束します。逆に、1σ下がると偏差値は40、2σ下がると偏差値は30となります。

　これをボリンジャーバンドに当てはめて考えてみましょう。

　平均点の偏差値50は、ボリンジャーバンドでは、過去20日間の平均値を意味するミッドバンドに相当します。そしてミッドバンドから＋1σ離れたところが偏差値60、－1σ離れたところが偏差値40、＋2σ離れたところが偏差値70、－2σ離れたところが偏差値30です。つまり、過去の値動きの平均に比べて、現在の価格がどれだけ高いか低いかを偏差値で表したのがボリンジャーバンドなのです。

　＋2σまで価格が上昇すれば"相当高い"ですし、－2σまで下げれば"相当安い"ことになります。勘違いしてほしくないのは、価格が相当高いからその後は必ず下がる、相当安いからその後は必ず上がるという問題ではないということです。価格が"相当高い"のは相場に勢いがある証拠です。そのままの勢いで上昇を継続することもあるし、"相当安い"ならそのまま暴落につながることもあります。

標準偏差は表計算ソフト（エクセル）で、あっという間に計算ができてしまいます。
　計算の仕方は次ページの『標準偏差を求める方法』に示した通りです。"STDEVP関数"を使って求めます。
　一番左の行にデータ（得点）を並べ、最後のセルに"＝STDEVP(A1,A20)"と入力します。これが「A1からA20までに入れた20個のデータの標準偏差を求めなさい」という命令です。ここにデータを20個並べ関数を入力すれば20日間の標準偏差がアウトプットされます（※自分でボリンジャーバンドを描画することができます）。
　次ページの『標準偏差を求める方法』の中に示したのは10人で1クラスの、AクラスとBクラスのテストの結果です。Aクラスは最低点が10点、最高点が90点で、バラつきは大きめのケース。Bクラスは10点から80点までで、Aクラスと比べるとバラつきが小さいケースです。平均点はどちらも50点ですが、バラつきが大きいか小さいかで、それぞれの得点に対応する偏差値が異なります。
　表中の70点に丸印をつけてください。70点の人の偏差値がいくつになるのかに注目しながら標準偏差を計算します。
　初めに平均点を求めます。計算は10人のデータを単純に合計して、データ数の10で割ります。答えはあらかじめ示している通り、50点になるはずです（表中②）。次にそれぞれのデータが、平均値の50点からどれだけ離れているか（＝平均点との差）を計算します。個々の計算式は（90－50）、（80－50）……といった具合です（表中③）。
　次は少しテクニカルな作業になります。③の結果を2乗します（表中④）。
　今度は2乗した数字を合計し（表中⑤）、それを平均します（表中⑥）。平均点との差が大きければ大きいほど2乗した数字は大きくなるので、バラつきが大きい集団は小さい集団に比べて2乗の平均値も大きくなります。すなわち、データの単純な平均（算術平均）はAとBどちらの集団も50点で同じでしたが、個々のデータと平均値のか

◆標準偏差を求める方法

## 標準偏差の求め方

1) 平均値を計算する（下表①②）
2) それぞれのデータと平均値の差を計算し、その差をそれぞれ2乗する（下表③④）
3) その2乗した結果、平均値を算出する（下表⑤⑥）
4) その平均値の平方根が標準偏差となる（下表⑦）

(Aクラス)

| 点数 | ①合計 | ②平均点 | ③平均点との差 | ④その2乗 | ⑤その合計 | ⑥その平均 | ⑦その平方根＝標準偏差 |
|---|---|---|---|---|---|---|---|
| 90 | 500 | 50 | 40 | 1600 | 6000 | 600 | 24.5 |
| 80 | | | 30 | 900 | | | |
| 70 | | | 20 | 400 | | | |
| 60 | | | 10 | 100 | | | |
| 50 | | | 0 | 0 | | | |
| 50 | | | 0 | 0 | | | |
| 40 | | | -10 | 100 | | | |
| 30 | | | -20 | 400 | | | |
| 20 | | | -30 | 900 | | | |
| 10 | | | -40 | 1600 | | | |

(Bクラス)

| 点数 | ①合計 | ②平均点 | ③平均点との差 | ④その2乗 | ⑤その合計 | ⑥その平均 | ⑦その平方根＝標準偏差 |
|---|---|---|---|---|---|---|---|
| 80 | 500 | 50 | 30 | 900 | 4150 | 415 | 20.4 |
| 70 | | | 20 | 400 | | | |
| 70 | | | 20 | 400 | | | |
| 65 | | | 15 | 225 | | | |
| 50 | | | 0 | 0 | | | |
| 45 | | | -5 | 25 | | | |
| 40 | | | -10 | 100 | | | |
| 40 | | | -10 | 100 | | | |
| 30 | | | -20 | 400 | | | |
| 10 | | | -40 | 1600 | | | |

EXCELで計算：STDEVP関数（例、＝STDEVP(A1,A20)）

い離を計算すると、バラつきの大きいほうがかい離も大きくなるという特徴が見られるのです（平均との差を2乗したのは、プラス10点もマイナス10点も"かい離"という意味では"同じ距離"だけ離れていることを示すのが目的）。

ただし2乗しているので、元に戻すため平方根を計算します（表中⑦）。するとAクラス（上）の標準偏差は24.5、Bクラス（下）は20.4となることがわかります。

さて平均点が50点ですから、50点を得点した人の偏差値は50です。ではAクラスでは何点を取れば偏差値が60になるでしょうか。またBクラスでは何点を取ればよいでしょうか。

標準偏差1に相当するのが偏差値10で、Aクラスの標準偏差が24.5ですから偏差値60は（50 + 24.5）で74.5点となります。偏差値70なら（50 + 24.5 + 24.5）で99点が必要です。同様にBクラスで偏差値60を取るには、（50 + 20.4）で70.4点が、偏差値70を取るためには（50 + 20.4 + 20.4）で90.8点が必要になります。

つまり、同じ70点でも、AクラスとBクラスでは評価が違ってしまうのです。

## 第3節
# ボリンジャーバンドは3つの視点で読む

### 1）日本では使われていない指標がある

　ボリンジャーバンドのミッドバンドは20日単純移動平均線だと説明しました。このため標準偏差は20個のデータを用いて計算します。平均価格を算出し、その平均価格を偏差値50と定義してつないだ曲線がミッドバンドです。この計算の中には指数平滑の考え方は出てきません。指数平滑移動平均（EMA）を使うとミッドバンドが偏差値50にならなくなってしまうからです。

◆ボリンジャーバンドに含まれる情報

- トレンドの方向性
- ボラティリティ
- 相対的価格の高さ

ボリンジャーバンドにはトレンドの方向性、ボラティリティ、相対的な価格の高さ——の3つの情報が含まれています。これを分析する視点が①ミッドバンド、②バンドの幅、③バンドの中での価格の位置づけ——です。

　ボリンジャーバンドは、ミッドバンドとそれを挟む上下±1σ、±2σの5本の曲線で構成しますが、海外ではこれ以外に"バンドワイズチャート"と"％ｂチャート"を加えて分析をします。ところが、なぜか日本では"バンドワイズチャート"と"％ｂチャート"が使われていないのです。

## 2）値動きの大きさを反映するバンドワイズチャート

　20日単純移動平均線であるミッドバンドは過去20日間の平均的な買値／売値がどうなっているか、すなわちトレンドの変化を読み取ります。平均的な買値／売値が切り上がっていれば上昇トレンド、逆に切り下がっていれば下降トレンド、ほぼ変わらずまたは小刻みな横ばいはもみ合い相場です。

　バンドワイズとは価格帯（band）の幅（width）を意味しています。バンドの上限と下限の差を求め、ミッドバンドの数値で割った結果をつないだものがバンドワイズチャートです。バンドワイズチャートからは20日間のボラティリティの変化が読み取れます。本来的にはバンドの上限と下限の差をつなげば、それでボラティリティチャートになるはずですが、あえてミッドバンドの値で割るのには理由があります。

　ある株式の現在の価格が1,000円のときと2,000円の場合を考えてみます。バンド幅は同じ200円だとします。1,000円のときに200円動くのと、2,000円のときに200円動くのでは、どのような違いがあるでしょうか。20日間の値動きは同じだといってしまうと、そのと

◆ボリンジャーバンドは3つの視点で分析

◆ボリンジャーバンドの3つの視点

**ミッドバンド**
- ◎20日移動平均線
- ◎過去20日間の平均的買値（売値）
- ◎中期のトレンドの方向性

**Bandwidth（バンド幅）**
- ◎Bandwidth＝（バンド上限－バンド下限）÷ミッドバンド
- ◎バンド幅＝過去20日間のボラティリティ

**%bチャート**
- ◎%b＝（価格－バンド下限）÷（バンド上限－バンド下限）
- ◎価格の相対的高さ
- ◎ストキャスティクスの進化形

きの価格に及ぼすインパクトが同じだというには違和感があるはずです。つまり、ただ単にバンド幅だけを見ていても、値動きが大きいか小さいかは計れないことになります。このためバンドの上限下限の差をミッドバンドで割ることによって、値動きが現在の価格に及ぼす衝撃度を見るのです。ただし、これはすなわちバンド幅だと考えても差し支えありません。バンド幅が広がれば、当然、バンドワイズチャートは広くなり、バンド幅が狭まればそれに応じてバンドワイズチャートも狭くなります。

## 3）％bチャートとは

％bチャートは、価格とバンド下限の差を、バンドの上限と下限の差で割った結果でつないで描画します。バンドの上限から下限までの幅の中で、現在の価格が下限からどの位置にあるかを知るのが％bチャートの目的です。

％bチャートの計算式はストキャスティクスと、とてもよく似ています。ストキャスティクスの計算式を並べてみましょう。

$$\%K = (C - Ln) \div (Hn - Ln) \times 100$$
$$\%b = (価格 - バンド下限) \div (バンド上限 - バンド下限)$$

現在の価格Cとn日間の最安値の差（C − Ln）をn日間の最高値とn日間の最安値の差（Hn − Ln）で割ることにより、現在の値段が安値からどれだけ高い位置にあるのかを判別するのがストキャスティクス（％K）でした。

ストキャスティクスもボリンジャーバンドも、価格の相対的な高安を見ている点は同じです。テストで喩えるなら、点数で表しているのがストキャスティクス、偏差値で表しているのがボリンジャーバンド

と言えます。

　過去20日間の値動きの中で、「現在の値段がどれくらい高いか」という問いに対して「50点の高さ」「80点の高さ」「92点の高さ」と説明するのがストキャスティクス、「偏差値70の高さ」「偏差値65の高さ」「偏差値30の高さ」と説明するのがボリンジャーバンドだと理解すればわかりやすいかもしれません。

　なぜ、そのように異なる表現が必要なのでしょうか。

　ストキャスティクスは優れたテクニカル指標ですが、弱点もあります。例えば過去26日間において、現在の価格が安値から80％の水準に相当すると仮定します。これをストキャスティクスで表現すれば「％K＝80」となります。過去26日間の値動きは大きいときも小さいときもありますから、下値から80％というだけでは絶対的な判断がつきません。

　ボリンジャー氏は、当然、そのストキャスティクスの弱点に気づいていました。そこで価格変動の大きさを計る新たな要素を加えることで、ストキャスティクスを補強しようと考えたのです。

　それが"％b"です。偏差値50のミッドバンドに対し＋1σの位置に価格があれば、それは偏差値60の価格になりますし、＋2σなら偏差値70の価格です。逆に－1σなら偏差値40の価格だし、－2σなら偏差値30の価格です。偏差値70なら相当程度が高いし、逆に30ならかなり低いことがわかります。

　そうであるならば、％bの計算ができなくても、ボリンジャーバンドを見れば現在の価格の位置づけがわかるはずです。バンドワイズ(バンド幅)と％bチャートがいつの間にかなくなったのはそういう理由ですが、考え方だけはしっかりと頭に入れておく必要があります。

## 4）3つの視点に注目したボリンジャーバンドの分析方法

ボリンジャーバンドを用いた具体的な分析方法を見てみましょう。

### 第1の視点：ミッドバンドでトレンド判定

第一の視点は、ミッドバンドとローソク足の関係から、現在のトレンドの状態を知ることです。ローソク足のヒゲは瞬間的に高値／安値をつけたことを示しており、実体部分に比べると重要性が一段劣ります。したがって、ヒゲは参考程度とし、実体部分がミッドバンドより上にあるか下にあるか、それともクロスを繰り返しているのかに着目します。

次ページのチャート『ミッドバンドでトレンドを判定』で確認してみましょう。真ん中の線がミッドバンドです。

実体がミッドバンドの上側に位置している期間が上昇トレンドです。また上昇トレンドの終わりはミッドバンドとのクロスでわかります。その後、下降トレンドに転換したか、それとももみ合いに移行したのかは、いったんミッドバンドを下回ったローソク足の実体がそのまま下側を維持するのか、それとも短期間にミッドバンドとのクロスを繰り返すのかで判別がつきます。

『ミッドバンドでトレンドを判定』で示したチャートでは、下降トレンドの終わりは大陽線の発生でわかります。しかし、すぐに上昇トレンドに転換したかというと、その直後に再びミッドバンドを下方向にクロスし、さらにクロスを繰り返しているため、まだもみ合い相場を抜け出してはいないことになります。そのもみ合い相場が上昇トレンドに変わるのは、上側にあったローソク足が下方向に向かい、ミッドバンドに跳ね返されたときがきっかけでした。このようにローソク足の実体とミッドバンドの関係を見れば、今の相場がどのような状況かわかるのです（次ページの『ミッドバンドとローソク足の関係でト

◆ミッドバンドでトレンドを判定

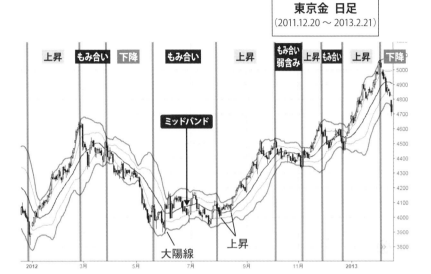

◆ミッドバンドとローソク足の関係でトレンドを読み取る

### 上昇トレンドは
ローソク足がミッドバンドの上で推移する

### 下降トレンドは
ローソク足がミッドバンドの下で推移する

### もみ合いは
ローソク足がミッドバンドを中心に上がったり下がったりする

### トレンドの終了は
◎ローソク足がミッドバンドを完全に超えたら（割り込んだら）終了！
◎よく考えたら、ミッドバンドを超えるとか割るとかいうのは、20日移動平均線と価格のデッドクロス・ゴールデンクロス のこと

レンドを読み取る』参照)。

トレンドの終了はローソク足がミッドバンドを完全に上抜くか下抜くかで判定します。これは移動平均線でいうゴールデンクロス／デッドクロスと同じ考え方です。

## 第2の視点：バンドワイズチャートで仕掛けのタイミングを計る

第2の視点は、バンドワイズチャートでスクイーズとボージを探すことです。

### ①スクイーズとボージ

ボリンジャーバンドはあらゆるテクニカル指標の中で、ボラティリティに注目している唯一の手法です。

RSIは一定期間（標準は14日間）について、値上がりと値下がりの強弱を数値で表す分析手法です。当日と前日の価格を終値ベースで比較して、期間中の上昇幅の合計が、同じく期間中の上昇幅と下落幅の合計に占める割合をパーセンテージで示します。

しかし計算の結果、仮に上昇幅が80％であったとしても、期間中の全体の値動きが小さい中での80％と、大きい中での80％では意味が異なります。これはストキャスティクスでも同じです。オシレーター系の指標は全般的に値動きの大小を考慮していないのです。

これに対してボリンジャーバンドでは、バンド幅が拡大している期間と縮小している期間が一目瞭然です。バンド幅の拡大部分は過去20日間において大きな値動きがあったことを、逆に縮小部分は値動きが小さかったことを示しています。そしてその拡大／縮小の開始部分こそ注目すべきポイントなのです。

ボリンジャーバンドでは、一定の期間において、バンド幅が最も縮小した部分を"スクイーズ"、最も拡大した部分を"ボージ"と呼びます。この2つの注目すべきポイントは、バンドワイズチャートで見

◆バンド幅でトレンドの転換点を見極める

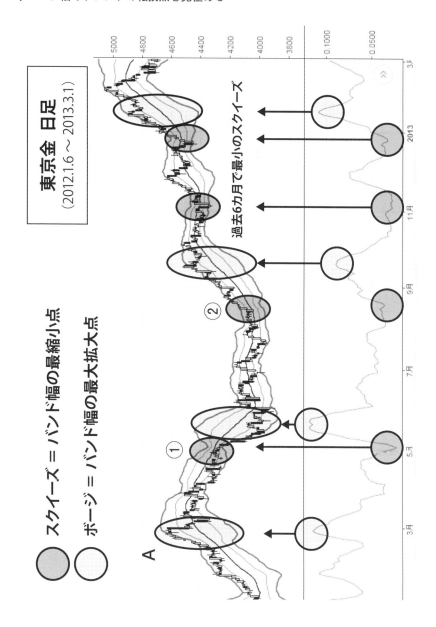

ると明らかです（ゆえにバンドワイズチャートは便利なのです）。このボージとスクイーズの発生箇所でトレンドが変化していることを前ページの『バンド幅でトレンドの転換点を見極める』で確認してください。Aのボージではそれまでの上昇トレンドが下降トレンドに転換し、また①のスクイーズでは下げ相場が加速をつけて下げ出すきっかけになっています。

こうして見ると、スクイーズは新たなトレンドのスタート、ボージはそれまでのトレンドの終点（転換点）となっていることがわかります。これが本来あるべきボリンジャーバンドの使い方です。「＋2σを超えたら売り、－2σを超えたら買い」というものではないのです。

**②仕掛けのタイミング**

ここまでの話を理解すると、「ボリンジャーバンドにおける最大の仕掛け場がどこか」も必然的にわかってきます。

バンド幅の最縮小点であるスクイーズでは期間中の値動きが最も穏やかとなり、そこを起点にバンド幅が広がり始めます。そして、それは新たなトレンドの発生を意味し、トレンドフォローで仕掛けるポイントとなるのです。

スクイーズ自体は価格変動率（ボラティリティ）の著しい低下を教えてくれるだけの指標です。その後、バンド幅の広がりで新たなトレンドの形成を確認することになります。そのとき、上昇または下降のいずれの方向にトレンドが生じたかは、価格がバンドの上限か下限のどちらにタッチしたかで判断します。

具体的には、価格がバンド上限の＋2σにタッチしたら買いエントリー、バンド下限の－2σにタッチしたら売りエントリーが基本です。

次ページ下段の『130本の最小スクイーズ例』はドル円の日足チャートです。丸印をつけた地点ではバンド幅が狭まっています。半年間で最小のスクイーズを示現しています。

◆ボージとスクイーズを探せ

### ボージ・スクイーズとは？

◎バンド幅が前後の期間の中で最大に広がっているところがボージ
◎バンド幅が前後の期間の中で最小に狭まっているところがスクイーズ

### ボージとスクイーズがトレンド転換を教えてくれる！

どちらもトレンド転換を示すが、どちらかといえば、スクイーズは新しいトレンドの始まりを示し、ボージはトレンドの終了を示す

### 仕掛けポイント

◎スクイーズの後にバンドの広がりを確認
◎そのとき価格がバンド上限（+2σ）にタッチしたら買い、バンド下限（-2σ）にタッチしたら売り
　※ダマシあり。瞬間タッチした後、すぐに反転して逆のバンドへ向かうこともある。その場合は、ミッドバンドで損切りをして、反対側のバンドタッチで逆方向に仕掛け直す！

◆130本の最小スクイーズ例

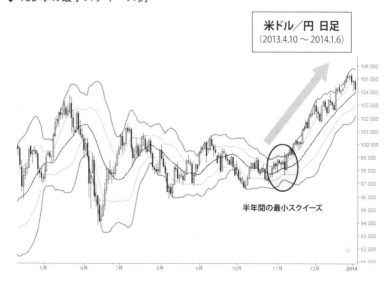

米ドル／円 日足
（2013.4.10 ～ 2014.1.6）

半年間の最小スクイーズ

そこで、このあとの価格とバンドの関係に注目します。この例では、＋２σにタッチしたので買いを仕掛けます。もし逆に－２σにタッチするなら、当然、チャートは右肩下がりの下降トレンドを描いていたはずで、そうであるなら売りを仕掛けます。

　次ページのチャート『バンド幅でトレンドの転換点を見極める（再掲）』を見てみましょう。

　このチャートの中にはいくつかのスクイーズがありますが、典型的なスクイーズを２カ所見つけて丸印をつけてみましょう。

　スクイーズは見つかりましたか？

　ひとつめのスクイーズは①です。①を経てバンド幅が広がっており、その後に価格が－２σにタッチしています。絶妙の売り仕掛けのポイントです。

　実は、ボリンジャーバンドは－２σを下回ったら売りを仕掛け、＋２σを超えたら買いを仕掛けるのが大原則なのです。基本的な考え方は、価格が－２σを下回ったという事実は、下降方向に向けて相当のエネルギーが蓄積していることを示すものであるため売りエントリー、＋２σを超えるのはその逆で新しい上昇エネルギーが蓄積・発生したことを示すため、買いエントリーなのです。「＋２σを超えたら売り、－２σを超えたら買い」というのとは、まったく異なる着想である点に注意しましょう。

　次のスクイーズは②です。②のスクイーズを経て価格は上限の＋２σにタッチしました。ここで仕掛ければその後の上げ相場を獲れます。この例でも、スクイーズが相場の転換の起点になっていることが確認できます。

　ボージは、このチャート上では若干わかりにくいかもしれません。こういうときには、バンドワイズチャートがものをいいます。下降／上昇相場の終わり、下降相場からの戻し、上昇相場からの押しがボージになる箇所です。

◆バンド幅でトレンドの転換点を見極める(再掲)

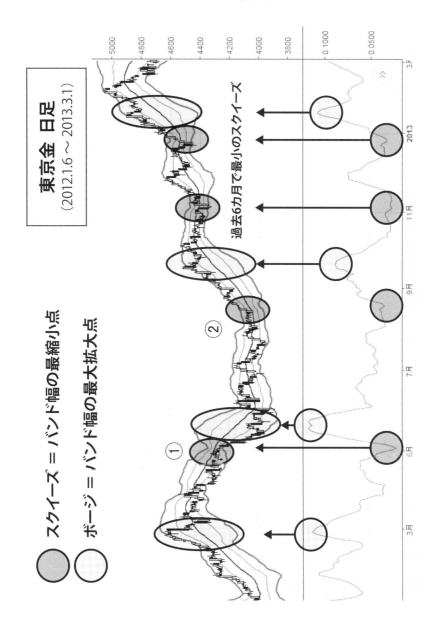

209

バンドワイズとはバンド幅（バンド上限と下限の間隔）のことです。バンド幅が広がると数値が上がり、バンド幅が縮小すると下がりますので、バンドワイズチャートを使って、その変化を探すのです。ボリンジャーバンドは、こういう点を意識しながら見るのがコツといえます。
　スクイーズに引き続いての上限タッチ／下限タッチに関して、注意すべき点があります。
　スクイーズ時点では上下のバンド幅が狭まっていますから、少しの値動きでもローソクは上限／下限にタッチします。スクイーズとかけ離れた場所で上限／下限にタッチした場合には、ミッドバンドとのかい離幅は大きくなります。
　このためスクイーズ直後の第1回のタッチはそれなりにダマシが多くなります。下限にタッチしたので下放れると思ったら、逆に反発してスルスルと上限にタッチするようなケースです。そうした場合、スクイーズでの売り仕掛けは失敗となります。原則的には価格がミッドバンドに到達したところでいったん損切りをします。もし、ミッドバンドに到達した後も価格が上昇を続け、上限にタッチしたら、その時点で改めて買い直します。
　ただし、この2回目の買い仕掛けには条件があります。
　その条件とはバンド幅が広がっていることです。バンド幅の広がりは、すなわちトレンドの発生を意味するからに他なりません。

### ③日本では語られていないサイクルがある

　スクイーズについて、海外では有名だけれども、日本ではあまり知られていない話があります。スクイーズは頻繁に発生しますが、最小スクイーズの後に大きなトレンドが出やすい傾向がある――というのがそれです。
　そのサイクルは日足なら約6カ月、営業日計算ではローソク足130本前後を目安とします。

ローソク足130本前後の中での最小スクイーズは、過去約半年において一番値動きが小さくなっている状態を示しています。値動きが小さくなればなるほど、そして値動きの小さい時期が長くなればなるほど、その後に起こるトレンドは大きくなるというのです。

　もちろん、極端に流動性が低く、常に値動きがない銘柄は別です。しかし、普段はそれなりに値動きがあるにもかかわらず、ある瞬間、値動きがほぼなくなったとしたら要注意です。トレーダーとしては、そこで買いたい、売りたいけれども今は我慢している状況です。その"我慢のエネルギー"がマグマのようになって溜まっていきます。そしてあるとき、何らかの拍子でその銘柄が動意づくと、ここぞとばかりにたまっていたマグマが噴出します。そして、そのときは普段の"それなり"のパワーを凌ぐ、大きなトレンドを形成する力となるのです。

　下のチャート『130本の最小スクイーズ例（再掲）』を見てください。最小のスクイーズが出た直後にローソク足が上限にタッチしています。典型的な買いの成功例です。

◆ 130本の最小スクイーズ例（再掲）

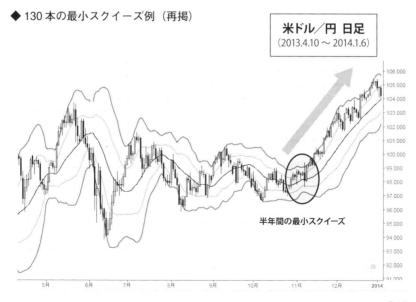

## 第3の視点：％ｂチャートでバンドウォークを把握する

　ボリンジャーバンドの第3の視点は"％ｂチャート"です。

　％ｂチャートはストキャスティクスの応用形です。バンド上限とバンド下限の間で、現在の価格が下限から何％の位置にあるのかを示します。

　％ｂチャートでは、バンド上限に対応する位置を100％、バンド下限に対応する位置を０％とします。価格（ローソク足）は上限および下限を超える可能性があるので、％ｂの数値は100より大きな値を示すことも、マイナスを示すこともあります。具体的には、価格が＋２σより大きくなれば100より大きく、－２σを下回ればマイナスになる仕組みです。

　％ｂチャートで一番重要なのは"バンドウォーク"を見つけることです（次ページの『バンドウォークとは？』参照）。

　バンドウォークそれ自体は価格変動の中で相場が安定的に上昇／下降を継続している状態で、強いトレンドを描いている渦中です。具体的には、価格が＋１σから＋２σまでの間（細かくいえばやや＋２σ寄り）の位置をキープしつつウェーブしながら描く上昇曲線、同じく－１σから－２σまでの間（同じくやや－２σ寄り）をキープしつつウェーブしながら描く下降曲線です。このような価格変動には、長続きする性質があります。

　このことをチャート『％ｂチャートとは？』で確認します。バンドウォークと呼べる期間を探してみましょう。

　例えば、安定上昇といっても、必ずしもすべての期間にわたってローソク足が＋１σから＋２σまでの間にあるわけではありません。＋２σを超えることもありますし、＋１σを割り込むこともあります。ローソク足が概ね＋１σから＋２σまでの間にある上昇相場と、逆に－１σから－２σまでの間にある下降相場を探します。

　まずはスクイーズを探しましょう。スクイーズがあって、その後に

◆バンドウォークとは？

**価格変動の中で一番獲りやすいところを教えてくれる**

それがバンドウォーク！

**バンドウォークとは？**

◎安定上昇トレンドになると価格は、＋2σ近辺で小さく上下動しながら上昇する。そのときバンド幅はほぼ並行でミッドバンドは右肩上がり
◎安定下降トレンドになると価格は、－2σ近辺で小さく上下動しながら下降する。そのときバンド幅はほぼ平行でミッドバンドは右肩下がり

**バンドウォークの終了**

価格がクロスする

◆％bチャートとは？

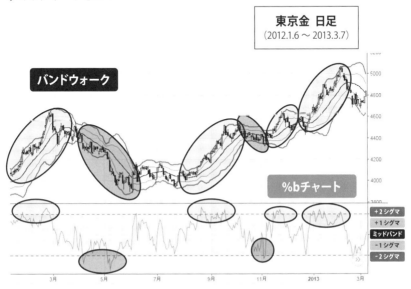

東京金 日足
（2012.1.6 ～ 2013.3.7）

上限（下限）にタッチして安定的なバンドウォークになるのがひとつのパターンです。％ｂチャートで見れば、安定的に上昇しているときは＋１σから＋２σの間で安定的に推移し、安定下降のときはその逆の動きになっています。

### 5）「3つの視点」のまとめ

　ボリンジャーバンドによる分析では、まずミッドバンドでトレンドの方向性を確認します。ミッドバンドとローソク足の位置を比較し、実体が継続的にミッドバンドの上にある状態が上昇トレンド、下にある状態が下降トレンドです。ミッドバンドとローソク足が頻繁にクロスする状態ならば、もみ合い相場だと判断します。

　次はバンド幅です。バンド幅は価格変動の大きさを表します。一定の期間において価格変動が極端に小さくなっていれば（スクイーズ）、新たなトレンドの発生が予見されます。逆に言えば、バンド幅の広がりがピークを迎えれば（ボージ）、そのトレンドは終了することが多いです。

　さらに、バンドの中での価格の位置を確認します。これが％ｂです。現在の価格が相対的に高いか安いかを数値で判断します。例えば、価格が上昇傾向にあるとしても、そのときの価格がミッドバンドの近くにある、具体的にはミッドバンドから＋１σまでの間に位置していれば、上昇力は弱いと判断します。しかし、価格が安定的に＋２σを超えていれば「上昇力は強い」と判断します。

　上昇に勢いがあれば利益確定の注文を招き、押し目を示現しやすくなることも事実です。その意味では「ローソク足が＋２σを超えると、その後は価格が下がる」という解釈も、まったくの誤りではありません。しかし、それを契機に下降トレンドに転換するというのは言い過ぎです。

　気をつけなくてはいけないのは、利益確定の売り注文が出やすいの

◆ボリンジャーバンドの「3つの視点」のまとめ

### ボリンジャーバンドは

◎ミッドバンド(移動平均線)でトレンドの方向性を見る
◎バンド幅(バンドワイズ)でボラティリティ(＝価格変動の大きさ)を調べる
◎バンド中の価格の位置(%b)で、価格の相対的高安がわかる

### ミッドバンド

◎ミッドバンドの傾きでトレンドを読み取る
◎トレンドの終了は価格のミッドバンドクロスで判定(実は移動平均線のゴールデンクロス・デッドクロス)

### バンド幅(BandWidth)

◎バンドが最小に縮小することをスクイーズと言い、最大に拡大することをボージと呼ぶ。どちらもトレンド転換のサインである
◎同じバンド幅で安定して上昇している(安定して下降している)相場は長続きする
◎トレンドの初期と最後にバンド幅が拡大する。バンド幅が急拡大する上昇はその後に急落の可能性あり(特にトレンド終盤)
◎もみ合い期の最後にスクイーズがある(←もみあい放れのサイン)
◎特に期間6カ月(130本前後)の中で、最も縮小している時期には注目せよ。大きなトレンド形成につながる可能性あり

### %b

◎バンドウォークを見つける
◎煎じ詰めれば、価格の動きは、安定上昇のバンドウォーク、安定下降のバンドウォークと、後はバンド上限から下限、下限から上限へのクロスのみ(ゾーンとクロス)
　※クロスで下限から上限、上限から下限まで動いた場合、その後1回ミッドラインまでの押し(戻し)を経験することが多い

と、実際に売り注文が出るのはイコールではないという事実です。上昇（下降）力に勢いがあれば、そのまま急騰する相場もあります。ローソク足が＋２σを超えており相場に勢いがあるのか、ミッドバンドから＋１σまでの間で勢いがないのかは％ｂチャートが1.0を超えているか、もしくは0.5〜0.75で推移しているかで判断します。

## ６）ボリンジャーバンド極意書

　次ページの『ボリンジャーバンドの極意書』には、分析のときのポイントをまとめました。プリントアウトしてパソコンのそばに置き、いつでも見られるようにしておきましょう。

　ボリンジャーバンドはミッドバンド、バンド幅、％ｂ——で判断します。

　まずミッドバンドで現況が３パターンのいずれかを見極めます。パターンは①上昇期、②もみ合い期、③下降期——のいずれかです。

　次にバンド幅が①拡大、②横ばい、③縮小——のいずれのパターンかを判断します。上昇期、もみ合い期、下降期のいずれでも「拡大／横ばい／縮小」があります。

　ここまでですべての相場を９パターン（３種類×３種類）のいずれかに落とし込めます。それぞれフェーズ１、フェーズ２、フェーズ３……と呼びます。上昇期でバンド幅が拡大していればフェーズ１、同じくバンド幅が一定ならフェーズ２……、もみ合い期でバンド幅が拡大ならフェーズ４、下降期でバンド幅が縮小ならフェーズ９という具合です。

　これからは219ページの『極意書の使い方』を確認しながら読み進めてください。

　ミッドバンドが上昇中で、かつ、バンド幅が拡大しているフェーズ

◆ボリンジャーバンドの極意書

| ミッドバンド | 上昇期 | | | もみ合い期 | | | 下落期 | | |
|---|---|---|---|---|---|---|---|---|---|
| バンド幅 | 拡大 | 横ばい | 縮小 | 拡大 | 横ばい | 縮小 | 拡大 | 横ばい | 縮小 |
| | 初期は上昇トレンド形成のサイン | 安定上昇 | トレンド転換へ | もみ合い期に拡大はあまりない。少し拡大しても直ぐ縮小し元に戻る | 安定もみ合い | もみ合い期の終了の予兆。スクイーズ後、新たなトレンド発生 | 初期は下降トレンド形成のサイン | 安定下降 | トレンド転換へ |
| | トレンド形成後、過熱して拡大するとその後の急落の可能性あり。 | | ※縮小で押し目を迎え、その後、再上昇というパターンもあり | | ※この時期は逆張りが有効 | | その前のトレンドが大きな上昇相場であれば、急落時に急拡大。そしてその後の戻しで縮小（ポージとなる） | | ※縮小で戻しを迎え、その後の再下降というパターンもあり。トレンド形成後、過熱して拡大すると、その後の急騰の可能性あり |
| フェイズ | フェイズ1 → | フェイズ2 → | フェイズ3 | フェイズ4 | フェイズ5 | フェイズ6 | フェイズ7 → | フェイズ8 → | フェイズ9 |

１は、上昇トレンドがスタートした初期の段階です。そのトレンド発生初期を過ぎて、ある程度の上昇の後に相場がさらに急上昇するときには、バンド幅は拡大を続けますが、その後は急落の可能性を心配しなければなりません。

トレンドの初期では、価格がもみ合い相場から上放れて、上昇トレンドがスタートしています。そこからはバンド幅が拡大して、ミッドバンドが切り上がっていく形になっています。

その後はしばらく安定的な上昇トレンドを継続していますが、やがてバンド幅は一定になっていきます。バンド幅が一定で価格が上昇するのはフェーズ２の特徴です。フェーズ２の終わりに向けては、価格の上昇力が徐々に失われ、バンド幅も縮小して、もみ合い相場に転換するのが典型的なパターンといえます。

それ以外にも、もうひとつ、フェーズ２終了のパターンがあります。それは上昇相場が、それまで以上に急激な勢いで価格を上伸させ、まるで打ち上げ花火のようにドーンと終わってしまうパターンです。それがフェーズ２からフェーズ３にかけての相場です。

まずはバンド幅が広がり始めます。その後、安定上昇でほぼ一定になり、相場が過熱したところで再度、間隔が広がります。そして、一気呵成に価格が上昇してから、頭を叩かれたように急落すると、上昇相場は終わっていきます。つまり、トレンドの形成途中でバンド幅が広がるのは、さらに勢いが増すケースと、そこで天井を打つ（または底を入れる）ケースがあるので見極めが必要なのです。

もみ合い期でバンド幅が継続して拡大するのは珍しい現象です。普通は、瞬間的に拡大してもすぐ元に戻ります。またバンド幅がある程度一定して横に推移する場合には、もみ合い相場が続く傾向にあります。一般的に言われる、ローソク足が＋２σを超えたら売る、－２σを下回ったら買うという逆張り戦術が通用するとしたら、フェーズ５に相当するこのケースです。

◆極意書の使い方

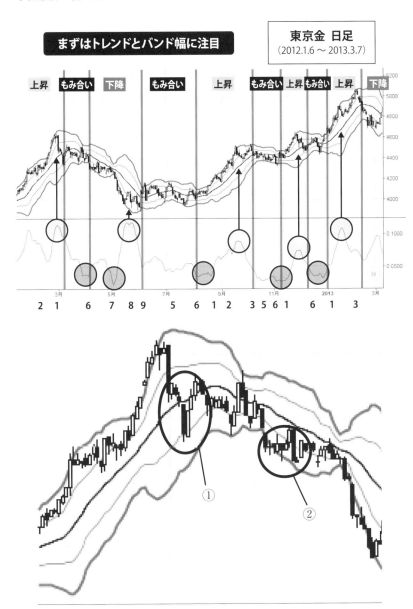

もみ合い期の最後にはスクイーズが発生します。もみ合い相場で注目すべきは、どこでそのもみ合いが終了するかです。もみ合い期に獲れる利幅は小さいうえ、コツコツ稼いできたその利益も、もみ合いが終わる瞬間に大きく失ってしまいがちになるからです。

　もみ合い相場の上限で売ったつもり、下限で買ったつもりでも、最後には価格が上下に放れてやられてしまいます。したがって、もみ合いの中で利益を上げようという考えを強く持つ必要はありません。もみ合い中に考えるべきことは、"もみ合い放れ"を素早く見つけることです。

　とは言え、もみ合い期の終了を正確に知ることは容易ではありません。その"もみ合い放れ"を教えてくれるのがスクイーズです。したがって、**ボリンジャーバンドでは、もみ合い相場が終わるスクイーズを正確に読み、仕掛けることがひとつのポイントとなる**のです。

　下降相場は上昇相場とはまったく逆です。相場が下げ始めたところでバンド幅が拡大します。また下降相場の最後に、暴落して底を打つように、下がった後でもバンド幅がさらに急拡大することがあります。

　ただし、下降相場の初期であっても、それまで続いてきた上昇相場が急落したときには、バンド幅が大きく広がります。そして、その後は下げ幅の半値ほどを一気に戻すことがあります。これを219ページのチャートで確認しましょう。

　①でいったん戻すので「上昇相場に切り替わったか」と思うとそうではなく、改めて下方向に動いています。②はあくまでもそれまでの上げ相場の終わりを告げる動きです。このような経過を経て相場が下がると、今度は下げで獲ったトレーダーが利益確定に動き出します。しかし、先の上げ相場はすでに終わっているので、一連の利益確定が終わるとともに、以降は安定的な下げに転じる展開になるのです。

　下降相場と上昇相場を比べると、継続性の観点では、安定下降が長期にわたり続くことはあまりありません。上昇相場が陽線を積み上げて

いくのに対し、下げ相場は積み重ねた積み木を一気に崩すイメージです。

217ページの『ボリンジャーバンドの極意書』では相場を9段階に分けて説明しています。

その9段階の中で仕掛けのチャンスは、フェーズ1からフェーズ2にかけてと、フェーズ7からフェーズ8にかけてのタイミングです(下記の『仕掛けのチャンス』参照)。1から2にかけては新たなトレンドが発生し、バンド幅が広がり、安定的なバンドウォークに移ります。7から8にかけては下降トレンドの起点になっています。

もうひとつの注目すべきポイントは6です。6はもみ合い相場の終了を教えてくれますから、引き続いて新たなトレンドが上下どちら向きに発生するのかを見極めたうえで、スクイーズの後の上限タッチで買う、スクイーズの後の下限タッチで売るという戦略になります。

◆仕掛けのチャンス

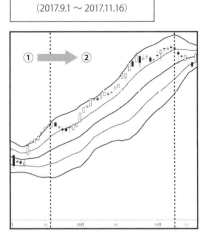

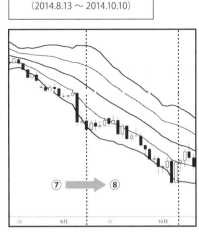

## 7）変人を侮ることなかれ

　ここまでお話ししてきたことがボリンジャーバンドの基本ですが、さらに％ｂチャートで色分けすることができます。それをまとめたのが次ページの『ミッドバンドでのトレンド判別』です。

　私はバンド幅を"天才ゾーン""秀才ゾーン""凡才(中の上)""凡才(中の下)""鈍才ゾーン""変人ゾーン"と名づけています。＋２σ、＋１σ、ミッドバンド、－１σ、－２σの線をもとに、価格が＋２σを超えるところが天才ゾーン、＋１σから＋２σまでの間が秀才ゾーン、ミッドバンドから＋１σまでの間は中の上、ミッドバンドから－１σまでの間は中の下、－１σから－２σまでの間は鈍才ゾーン、－２σを超えたら逆に天才かもしれないということで変人ゾーンです。

　１～９のフェーズのときに、価格がボリンジャーバンドの５つの線のどの位置にあるかによって、いろいろな分析ができます。

　例えば、フェーズ１は上昇トレンドでバンド幅が広がっている状態ですが、そのときが上昇トレンドのスタートであるなら、ローソク足は天才ゾーンで＋２σを超えたところに位置しているはずです。逆に言えば、ローソク足が＋２σを超えればいよいよ新たな上昇トレンドがスタートする位置づけですから、買いシグナルだと判断します。新たなトレンドがスタートするときには、それとわかる明確な印が出るものです。

　ご自身のチャートで印を発見してください。ヒントになるのは大陽線、連続陽線、そしてボリンジャーバンドでいうローソク足の＋２σ超えです。

　それまでのもみ合い相場から、ミッドバンドが右肩上がりに動き出して、それと同じ方向に動いたローソク足が＋２σを超えるようならば、上昇トレンドへの転換の予兆です。併せて、安定上昇がバンドウォークになっていることを確認します。押し目の限界点はミッドバ

◆ミッドバンドでのトレンド判別

| ミッドバンド | 上昇期 | | | もみ合い期 | | | 下落期 | | |
|---|---|---|---|---|---|---|---|---|---|
| バンド幅 | 拡大 | 横ばい | 縮小 | 拡大 | 横ばい | 縮小 | 拡大 | 横ばい | 縮小 |
| | 1 | 2 | 3 | 4 | 5 | 6 | 7 | 8 | 9 |
| 天才ゾーン | 初期に天才が出現する。天才が新たなトレンドズを来たったりトレンドの象徴 | 天才ゾーンと秀才ゾーンを行ったり来たりしながら上昇していく(バンドウォーク) | | | 逆張りのチャンス | スクイーズの後に天才ゾーンに入ったら上昇トレンド発生の初期シグナル(ダマシあり) | | | |
| 秀才ゾーン | | 安定上昇 | | | | | | | |
| 凡才(中の上) | | 押し目の限界点 | | | バンドの上限と下限の間を行ったり来たりする | | | トレンド転換 | |
| 凡才(中の下) | | トレンド転換の予兆 | | | | | トレンド転換の予兆 | 戻しの限界点 | |
| 鈍才ゾーン | | トレンド転換 | | | | | | 安定下降 | |
| 変人ゾーン | | | | | 逆張りのチャンス | スクイーズの後に変人ゾーンに入ったら下降トレンド発生の初期シグナル(ダマシあり) | 初期に変人が出現する。変人がトレンドを形成の象徴となる。過熱の上昇後急落であれば、その後に反動あり | 鈍才ゾーンと変人ゾーンを行ったり来たりしながら下降していく | |

+2σ
+1σ
ミッドバンド
-1σ
-2σ

ンドです。

　バンドウォークがミッドバンドを割り込んでくるようなら、今まで安定上昇だと思っていた相場にトレンド転換の予兆が芽生えます。そして－１σを超えるようになったら、トレンドが転換したと見なすべきでしょう。

　このように、それぞれのシチュエーションを『ボリンジャーバンド極意書』に当てはめてみると、その時々でどういう分析をすべきか、どのような考え方ができるかがわかるはずです。そのときにポイントになるのが「ミッドバンドによるトレンドの判別」「バンド幅によるボラティリティの判断」「％ｂを用いたバンドの中における現在価格の相対的な位置づけ」──なのです。これらを理解せずに『ボリンジャーバンドの極意書』だけを見ても使い物にはなりません。

　価格変動を仔細に分析すると、そのパターンは毎回異なり、ひとつとして同じものはないことがわかります。その意味でチャート分析は、毎日、新しい応用問題を解くようなものだと言えるでしょう。過去問題を勉強することは重要ですが、それに頼り過ぎるのは危険です。

　『ボリンジャーバンドの極意書』の使い方で、最後にひとつだけお伝えしておきます。

　価格変動、上昇、もみ合い、下降、バンド幅の拡大／縮小でフェーズを書き入れていく中で、ポイントとなるのはフェーズ６のもみ合い相場から放れるとき、フェーズ１からフェーズ２になるとき、フェーズ７からフェーズ８になるとき──です。

　そういう中で安定上昇を見つけて買いを仕掛けていくのがフェーズ２、安定下降を見つけて売りを仕掛けていくのがフェーズ８、またフェーズ６では、もみ合いから新たな下降／上昇トレンドができたところを見つけて仕掛けていくことがポイントになります。極意書と併せて利用してください。

## 第6章

# 一目均衡表 5つの線編
~一目均衡表の基本~

# 第1節
# 一目均衡表とは

## 1）一目山人と一目均衡表の歴史

　一目均衡表は昭和初期に一目山人氏（本名：細田悟一氏）が考案した日本発の世界を代表するテクニカル分析手法です。多方面から"世界最高峰"の評価を博しています。

　細田悟一氏は都新聞（現在の東京新聞）で商況部長を務めていましたが、株式アナリストと紹介したほうがより的確かもしれません。当時の都新聞は現在の日本経済新聞以上に市況に詳しく、なかでも、細田氏のコラムは当時のトレーダーに最も信頼されていたと言われています。

　一目均衡表の初出は昭和10年（1935年）で、"新東転換線"という名前で都新聞に発表されました。その時点では作図方法は明かされていません。しかし、その分析があまりに的確であったため、細田氏は多くの人から正しい作図法と分析法を教えてほしいと懇願されたのです。

　それに対して、細田氏が秘法を明かしたのはわずか3人に過ぎません。10年間の守秘義務を交わしたうえで、対価として莫大な報酬を受け取ったと言われています。昭和25年（1950年）のことでした。

　一目均衡表が多くの人々の目に触れるようになるのはそれから約

20年を待たなくてはなりません。そして、昭和44年（1969年）以降、十数年の検証期間を経て、数次にわたり全7部が出版されたのです。満を持して世に出された一目均衡表は一大ブームを巻き起こします。

　ただ、残念ながら、現在も出版されているのは4部のみで、残りの3部は絶版となっています。

　その4部は『一目均衡表』『一目均衡表完結編』『一目均衡表週間編』『わが最上の型譜』です。一目均衡表に関心があるトレーダーはぜひとも原著にあたることをお勧めします。

　一目均衡表が初めて発表された1935年には、近代的なテクニカル分析手法は、海外でもまだほとんど開発されていません。ストキャスティクスは1950年代、グランビル氏が移動平均線の法則をまとめたのは1960年代で、その他のテクニカル手法は70年代、80年代です。あの時代にこれほど素晴らしいテクニカル手法が開発されたことに日本の先進性を感じますし、誇らしい気持ちにすらなります。西洋の手法を礼賛するトレーダーは少なくありません。しかし、世界で最も長い歴史と、高度なレベルを維持してきたのは、実は日本であることを、われわれ日本人はもっと深く知る必要があります。もちろん、江戸時代に遡るローソク足も世界に誇るべきテクニックです。

## 2）世界で注目を集める一目均衡表

　世界でもトップと評される多くのトレーダーが一目均衡表を利用しています。デイトレーダーによる有効性の評価も高く、実際に"ichimoku chart""ichimoku cloud"をキーワードにネットで検索すれば、驚くほどのヒット数が確認できるはずです。

　多くのトレーダーに利用されている一目均衡表ですが、一部の海外チャート分析ソフトのデフォルトの設定では数値の算出に一日のずれ

が生じるなど、細部についてはあまり深く理解されていないところがあります。一目均衡表の見た目はわかりやすいのですが、詳細を理解するには難解なところがあるのも事実です。それだけ奥の深い分析手法であるということを知っておきましょう。

### 3）一目均衡表研究のポイント

　一目均衡表の"一目"とは、"ひとめで均衡がわかるチャート"という意味です。
　均衡とは"売り勢力"と"買い勢力"の力関係のバランスがとれている状態を言います。価格は、買い勢力が強ければ上昇しますし、売り勢力が強ければ下落します。つまり、相場はバランスの崩れた方向に動くというのが基本的な考え方です。したがって、均衡点の位置を知れば、現時点で買い勢力が強いか弱いかがすぐに判断できるようになるのです。

　また、一目均衡表は世界に数あるテクニカルチャートの中でも、現在よりも未来に線を引く珍しいチャートです。"先行スパン1"と"先行スパン2"（232ページ参照）は、一定の計算により得た結果を26日先（未来）にずらして描きます。

　"先行スパン"と"雲"という言葉を一体化して一目均衡表を理解しているトレーダーは少なくありません。「雲を抜けるとか」とか「雲に跳ね返された」という表現がそれを表していますが、原著には"雲"という言葉は出てきません。同じ意味で使われているのは"抵抗帯"という言葉です。"雲"という抽象的な表現ではなく"抵抗帯"と呼ぶことで、その言葉が指す意味や役割を鮮明にしているのです。
　本書では、トレーダーの間ですでに"雲"が定着している点を考慮

し、あえて"雲"という言葉を使いますが、世に蔓延する解説文書はそのあたりからすでにずれています。言葉ひとつは小さなずれかもしれませんが、その小さなずれが重なることで肥大化し、一目均衡表の本質を見誤らせている点は指摘しておかなければならないでしょう。

## 第2節
## 5つの線の名前を覚える

### 1）5本の線の見分け方

一目均衡表は以下の5本の線で構成します。

> ①転換線
> ②基準線
> ③遅行スパン
> ④先行スパン1
> ⑤先行スパン2

先行スパン1と先行スパン2の間は半透明に塗りつぶし、そこを"抵抗帯"と呼びます。これがいわゆる"雲"です（次ページ上段の『雲』参照）。

多くの場合は各線を色分けすることで判別しますが、白黒チャートでは見分けがつきません。その場合には、初めにひとつだけうしろ（過去）にずれている"遅行スパン"を探します。"うしろにずれている"ため遅行スパンの先端は価格（ローソク足）の先端よりも左側にあります（次ページ下段の『遅行スパン』参照）。

◆雲

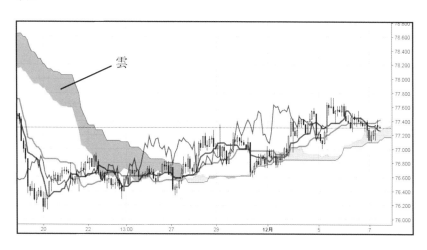

◆遅行スパン

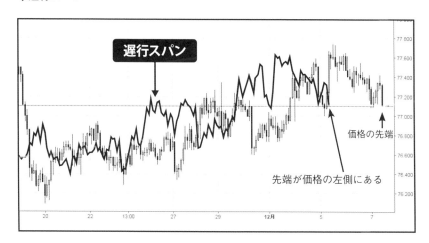

先行スパン1と先行スパン2は雲を形成している2本の線です。この2本は現在から未来に向かって線が伸びている（＝先端がローソク足よりも右にある）ことから判別できます。では、どちらが先行スパン1でどちらが先行スパン2でしょうか。

◆先行スパン1と先行スパン2　その1

先行スパン1と先行スパン2は、上下の位置関係が入れ替わるので見分けにくくなっています。簡単な識別法として、横ばいの状態の多いほうが先行スパン2、先行スパン2に比べて上下動の変化が多いほうが先行スパン1と覚えるやり方もあります。

◆先行スパン1と先行スパン2　その2

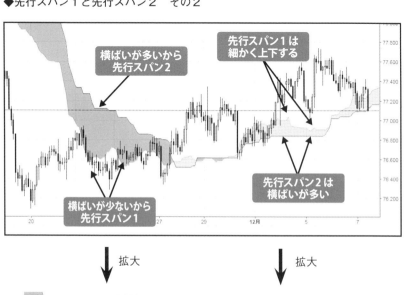

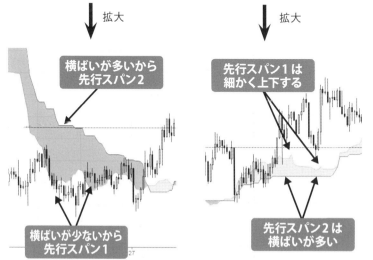

転換線と基準線はローソク足の近くで価格と連動して上がったり下がったりしていますが、より価格に近い位置で動いているのが転換線、転換線の外側で価格とともに動いているのが基準線です。

◆基準線と転換線

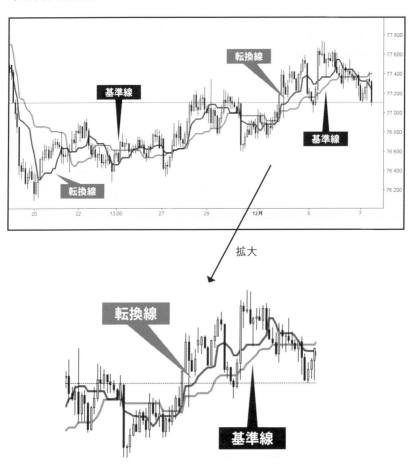

以下に、5本の線の見分け方をまとめます。

・転換線：価格の一番近くを価格とともに上下しながら動く線
・基準線：転換線の外側を価格とともに上下しながら動く線
・遅行スパン：ひとつだけ後ろ側にずれている線
・先行スパン1：抵抗帯（雲）を作る線のうち上下動が多いほうの線
・先行スパン2：抵抗帯（雲）を作る線のうち横ばい状態が長いほうの線

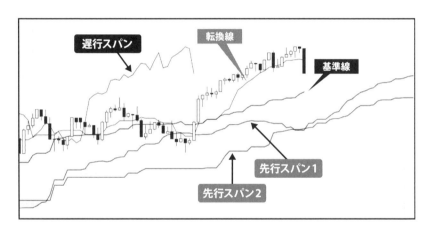

**一目均衡表の5つの線を
しっかり頭に入れること**

## 2）安定上昇期と安定下降期の5本線の並び順

　下記は米ドル／円の一目均衡表です。このときの並び順は左上から右下に向かって、遅行スパン、転換線、基準線、先行スパン1、先行スパン2で、価格は遅行スパンと転換線の間に位置しています。

◆安定上昇期の5本線

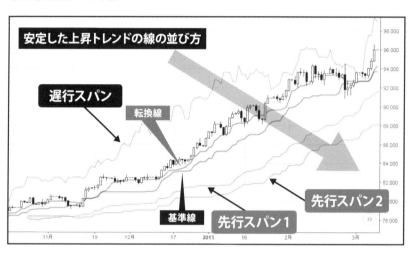

逆に安定下降期は、左下から右上に向かって、遅行スパン、転換線、基準線、先行スパン１、先行スパン２の並び順になっています。安定上昇期とは並び順が対称となっている点に注意してください。そして、価格はやはり遅行スパンと転換線の間に位置しています。

◆安定下降期の５本線

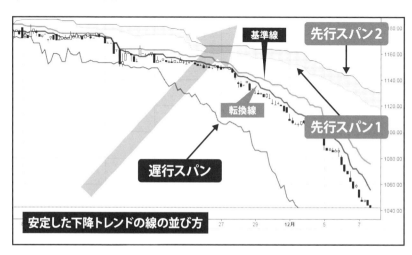

## 安定下降期の並び順に注目

①遅行スパン
②転換線
③基準線
④先行スパン１
⑤先行スパン２

※左下からの順番

5本の線の並び順を覚えることはとても重要です。線と線がクロスして並び順が変化するということは、それだけでトレンドが変化しつつあることの証明になるからです。

　このことは、一目均衡表においてすべての線は抵抗線であり、同時に支持線になりえることを意味しています。

　一般的には、価格がある線に向かって、例えば先行スパン1（＝下降トレンドの場合は雲の下限）に向かって上昇して行く場合、先行スパン1に近づくと、いったん抵抗を受けて下がりやすくなる性質があります。

　ところが、先行スパン1を突破してしまったら、今度はするすると上昇していくのです。そしてその後に"押し"が入って価格が下がってきたとしても、その前に上抜いていた先行スパン1が今度はサポート（支持）となり、価格はそこで跳ね返されやすくなるのです。

　さらにいえば、ある線が価格に対して抵抗線／支持線としての役割を果たすだけでなく、線と線の関係でも同様の機能が働きます。遅行スパンが下降してきて雲の上限で跳ね返されるのはよくあるケースです。これは、先行スパン1が遅行スパンに対して抵抗線として働いたということです。

　5本の線のクロスにはそれぞれ意味があります。例えば、転換線と基準線の関係では、転換線が基準線を下から上に抜けば上昇トレンド発生のサイン（いわゆる買いサイン）ですし、逆に転換線が基準線を上から下に抜けば下降トレンド発生のサイン（いわゆる売りサイン）ととらえられます。

# 第3節
# 5つの線の計算式を覚える

## 1）パラメーターは固定が原則

　一目均衡表の各線は極めて簡単な計算式で表すことができます。5本の線の計算式は次の通りです。

- 転換線＝（過去9日間の最高値＋過去9日間の最安値）÷2
- 基準線＝（過去26日間の最高値＋過去26日間の最安値）÷2
- 遅行スパン＝当日の終値を26日過去にずらして描画
- 先行スパン1＝（転換線＋基準線）÷2を26日未来に描画
- 先行スパン2＝（過去52日間の最高値＋過去52日間の最安値）÷2を26日未来に描画　※過去9, 26, 52日間は当日を含む

　この中で覚えにくいのは先行スパン1かもしれませんが、複雑ではありません。転換線と基準線の中間を26日未来にずらしただけのことです。計算の難度は小学生レベルですから、もし難しく感じるとすれば、「それはなぜそうするか」の意味を理解していないからに過ぎません。

　意味を説明する前に補足をしておきます。26日または9日は日足ベースですが、一目均衡表は週足、月足など長い期間でも有効ですし、5分足や1時間足といった短い期間でも機能します。したがって、先

に示した計算式は、以下のように書くほうがしっくりきます。

- 転換線＝（過去9本間の最高値＋過去9本間の最安値）÷2
- 基準線＝（過去26本間の最高値＋過去26本間の最安値）÷2
- 遅行スパン＝それぞれの足の終値を26本過去にずらして描画
- 先行スパン1＝（転換線＋基準線）÷2を26本未来に描画
- 先行スパン2＝（過去52本間の最高値＋過去52本間の最安値）÷2を26本未来に描画

　日数（本数）は常に当日を入れて計算します。"26日ずらす"という言い方は、遅行スパンなら25日前（過去）に描く、先行スパンなら25日後（未来）に描くという意味です。ここは誤解しやすいところで、海外の一目均衡表チャートではその誤りが散見されます。チャートソフトにデフォルトで搭載されている一目均衡表チャートに間違いがあるとは、普通は疑いません。しかし、現実にありえることなので、念のため確認することをお勧めします。

　可変部分の"9"と"26"は基本的に固定です。他のテクニカル指標のパラメーターのように、トレーダーが自分の経験や好みに応じて自由に変更するものではありません。9、26、52という数字にはそれぞれ意味があるからです。

　とはいえ、一目均衡表のパラメーターも絶対ではありません。特に遅行スパンについては、ずらす日数を変えて、それぞれのケースで価格と遅行スパンの関係性を比較検討することには意味があります。その他の数値も若干変更して通常の数値と比較することも不可能ではありませんが、あくまでも基本は9、26、52であることを心にとめておきましょう。

## 2）各線のグループ分け、半値線に注目

　計算式を覚えると、5本の線は着眼点に応じてグループ分けできることに気づくはずです。

　着眼点のひとつは「線をずらすかどうか？」です。先行スパン1と先行スパン2は、26日未来にずらす点で同じグループ。基準線と転換線はずらさないグループ。遅行スパンは26日過去にずらすため、いずれのグループにも属さない特殊な線です。

◎26日過去にずらす線 ………… 遅行スパン
◎ずらさない線 ………………… 転換線、基準線
◎26日未来にずらす線 ………… 先行スパン1、先行スパン2

　「高値と安値を足して2で割るか否か」でもグループ分けができます。
　転換線、基準線、先行スパン2の3本は「2で割る」グループです。過去の一定期間の最高値と最安値を足して2で割った結果は、その期間の値動きの中心値であり、これを半値もしくは中値（仲値）と呼びます。よって転換線、基準線、先行スパン2は半値線または仲値線とも呼ぶこともあります。

　先行スパン1は半値線である転換線と基準線の半値ですから、特殊ではあるものの半値線と呼べないことはありません。

◎半値線・・・・・・転換線、基準線、先行スパン2
◎変形半値線・・・・先行スパン1
◎半値線でない・・・遅行スパン

　この"半値"という概念を、一目均衡表では"相場水準"と言い表

します。転換線は過去9日間の、基準線は過去26日間の、先行スパン2は過去52日間の相場水準です。そして、その相場水準の切り上がっている状態が上昇トレンド、切り下がっている状態が下降トレンドなのです。

　ただ本書では"半値"および"相場水準"を、わかりやすく"中心値"と呼ぶことにします。

　過去一定期間の最高値と最安値の平均を"中心値"と呼ぶと、転換線、基準線、先行スパン2はそれぞれ次のように言い換えることができます。

◎転換線・・・・・・過去9日間の中心値をつなげた線
◎基準線・・・・・・過去26日間の中心値をつなげた線
◎先行スパン2・・・過去52日間の中心値をつなげた線

　上昇トレンドでは中心値は切り上がっていき、下降トレンドでは切り下がっていきます。また、もみ合い相場では横ばいか、短期間での上昇下降を繰り返します。つまり半値線の勾配（＝傾き）はトレンドを表すのです。

　別の言い方をすると「転換線は短期（9日）のトレンドを表す線」「基準線は中期（26日）のトレンドを表す線」「先行スパン2は長期（52日）のトレンドを表す線」ということになります。

　ネットでは「基準線の勾配がトレンドを表す」とする解説をよく目にします。つまり、基準線が右肩上がりなら上昇トレンド、右肩下がりなら下降トレンドということです。間違いではありませんが、言葉足らずと言わざるをえません。

　半値線はすべてその中心値の変化（＝半値線の勾配）を見ることによってトレンドの変化がわかります。転換線を見れば短期のトレンド

◆基準線の考え方

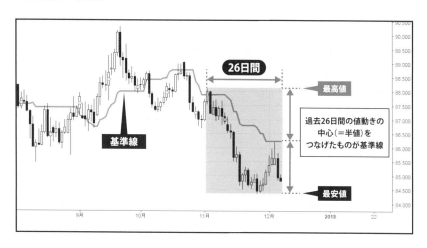

◆3本の線を比較するとトレンドの変化がわかる

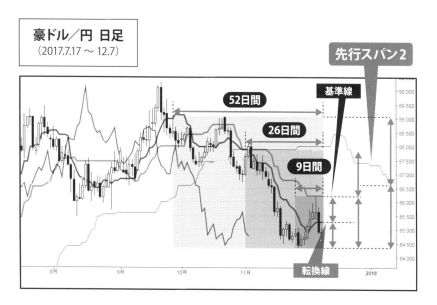

が、基準線を見れば中期のトレンドが、そして先行スパン2を見れば長期のトレンドがわかるのです。

◎短期のトレンドを表す線・・・・転換線
◎中期のトレンドを表す線・・・・基準線
◎長期のトレンドを表す線・・・・先行スパン2

　半値線の意味をきちんと理解しないまま「基準線が上向いたので買いシグナル」と性急に結果を求めるのは危険です。確かに、基準線は中期トレンドを示していますが、それだけでは買いシグナルにはなりません。

### コラム：破産の確率を考えよう

　確率の理論で有名な「破産の確率」をご存知ですか。「破産の確率」を知らずして投資をするのは、制限速度を知らずにドライブをするようなものです。つまり、命知らずと言われる行為です。ところが、日本の投資家のほとんどは「破産の確率」という言葉自体知らない方も多いのです。一般道を時速200キロで走っているような投資をしていては、命を落とすのは当たり前ですよね。

　例えば、あなたと私がサイコロを振って賭けをするとします。奇数が出れば私が掛け金を全部もらい、偶数が出ればあなたの掛け金が3倍になるという勝負の場合、あなたに勝つ確率が50％もあれば、やればやるほど儲かります。

　しかし、そこに「常に掛け金は全額」という条件を付けたら、どうでしょうか。一度でも外れると破産します。これを200万円の持ち金からスタートさせて、1回の掛け金を100万円とすると、破産確率は29.55％となります。つまり、3～4人にひとりが破産することになります。仮に、1回の掛け金を50万円にしたらどうでしょう。破産の確率は8.73％となります。さらに、10万円にすれば理論的には0％となります。

　投資においては、単にその予測が当たる確率や、当たったときにどれだけ儲かるかを考えているだけでは駄目なのです。もうひとつ大事な要素として、自分自身の投資に使える資金と、1回当たりのリスクの取り方（1回にいくら損するのかということ）の関係が勝利を左右する大事なポイントになるのです。

# 第4節
# 半値線を極める

### 1）半値線の代表＝基準線

　過去26日間の最高値が300円、最安値が200円なら、基準線の現在の値は250円です。計算式は次の通りです。

$$（300円＋200円）÷2＝250円$$

　さて、仮に現在の価格が基準線の位置、すなわち250円にあったとすると、過去にどのような値動きがあったと推定できるか考えてみましょう。大きく2つのケースが考えられるはずです。

　ひとつは、最安値（この例では200円）から上昇した価格が最高値（300円）で天井を打ち、現在250円まで下落したケースです。これは最安値から最高値まで上がって半値押しとなっている状態です。

　もうひとつは最高値（300円）から下降した価格が最安値（200円）で底を入れ、現在250円まで上昇したケースです。こちらは最高値から最安値まで下がって半値戻しの状態です。

◆基準線の半値線

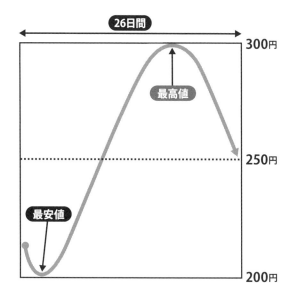

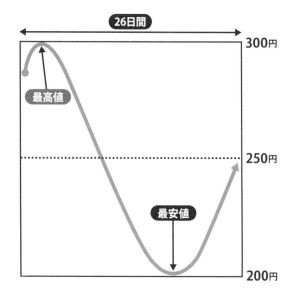

## 2）最安値が先に出現したケース

　この2つのパターンをひとつずつ検証してみましょう。まずは最安値が先に出現したケースです。

　ひとつ明らかなのは、26日間のある時期において上昇トレンドが発生していたことです。その上昇トレンドは最安値（200円）から最高値（300円）に向けてのもので、現在値が26日間の最高値であるケースを除いて、最高値から現在値に向けて下げていることになります。

　さて、その上昇トレンドの渦中に買いポジションを建てたと仮定します。
　このとき、現在の価格が最高値なら何も心配はありません。しかし最高値を経て下げているなら、心中穏やかではいられません。このタイミングで知りたいのは、今の下げが一時的な押しなのか、それとももう上昇トレンドは終わってしまったのかです。押し目なら買いポジションはそのまま持ち続け、新高値を取りにいくことになります。しかし、基調転換なら早めに決済しなければいけません。
　その分岐点が半値である基準線の場所です。
　次ページの『基準線における半値押しライン』をよく見てください。現在値が半値ラインより上なら、下がる可能性より反騰する可能性のほうが高くなります。逆に、現在値が半値ラインより下なら、基調転換の可能性が高まります。一時的な戻しがあっても新高値までは上昇せず、やがて下降トレンドに変わっていくでしょう。
　つまり、半値ラインが分岐点になるということです。半値押しで、そこから反騰上昇することが直前の上昇トレンドが継続するための最後の砦になります。

◆基準線における半値押しライン

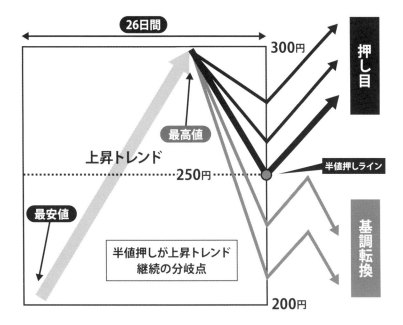

### 3）最高値が先に出現したケース

今度は、最高値が先に出現したケースです。次ページの『基準線における半値戻しライン』を見てください。先の例とは逆で、26日間のある時期に下降トレンドが発生していたことがわかります。最高値（300円）から最安値（200円）に向けての下降トレンドで、今は最安値から上昇している状況です。現在値が26日間の最安値であるケースを除いては、最安値から現在の価格に向けて上げていることになります。

下降トレンドの最中に売りポジションを建てた場合、今の価格が最安値なら心配はしませんが、最安値を経て上昇しているなら、やはり不安になります。この上昇が一時的な戻し（あや戻し）なのか、それとももう下降トレンドは終わってしまったのかが問題です。あや戻しなら売りポジションは維持して新安値を取りにいくし、基調転換なら早めに決済する必要があります。

分岐点はやはり半値である基準線の場所です。

先の例と理屈は逆で、現在値が半値ラインより下なら上がる可能性より下がる可能性のほうが高く、現在値が半値ラインより上なら基調転換の可能性が高いと判断します。その後に一時的な押しがあってももう新安値までは下降せず、やがて上げトレンドに変わっていくでしょう。

### 4）ひと目で均衡がわかる

半値線は常に均衡点を示しています。このため、半値線より上に価格があれば買い勢力が優勢、それより下に価格があれば売り勢力が優勢ということになります。

253ページの2つの図を比べてみましょう。

◆基準線における半値戻しライン

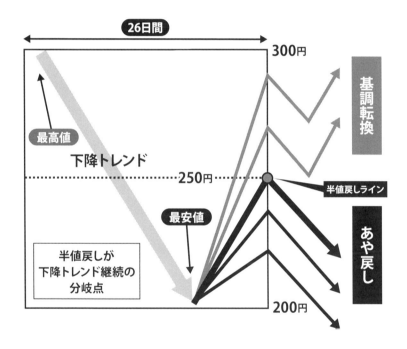

どちらのパターンでも、現在値が基準線より上にあれば買い勢力が優勢、基準線より下にあれば売り勢力が優勢だと判断します。一目均衡表の「ひと目で均衡がわかる」という意味は、半値線（このケースでは基準線）の位置がその期間（基準線は26日間）の売買勢力の均衡点を示すところからきています。

転換線は短期の買いと売りの勢力を示します。同様に基準線は中期の勢力、先行スパン2は長期の勢力について買いが優勢か、それとも売りが優勢かを示しています。

**【ひと目で均衡がわかるとは】**
◎転換線が短期における売買勢力の均衡点を表す
◎基準線が中期における売買勢力の均衡点を表す
◎先行スパン2が長期における売買勢力の均衡点を表す
　※短期勢力とは9日間、中期勢力とは26日間、長期勢力とは52日間のこと

**【短期の売買勢力】**
◎価格が転換線より上にあれば、短期は買い勢力が優勢であることを示す
◎価格が転換線の位置にあれば、短期は買い勢力と売り勢力が均衡していることを示す
◎価格が転換線より下にあれば、短期は売り勢力が優勢であることを示す

**【中期の売買勢力】**
◎価格が基準線より上にあれば、中期は買い勢力が優勢であることを示す
◎価格が基準線の位置にあれば、中期は買い勢力と売り勢力が均衡し

◆基準線における均衡点

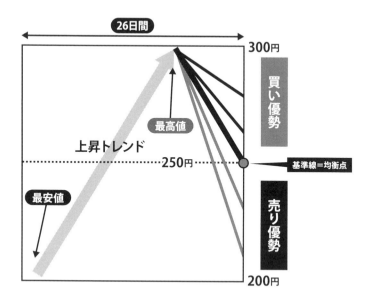

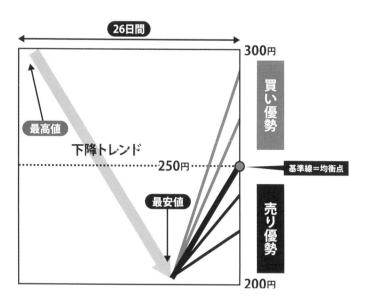

ていることを示す
◎価格が基準線より下にあれば、中期は売り勢力が優勢であることを示す

### 【長期の売買勢力】

◎価格が（26日先の）先行スパン2より上にあれば、長期は買い勢力が優勢であることを示す
◎価格が（26日先の）先行スパン2の位置にあれば、長期は買い勢力と売り勢力が均衡していることを示す
◎価格が（26日先の）先行スパン2より下にあれば、長期は売り勢力が優勢であることを示す

　上記の事柄は、この3本の線と価格の関係を見ただけでわかります。例えば、価格が転換線の下にあり、基準線の上にあり、（26日先の）先行スパン2の下にあったとします。このことからわかるのは、短期は売り勢力が強く、中期は買い勢力が強く、長期は売り勢力が強い、ということです。

　上昇トレンドか下降トレンドかの判定は、期間の設定でまったく違った結果になります。トレードではこの点に注意が必要です。
　次ページの上段のケースでは、現在の価格は（26日先の）先行スパン2の下にあり、基準線のやや上にあり、転換線のやや下にあります。ということは、長期的な下降トレンドはまだ続いているものの、中期トレンドはやや回復基調になっている。しかし、短期的には再度売り方がやや優勢となっている、という分析ができます。
　全体を総合すると、「長期の下降トレンドが一時的に戻し基調になっていたが、再度、戻り売りになりそうな状態だ」と分析できるのです。
　ただし、この勢力関係は刻一刻と変化しているので、常にウォッチ

◆一目均衡表で見る短期・中期・長期の売買勢力図

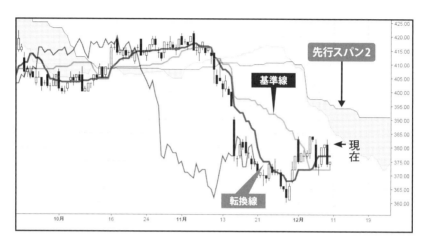

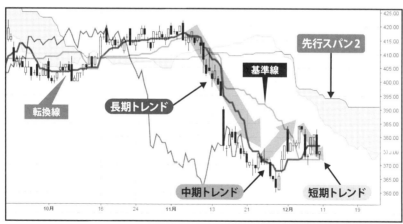

上段の図を見て勢力関係を考えてみましょう。一目均衡表を見たときに、下段の図がすぐにイメージできるようにしましょう。

していなければなりません。

## 5）三役好転の位置づけ

　以上のことがわかると、さらにいろいろな状況が見えてきます。

　例えば、下降トレンドが上昇トレンドに変化し、価格が転換線、基準線、先行スパン2の3線を上抜けば、短期も中期も、ついには長期までも買い勢力が優勢になったことを意味します。これが三役好転の正しい解釈です（三役好転および三役逆転については、第7章で解説）。

　トレンドには短期、中期、長期があります。三役好転はすべてのトレンドの上昇を示すがゆえに最高の買いシグナルなのですが、長期トレンドが転換するということは、相場が底を打ってから相当の時間が経過したことを意味します。このため、小さなトレンドのときはすぐに終了を迎えてしまうのです。

## 第5節
## 転換線を極める

### 1）転換線の計算式を覚える

　転換線は過去9日間の値動きの中心値を計算して、それをつないだ線です。中心値の計算式は次の通りです。

　中心値 ＝（H9＋L9）÷2
　※H9は過去9日間の最高値、L9は過去9日間の最安値。
　　過去9日間は本日を入れた日数

　一目均衡表では、短期・中期・長期の相場変動を常に把握し、意識しています。そのため、発展・応用が利きます。このときの中心となる価格が"相場水準（中心値）"です。先述したように、転換線は短期（9日間）、基準線は中期（26日間）、先行スパン2は長期（52日間）の中心値をそれぞれ示します。

　価格変動にはウェイブ（波動）があります。そのウェイブを繰り返しながら上昇と下降を繰り返しています。ウェイブの上端同士、下端同士を結んだ価格変動の範囲を"ゾーン"ととらえると、そのゾーンの中心点が"中心値"になります。したがって、中心値の変化を見ることによりトレンドがより正しく把握できるのです。

上昇トレンドは中心値がどんどん切り上がっている状態、下降トレンドは中心値がどんどん切り下がっている状態です。また"もみ合い"は中心値が横ばい、あるいは小刻みに上下動を繰り返す状態です。

　転換線は短期の中心値であり、短期トレンドの方向性を示し、短期トレンドの均衡点を示します。

　価格が転換線と重なっているのは、短期の買い勢力と売り勢力の均衡がとれている状態です。つまり転換線こそが短期の買い勢力と売り勢力の均衡点を示す線なのです。転換線と価格の位置関係を見れば次のことがわかります。

**【転換線と価格の関係からわかること】（再掲）**
◎価格が転換線より上にあれば、短期勢力は買いが優勢
◎価格が転換線と重なっていれば、短期勢力は売りと買いが均衡
◎価格が転換線より下にあれば、短期勢力は売りが優勢


## 2）押し目と戻しの限界ポイント

　一目均衡表の半値線は2つの意味を持っています。それは「トレンドがあるときは、押し目・戻しの限界ポイントを示す」「もみ合いのときは、もみ合いの中心を示す」ことです。もみ合い相場の中心は、一目均衡表のすべての半値線になります。


## 3）上昇トレンドの押し目の限界ポイント

　上昇相場が押し目を迎えたとき、どこで押し目が終了して、再度、上げに転じるか、そのポイントが遅行スパンを除いた4本の線になりやすいという性質があります。

◆転換線と価格の関係

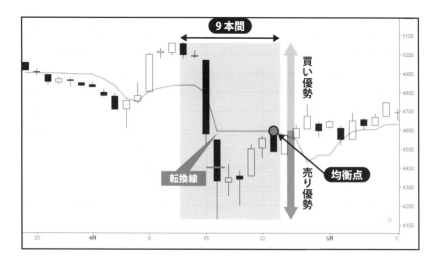

転換線と価格の関係を見ることで、短期の売買勢力がわかり、押し目と戻しの限界ポイントがわかる

次ページの『上昇トレンド時の位置関係』は米ドル／円チャートです。この期間は押し目をつけずに右肩上がりで上昇（円安）しています。上昇トレンドが続くと価格と4本の線の位置関係はこのようになります。価格のすぐ下に転換線が位置し、価格は、転換線に下支えられて上昇している格好です。基準線、先行スパン1、先行スパン2の間隔もおおよそ一定しています。これが長期安定上昇時の典型的な線の並びです。この4本の線は、価格が押し目をつけたときのサポートラインとなります。

　このチャートをシンプルに表すと、次ページの下段の『上昇トレンドにおける押し目の限界』になります。
　相場は安定上昇からやがて押し目を迎えます。このとき、押し目には4つのパターンがあります。
　パターン①は、短期・中期・長期トレンドがいずれも買い方優勢を続けている状態で、上昇力がとても強い相場のケースです。価格が転換線まで下げても、すぐに買われて再上昇します。価格は転換線に支えられています。つまり転換線が押し目の限界（＝サポートライン）となっているのです。ただ、このケースは一時的な下げと言っても、まだ押し目と呼べるレベルではありません。次ページ上段の『上昇トレンド時の位置関係』はまさにこのパターン①です。短期トレンド、中期トレンド、長期トレンドともに買い方優勢を続けている状態です。
　パターン②は、短期トレンドが一時的に売り方優勢になったものの、中期・長期トレンドは買い方優勢をキープしていて、基準線まで押してから反発しています。これもまだ安心して見ていられる強い上昇相場です。上昇トレンドが強ければ、押し目が入ったとしても基準線を押し目の限界として上昇します。　逆に言えば、押しても基準線までという上昇トレンドは、まだ安定上昇の範疇に入ります。
　パターン③は先行スパン1まで押すケースです。短期に加えて中期

◆上昇トレンド時の位置関係

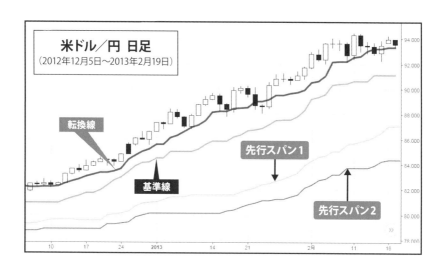

◆上昇トレンドにおける押し目の限界

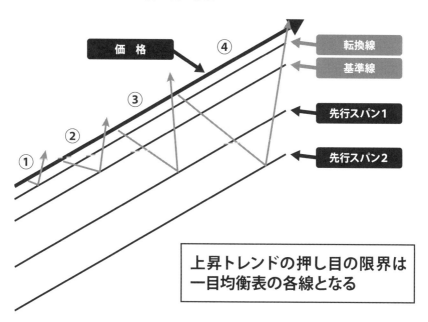

上昇トレンドの押し目の限界は一目均衡表の各線となる

トレンドまでが一時的に売り方優勢になりました。ここまで押すと上昇トレンドに陰りを感じます。ただ、長期トレンドはまだ買い方優勢で安定しています。上昇トレンドの押しが先行スパン１を押し目の限界として上昇した場合は、まだそれなりに強い相場だと判断します。ただし、不安定な動きも出てきたため、注意は必要です。

　パターン④は先行スパン２まで押すケースです。短期・中期トレンドが売り方優勢になり、長期トレンドも買い方優勢が崩れかけています。いわばぎりぎりの上昇相場で、一歩間違えれば終了するかもしれなかった上昇相場が辛うじて維持された状態です。もし価格が先行スパン２を割っていたら、上昇トレンドは終了したと判断します。

　以下の『勢力の変化でサポートラインも変わる』は、先の米ドル／円日足の続きです。直前までは典型的な長期安定上昇のトレンドを描いていましたが、やがて基準線まで押し（図の①）、先行スパン１まで押し（図の②）、直近では先行スパン２まで押しています（図の③）。安定した上昇トレンドの力が次第に弱まっていっている過程を確認しましょう。

◆勢力の変化でサポートラインも変わる

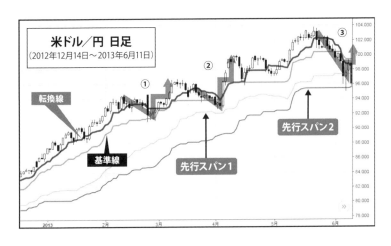

## 4）下降トレンドの戻しの限界ポイント

　下降トレンドが続くと、価格と４本の線は下記の『下降トレンド時の位置関係』のようになります。

　価格のすぐ上に転換線、その上に基準線、先行スパン１、先行スパン２という並びです。価格は転換線に頭を押さえられて下降しながら、戻しは基準線が大きな抵抗になっていることがわかります。

◆下降トレンド時の位置関係

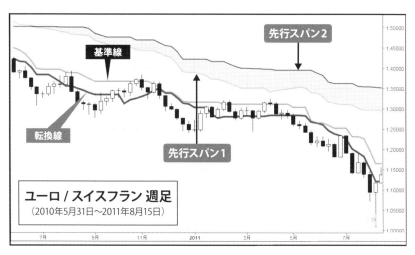

次ページの『下降トレンドにおける戻しの限界』は、下降トレンド時の価格と各線の関係性を単純化したものです。

パターン①は、とても安定した下降トレンドです。転換線を戻しの限界（＝抵抗線）として価格が下降しています。短期・中期・長期トレンドともに売り方優勢を続けており、売り方にとっては微塵の不安もありません。

パターン②は、安定的な下降トレンドです。戻しが入ったとしても基準線を戻しの限界として反落します。　短期トレンドは一時的に買い方優勢になったものの、中期・長期トレンドは売り方優勢をキープしています。この場合も売り方は心配しない状態です。

パターン③は、まだ安定性を崩していません。短期に加え中期トレンドまでが一時的に買い方優勢になりました。ただし、長期トレンドがまだ売り方優勢で安定しています。

パターン④は、先行スパン2を戻しの限界としており、下降相場としてはぎりぎりの状態です。短期・中期トレンドが買い方優勢になり、長期トレンドまで売り方優勢が崩れかけています。先行スパン2は下降トレンドが継続するための最後の分岐点です。価格がここを突破すれば下降トレンドは終わります。

## 5）転換線のポイント

安定した上昇トレンド、下降トレンドを見つけられれば大きな収益につながります。そのときに役立つのが転換線です。

安定した上昇トレンドでは、価格は常に転換線の上側に位置し、転換線に沿って上昇します。安定した下降トレンドはその逆で、価格は常に転換線の下側に位置して転換線に沿って下降します。

基準線はトレンド形成時における一番標準的な押し目（戻し）ライ

◆下降トレンドにおける戻しの限界

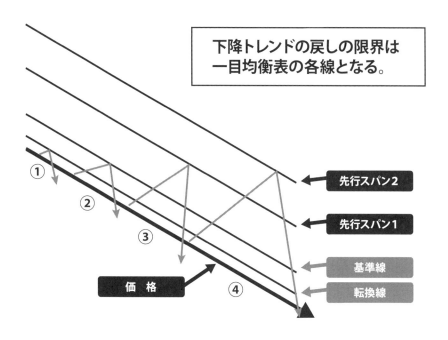

◆安定したトレンドでは転換線がサポート

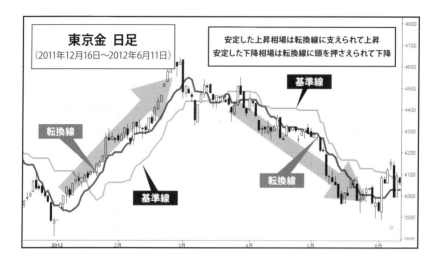

◆価格が修正されるとき

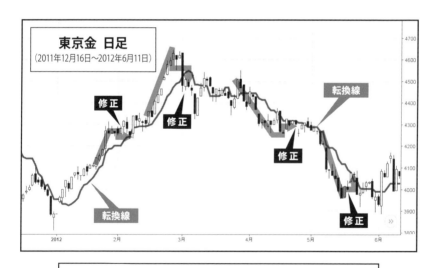

ンとなりますが、相場が安定して上昇（下降）している状態や、相場が加速して上昇（下降）してくると、押し目や戻しは基準線まで行かず、転換線が限度となってきます。これは相場が勢いづいている証拠です。つまり、押し目（戻し）が転換線まで押して（戻して）いるのか、基準線まで押して（戻して）いるのかを見れば、形成中のトレンドの強弱を判別することができる理屈です。

　上昇トレンドで価格が転換線から離れてさらにどんどん上昇していくのは、トレンドが過熱している証です。しかし、ある程度以上離れると、その後には調整の修正安が入りやすくなります。下降トレンドで、価格が転換線から離れてさらにどんどん下降していくのも同じです。下降トレンドが過熱しているためで、やはりある程度以上離れると、その後の調整の修正高が生じる可能性が高まります。

　前ページのチャート『価格が修正されるとき』は、転換線から離れていった価格がやがて修正される様子を表しています。

## 第6節
## 基準線を極める

### 1）基準線の計算式を覚える

　基準線は相場を見るうえで基準となる線であり、一目均衡表の5本の線の中でも基準となる線です。英語では基準線はBase Line、転換線はConversion Lineと訳されています。基準線の計算式は次の通りです。

【計算式】
基準線 ＝（H26 ＋ L26）÷ 2
※ H26とは過去26日（本）間の最高値、L26とは過去26日（本）間の最安値のこと。過去26日（本）間は本日を入れた日数

　基準線は過去26日間の値動きの中心値を算出し、それをつないでできた線です。初代一目山人氏は、毎日、さまざまな銘柄の9日間・26日間・52日間・76日間などの半値を表にして、ノートに書き記していたと伝えられています。「一目均衡『表』」というネーミングの由来です。
　基準線は、中期の"相場水準（中心値）"を表し、中期トレンドの方向性と中期トレンドの均衡点を示します。上昇トレンドなら中心値はどんどん上昇し、下降トレンドなら中心値はどんどん下がります。

◆中期トレンドと基準線の関係を知る

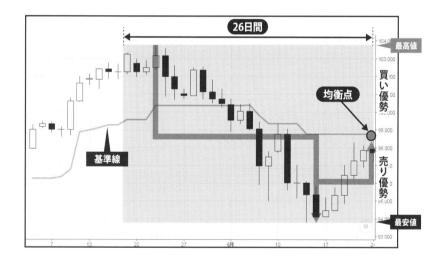

中期トレンドと基準線の関係を知ることで、現在の価格が「買い優勢」なのか、「売り優勢」なのかが一目でわかります。また、価格が基準線上にあるなら、それは中期の買い勢力と売り勢力の均衡がとれていることを示します。

このことを前ページのチャート『中期トレンドと基準線の関係を知る』で確認しましょう。価格が基準線上にあるなら、それは中期の買い勢力と売り勢力の均衡がとれていることを示します。つまり基準線こそが中期の買い勢力と売り勢力の均衡点を示す線なのです。

　基準線の位置に価格が来れば、それがちょうど半値戻しになります。26日間の最高値をつけた値位置から、26日間の最安値を付けた値位置まで下降トレンドがあり、そこから戻しが発生して、半値戻しに当たるのが基準線の地点です。価格がそれより下なら半値も戻していませんから、当然、売りが優勢です。逆に、それより上なら半値を超えて戻しているのですから、基調が転換して買いが優勢だとわかります。

　次ページのチャート『中期トレンドを読む』は、最安値が先に現れたパターンです。26日間の最安値を付けた値位置から、26日間の最高値を付けた値位置まで上昇トレンドがあり、そこから押し目が発生した、とわかります。その半値押しに当たるのが基準線の値位置で、今は半値押しの状態です。

　同じような展開でも、現在の価格が基準線より上にあるなら、上昇幅に対して半値未満の押しとなります。ということは、当然、その後は上昇の可能性が高くなります。逆に、価格が基準線の下まで来ているとしたら、上昇幅に対し半値を超えて押しているため、直前の上昇トレンドはすでに終了し、一時的な戻しがあったとしても価格は下がっていく可能性のほうが高いと判断されます。

**【基準線と価格の関係からわかること】（再掲）**
・価格が基準線より上にあれば、中期勢力は買いのほうが優勢
・価格が基準線上にあれば、中期勢力は売りと買いが均衡
・価格が基準線より下にあれば、中期勢力は売りのほうが優勢

◆中期トレンドを読む

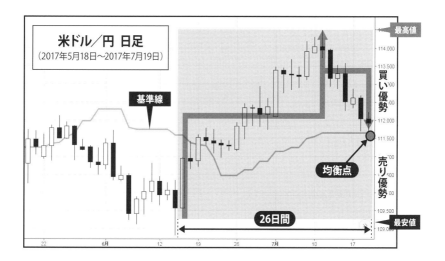

最安値が先に現れたパターン。26日間の最安値を付けた値位置から、26日間の最高値を付けた値位置まで上昇トレンドがあり、その後、押し目が発生しているのがわかります。半値押しに当たるのが基準線の値位置で、今は半値押しの状態です。

## 2）押し目・戻しの限界ポイントを示す

　遅行スパンを除く一目均衡表の各線を見るときには、トレンドがあるときは押し目・戻しの限界ポイントを探し、もみ合いのときはもみ合いの中心を探すことが基本になります。

　次ページのチャート『レジスタンスはどの線？』では、押し目と戻しの限界ポイントを図で示しています。価格が押し目や戻しを迎えたとき、トレンドが強いときは転換線で跳ね返されますが、転換線を突破すると、次の抵抗となるラインは基準線になっていることがよくわかるはずです。

　転換線で頭を押さえられる下降相場、転換線に支えられた上昇相場は一番勢いのあるトレンドです。通常の押し目・戻しは基準線ラインと思えばよいでしょう。

　一般的には、上昇トレンドの押し目が基準線で跳ね返されたり、下降トレンドの戻しが基準線で頭を押さえられたりした場合は、まだ安定上昇トレンド、安定下降トレンドと考えられます。短期勢力が一時的に反転したものの、中期勢力も長期勢力も依然として現在のトレンドを維持しているというのが、基準線で跳ね返されることによってわかるからです。


## 3）もみ合い相場の中心を示す

　基準線は、もみ合い相場では「もみ合いの中心を示す」ことが、次ページのチャート『基準線の位置はどこにある？』で見て取れます。

　一目均衡表を見るときには、初めに基準線の傾きに注目します。それにより現在、上昇トレンドか下降トレンドか、もみ合いの渦中にいるのかがわかります。上昇トレンドか下降トレンドなら、一目均衡表の各線は押し目・戻しの限界ラインとして機能します。もみ合い相場

◆レジスタンスはどの線？

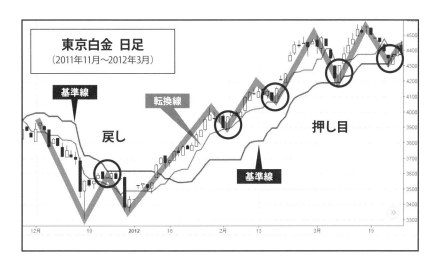

◆基準線の位置はどこにある？

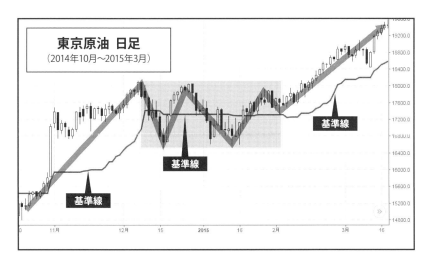

なら、もみ合いの中心を表すと思えばよいのです。


## 4）半値線と移動平均線の違い

　一目均衡表の各線と移動平均線の違いについて考えてみます。

　仮に、転換線と基準線の代わりに、9日移動平均線と26日移動平均線を描いたらどうなるでしょうか。

　9日移動平均線と26日移動平均線の特徴は次の通りです。

◎価格と一緒に価格の近くを動くのが9日移動平均線。価格と一緒に動くが、9日移動平均線よりもう少し離れたところで動くのが26日移動平均線
◎価格の動きに合わせて動きの変化が多いのが9日移動平均線。9日移動平均線に比べるとゆるやかなのが26日移動平均線
◎上昇トレンドでは上にあるのが9日移動平均線。下降トレンドでは上にあるのが26日移動平均線

　つまり移動平均線は、転換線・基準線とほぼ同じ特徴を示します。ただ、移動平均線と半値線は似ていますが、根本的に違う点があります。2つの計算式を比較してみましょう。基準線と26日移動平均線の比較です。

・基準線＝（H26＋L26）÷2
・26日移動平均線＝（P1＋P2＋P3＋……P24＋P25＋P26）÷26
　※H26は26日間の最高値、L26は26日間の最安値
　※P1・P2・P3・・・P26は26日間の終値

　移動平均線は過去26日間の平均価格を算出しています。目的は、

◆価格に近い線と遠い線

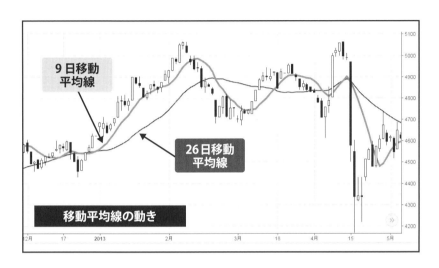

◆26日移動平均線と基準線を比較する

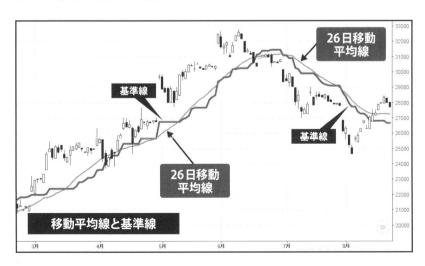

過去26日間の買い方の平均的買い値と売方の平均的売り値を求め、現在の価格と比較することです。平均的買い値と平均的売り値を把握すると、利益確定の注文が出てきやすい価格帯、ロスカット注文が出てきやすい価格帯がわかります。

一方、一目均衡表の半値線が見ているのは最高値と最安値だけです。そこからその期間内の相場の中心を導き出すのが274ページの基準線の式です。その相場の中心は半値戻し、半値押しの位置を示しています。

したがって、2つの線を比べて見れば、どちらが移動平均線で、どちらが基準線かはすぐにわかる明確な違いがあります。

もうひとつの違いは、横ばいに推移する期間の長さです。移動平均線は毎日新しいデータを入れ替えて計算し直すので、本日と前日が同じ結果になることはまずありません。しかし、半値線である基準線は横ばい状態が連続することも珍しくありません。

基準線が横ばいとなるのは、昨日から今日にかけて計算結果が同じであるためです（26日間の高値、安値が昨日も今日も同じであれば、同じ結果になるからです）。そして、それは計算期間内の最高値と最安値に変化がないことを意味します。最高値と最安値が更新されなければ、前日比で価格が上がっても下がっても基準線は横ばいで推移するのです。

## 5）半値線が上昇する条件

半値線が上昇するのは最高値を更新（最高値が前日までの最高値よりさらに高くなる）したときと、最安値が切り上がった（最安値が前日までの最安値より高くなる）ときの2通りしかありません。

また最安値の切り上げは、その最安値が26日間の計算区域で一番古い日に出現していた場合、その最安値が計算から外れることによっ

◆最高値・最安値が変わらない限り半値線は横ばい

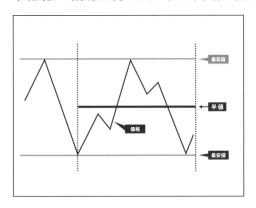

◆最安値が切り上がることによって半値である基準線が上昇

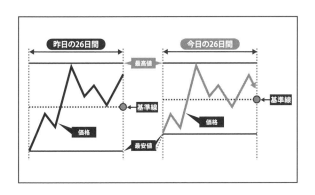

◆最高値を更新することで基準線が上昇

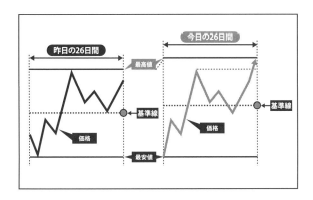

て行われます。

　26日間の途中に最安値がある場合は、さらに安い価格が出現して最安値が切り下がることはあっても、切り上がることはありません。

　それ以外のケースで基準線が切り上がるのは、本日の価格が計算区域の最高値を超えた場合です。つまり、基準線で言えば、26日間の一番古いデータが最安値という特殊なケースを除いては、本日の価格が新高値を更新していることを意味します。

**【半値線が上昇する条件】**
◎本日の価格が過去の最高値を更新している（最高値更新）
◎期間中の最も古いデータが最安値で、かつ、それが計算区域から外れることにより最安値が切り上がる（時間経過による最安値の切り上げ）

## 6）半値線が下降する条件

　基準線が下がるケースも考え方は同じです。

　計算区域の最安値を更新した場合か、最高値が切り下がったときに基準線は下がります。最高値が切り下がるのは、もちろん基準線で言えば26日間の一番古いデータが最高値だった場合に限ります。すなわち、大多数のケースにおいて、基準線が下降するのは、本日の価格が過去の最安値を更新して新安値をつけたときなのです。

**【半値線が下降する条件】**
◎本日の価格が過去の最安値を更新している（最安値更新）
◎期間中の最も古いデータが最高値で、かつ、それが計算区域から外れることにより最高値が切り下がる（時間経過による最高値の切り下げ）

　つまり半値線の上昇／下降は相当の確率で新高値または新安値の出

現を示すことになり、それだけ重要な意味を持ちます。チャート分析では「新高値の更新」「新安値の更新」を重要視します。一見しただけでは移動平均線と比べて単純に見える半値線が果たす意義は大きく、奥深いのです。

移動平均線の仕組みをグランビル氏がまとめたのは1960年のことでした。一目均衡表の完成をおよそ1935年ごろだとすると、日本のテクニカル分析がいかに進んでいたかがよくわかります。

## 7）移動平均線が上昇・下降する条件

参考までに、移動平均線の上昇／下降に関しても確認しておきます。

5日移動平均線では、本日の価格が、計算区域から抜け落ちる5日前の価格と比べて高いか安いかで決まります。下記の『移動平均線の仕組み』では、「FがAより大きければ上昇し、FがAより小さければ下降する仕組みになっていること」がわかります。

◆移動平均線の仕組み

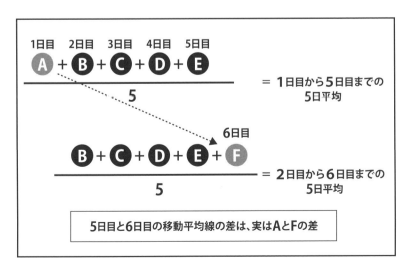

上昇トレンドが続けば5日前の価格より本日の価格のほうが高くなり、下降トレンドが続けば5日前の価格より本日の価格のほうが低くなります。しかし、たまたま、5日前に1日だけ異常な安値があったとしたらどうでしょう。今日の価格は昨日の価格と比べて変わりがなかったとしても、5日前の価格が計算区域から外れただけで、移動平均線は大きく上昇します。実はこの点が移動平均線の問題なのです。

## 8）もみ合い放れを表す半値線の上昇・下降

　遅行スパンを除く、半値線である一目均衡表の4本の線は、相場を分析するうえで大きな武器となります。下記の『横ばいの基準線ともみ合い放れ』からは、相場がもみ合い状態になると基準線は横ばいになることが見て取れます。これが半値線の特徴です。真ん中の横にひかれた点線が基準線です。

◆横ばいの基準線ともみ合い放れ

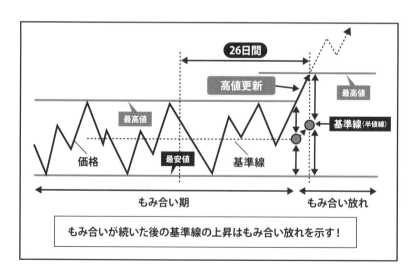

最高値と最安値が更新されない限り半値が変わらないということは、基準線が横ばいに推移していれば、それはもみ合いの継続を意味することになります。しかし、横ばいで推移していた基準線も、いつの日か、上昇か下降を始めます。その動き出しが、実は、最高値の更新か、最安値の更新である可能性が高いのです。

　それが"もみ合い放れ"の典型的なパターンです。あるレンジで長期間にわたりもみ合っていた相場が最高値を更新して上昇していく、最安値を更新して下降していくのは、半値線の動きを見ているだけで浮き彫りになるのです。

【もみ合い放れの発見】
◎**基準線が、長期間にわたって横ばい状態となるのはもみ合い状態**
◎**その基準線が上昇・下降を始めたら、それは最高値の更新、最安値の更新の可能性が高い**
◎**それがもみ合い放れの発見になる**

## 第7節
## 先行スパン2を極める

### 1）計算式を覚える

　先行スパン2は、転換線・基準線と同じ半値線です。このため、変則半値線「（転換値＋基準値）÷2を26日未来に描画」である先行スパン1よりも先に説明し、最後に一目均衡表の5つの線のうち、唯一半値線ではない遅行スパンについて解説します。

　一目均衡表の最大の特徴は、直近のローソク足よりも未来に線が引かれていること（＝先行）です。それだけにもかかわらず、なぜ先行指標になっているのか、それをどう活用するかは、多く語られていません。

　先行スパン2の計算式は次の通りです。基本は転換線・基準線と同じですが、26日（本）間だけ未来にずらして描画する点に特徴があります。

【計算式】
先行スパン2＝（H52＋L52）÷2
※H52とは過去52日間の最高値、L52とは過去52日間の最安値のこと。過去52日（本）間は本日を入れた日数
※上記計算式で計算された数値は本日を含めて26日未来に描画

◆未来を描画する先行スパン

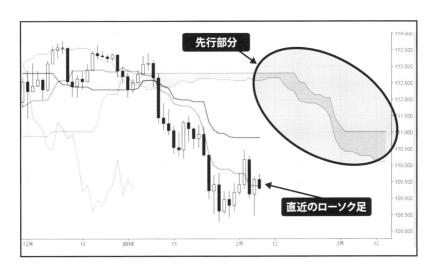

## 2）計算式から何がわかるか？

　先行スパン2は半値線ですから、過去の一定期間の最高値と最安値を足して2で割って数値を算出します。期間は52日間です。

　すなわち先行スパン2は、過去52日間の値動きの中心値を出して、それを26日だけ未来にずらしてつないだ線ということになります。

## 3）先行スパン2は何を表す線か？

　一目均衡表では短期を9日間、中期を26日間、長期を52日間とし、それぞれのトレンドを比較しています。先行スパン2は、長期の相場水準、長期のトレンドの方向性、長期トレンドの均衡点を示します。

　加えて、先行スパン2は長期勢力の均衡点を表すのですが、初めて一目均衡表を学ぶトレーダーにはこの点がわかりにくいようです。これについては下図を参照してください。

◆先行スパン2は52日間の中心線を26日未来に描画

4）予測とは何かを考える

　一目均衡表の根本的な考え方に"予測"があります。一目均衡表に限ったことではありませんが、あらゆるテクニカル分析は将来の価格予想をしません。私はさまざまな折に触れて「『予想はよそう！』という言葉こそがテクニカル分析研究家の共通の認識だ」と紹介しています。

　あたかも神通力を持ったかのように将来の価格変動を予想するアナリストは大勢います。しかし、その予想のほとんどは当たりませんし、その予想が外れても責任を取ることはないのです。「投資の最終的な判断はあくまでもご自身で……」というのは、そのための断り文句にほかなりません。

　テクニカル分析は将来を予想するためではなく、現状を正しく分析するためのツールです。

　正確な現状認識はトレードにおいてとても重要です。しかし多くのトレーダー、それも初心者にとっては簡単なことではありません。そして実のところ、明日の価格が今日より上がるのか、それとも下がるのかは神のみぞ知ることなのです。

　では、テクニカル分析で何がわかるかと言えば、もし明日価格が上昇してある抵抗ラインを破ったら、勢力バランスが買い方に圧倒的に傾くとか、逆に価格が下落してある支持ラインを割り込んだら、勢力バランスが売り方に圧倒的に傾くといったことに過ぎません。そのバランスが崩れた瞬間を狙ってトレードを仕掛けるのがテクニカル分析の目的です。事実を見て動くだけです。そこに予想は存在しません。

　一目均衡表ももちろん同じです。その抵抗線・支持線を示すのが一目均衡表の各線にほかなりません。

　では、予測とは何でしょうか。世間一般での使われ方は"予測"と"予想"では大差ありません。しかし、一目均衡表においては大きく異なります。

　一目均衡表の"予測"は、文字通り、あらかじめ測っておくことで

す。将来の値動きはどうなるかわかりません。そこでモデルパターンを作っておき、そのモデルパターンと実際の値動きを比較することにより、重要な発見に結びつけるのです。

## 5）上昇相場時の予測

　過去52日間の値動きの中にはいろいろなパターンがありますが、大きく分けると上昇・下降・もみ合いの3パターンに分類できます。

　仮に52日間の値動きが上昇なら、それだけ大きな動きなのですから、買いポジションを仕込んでいるトレーダーが多いと考えるほうが合理的です。そして、その買い方は、相場が上昇を続ける限りはポジションを持ち続けるでしょうが、当然、相場の反転（＝下げ）を心配します。

　実際に下げた場合、早めに利益確定をするトレーダーがいる反面、その下げは一時的な押し目であり、さらに上昇する可能性も否定できないと考えるトレーダーもいます。「獲り損ねたらもったいない」という心理が働くからです。

　以下の図は、52日間上昇して、52日間下降した作図例①です。

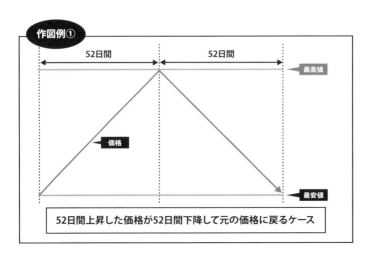

この例では相場の上昇で生じた含み益をすべて失っています。つまり「早く決済して利益を確定しておくべきだった」とも受け取れますが、再度の上昇の可能性を考えると、早めの決済が必ずしも正解とは言えません。

　この点がトレードをするうえでのキーポイントになります。どこまでなら決済を我慢してもよいか、それ以上遅らせてはいけない値位置はどこか、その分岐点を見極める必要があります。そして、その分岐点こそが"半値押し"でした。半値押しまでなら反転上昇の可能性が高く、半値押しに失敗すると、そのまま下がっていく可能性が高くなるためです（下図参照）。

　この点に関して"予想"が入る余地はありません。半値押しまでは買い方の勢力が強く、半値押しを過ぎれば売り方の勢力が強くなるという観察は、現状分析に基づいて事実を積み上げてきた結果だからです。確かな推理を論拠として、確率を利用して利益を獲っていくスタンスこそ一目均衡表の原理と言えるでしょう。

　次に、作図例②から半値押しになるタイミングを読み解きます。

　52日間にわたり安定上昇した相場が下降に転じたとすると、半値

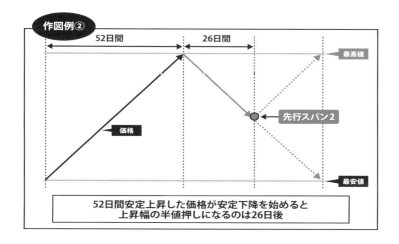

押しになるのは26日後で、その値位置は先行スパン2の位置です。

　仮に現在まで上昇トレンドが52日間続いて、52日目に買いを仕掛けていたとします。ところが、そこから押し目を迎えたとしたら、どの値位置まで我慢してよいか、どの値位置を超えたら割り込んだら無条件で決済すべきかの分岐点を示すのが先行スパン2です。

　下記の『トレンドの継続・消滅の分岐点』では、52日間の上昇相場の発生と、そのときの先行スパン2を示しています。

　52日目のローソク足から先行スパン2に向けて引いた直線を"予測"と呼びます。もちろん52日目の翌日から相場が下がる確証はありません。そのまま上昇を継続すれば、そもそも予測の必要はありません。また仮に下げ始めたとしても、予測ライン通りに動くわけでもありません。ポイントは予測ラインに対してどのように動くかを見極めることです。

　『トレンドの継続・消滅の分岐点』のチャートでは、52日目の翌日から相場が下げ方向に動き出し、しばらくの間は予測ラインを中心とした下降トレンド入りの可能性を見せていました。

◆トレンドの継続・消滅の分岐点

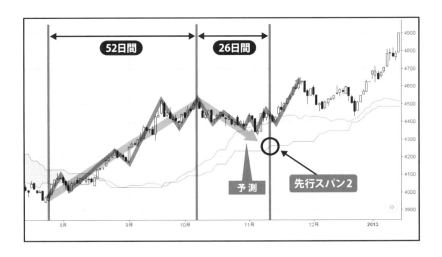

ところが、時間の経過とともに次第に予測ラインから上に離れていっています。ということは52日目以降の下げは押し目であり、結果的に、再度の上昇を果たしたことになります。

　現在までの上昇トレンドが継続するか消滅するか、その分岐点を示しているのが先行スパン2です。そのときの価格、時間的経過の両面から分岐点をとらえているのが一目均衡表の凄さと言えます。

　通常は価格だけで半値をとらえていますが、一目均衡表は時間経過も考えているのです。

## 6）下降相場時の予測

　今度は52日間が下げ相場だった場合の例です。その下げ相場で売りを仕掛けたとします。ところが、価格が反転上昇し始めた場合、どのように対処すべきでしょうか。

　価格が右肩下がりを継続していれば悩む必要はありません。しかし現実はその逆が往々にして起こるため、心配をしなくてすむように予測をする、すなわち、先行スパン2に向けてラインを引いてみます（次ページの作図例③参照）。

　予測ラインを引くと、先行スパン2の位置が半値戻しの位置となります。つまり52日間下げた相場が半値を戻すとしたら、26日後が目安になります。

　もちろん価格の動きは予測ライン通りにはなりません。しかし、その予測ラインと実際の値動きを比較することにより、買い方・売り方の力関係の正しい把握が可能となるのです。

　このことも次ページの実際のチャート『予測ラインの上側で推移する』で確認してみましょう。まず52日間の安定下降相場がありました。その52日目から先行スパン2に向けて予測ラインを引きます。

　その後の価格変動は、ほぼ予測ラインの上側で推移しています。こ

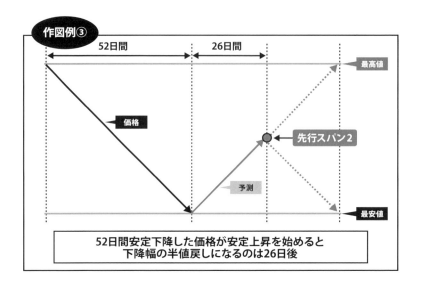

◆予測ラインの上側で推移する

れは買い方が相当勢いを持っている証拠です。26日目が近づくと価格は予測ライン上に戻っていますが、最終的には先行スパン2で跳ね返されることなく上側に突き抜けています。これにより大勢下げのトレンドが転換したことがわかります。

実は、この動きは三役好転につながるケースです。この状態に至るまでには、すでに均衡表は好転しているでしょうし、遅行スパンもローソク足を上抜けているはずです。そして、価格が先行スパン2を上抜けることにより三役好転が完成します。今回の例は突き抜けたケースですが、この雲の上限（先行スパン2）で跳ね返されて大勢下げが継続するケースも、もちろん、あります。重要なのは、あくまでも予測ラインと実際の値動きの比較であることを理解しましょう。

### 7）もみ合い相場時について

52日間がもみ合い相場の場合は、トレンド時とは違う考え方をします。

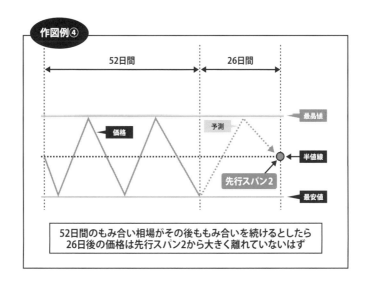

52日間がもみ合い相場であれば、そのときの先行スパン2は、そのもみ合い相場の中心値を示します。中心価格からどんどん離れていくのがトレンド相場です。もみ合い相場では、価格が中心から少し離れても、すぐに中心値に回帰してくる性質があります。

**【トレンド相場ともみ合い相場の見分け方】**
◎中心値から（価格が）どんどん離れていくのがトレンド相場
◎中心値に回帰するのがもみ合い相場

　52日間のもみ合い相場が、その後も継続するなら、価格は26日後もその中心値（＝先行スパン2）の近辺にとどまっているはずです。このことを次ページの『もみ合い相場の継続パターン』で確認します。
　上昇相場の後にもみ合いに突入した、ある52日間をピックアップしました。そのときの先行スパン2が丸印の箇所です。もみ合いが続いているので先行スパン2が横ばいになっています。これは長期にわたりもみ合いが続いている証拠です。
　しかしこれから先も、もみ合いが継続するかはわかりません。そこで値動きを追いかけてみると、一時的に上昇しても、すぐに先行スパン2に向けて回帰していることがわかります。すなわち、もみ合いがその後も続いているとの分析に至るのです。

　次はもみ合い放れのケースです。26日の間に価格が先行スパン2から離れていったら、それはもみ合いが終わったことを示しています。次ページのチャート『もみ合い放れパターン』を見てください。やはり上昇相場の後にもみ合いに突入した、ある52日間をピックアップしています。そのときの先行スパン2が丸印の箇所です。もみ合いが続いているので、先行スパン2はやはり横ばいになっています。ここまでは先ほどの例と同じです。

ところが、その後の値動きを追いかけてみると、下降してきた価格が先行スパン2を下抜けてどんどん下がっていくのが見てとれます。これにより、もみ合いから下放れしたことがわかります。

◆もみ合い相場の継続パターン

◆もみ合い放れパターン

## 第8節

## 雲を極める
### 〜先行スパン1と先行スパン2の関係性〜

　"雲"は一目均衡表でもっとも知られた言葉であり、もっとも謎に包まれた要素でもあります。

　先にも触れたように、"雲"という言葉は、実は原著には一切出てきません。どのような経緯で"雲"という言葉が生まれたのかは謎です。先行スパン1と先行スパン2に挟まれた部分を指す"雲"の概念を、原著では"抵抗帯"と表現しています。とはいえ、現在ではすでに"雲"が幅広く認知されていますので、本書でも"雲"を使うことにします。

　雲の機能について、一般的には、次ページのような仮説があります。

　しかし、この仮説の中には正しいものと怪しいものがあります。それをひとつひとつ確かめてみましょう。

### 1）価格はなぜ雲に近づくと跳ね返されやすいのか？

　これは雲が抵抗帯として機能するという意味です。先行スパン1と先行スパン2で形成する雲は、不思議なことに、価格が上から雲に向けて下降していっても、下から雲に向けて上昇していっても、最初にぶつかるのはほとんどの場合で先行スパン1なのです。

　その理由は、価格がある程度上昇すると、先行スパン1が先行スパン2の上に位置するようになり、逆に、価格がある程度下降すると、先行

◆ "雲"は原著に出現しない

【世間で一般的に言われる雲の見方】
①価格が雲に近づくと跳ね返されやすい（雲が抵抗帯・支持帯となる）
②価格が雲の中に入るともみ合いになりやすい
③価格が雲を上に突き抜けるとそのまま大きく上昇、雲を下に突き抜けるとそのまま大きく下落する。また、雲が分厚いと価格は跳ね返されやすく、薄いと突き抜けやすい（雲の厚さが抵抗の強さに通じる）
④雲のねじれの部分が変化日となる

スパン1が先行スパン2の下に位置するようになるからです。この関係を次ページの『価格は先行スパン1に先にぶつかる』で確認しましょう。

　期間は先行スパン1が短く（26日）、先行スパン2が長く（52日）なっています。ということは、上昇トレンドにより早く反応するのは先行スパン1なのです。先行スパン2はそれより遅れることになります。すなわち、価格の上昇が続けば、反応の早い先行スパン1の上昇は、先行スパン2の上昇に先んじる理屈です。その結果、先行スパン1が先行スパン2の上に位置するようになるのです。
　もちろん、下降トレンドにより早く反応するのも先行スパン1です。先行スパン2はそれに遅れます。価格の下落が続けば、反応の早い先行スパン1の下降は、反応の遅い先行スパン2に先んじることとなり、その結果、先行スパン1が先行スパン2の下に位置するのです。
　つまり、上昇していた相場が向きを変えて雲とぶつかる、下降していた相場が向きを変えて雲とぶつかるのは、先行スパン1とぶつかることと同義なのです。

　ただし、これには例外があります。その例外が、もみ合いが続くケースです（次ページの『もみ合いはルールの適用外』参照）。
　299ページの『もみ合いで起きるレアケース』をご覧ください。価格が短期間で上下動を繰り返すと、先行スパン1と先行スパン2が本来あるべき位置に落ち着く前に、価格が雲とぶつかってしまいます。
　ある程度上昇（下降）した価格が方向を変えてぶつかる雲はまず先行スパン1で、それはおおよそ3分の1押し（戻し）の位置となります（299ページの「跳ね返されるとき、打ち破られるとき」参照）。これはトレンドが継続している場合、価格が一番跳ね返りやすい位置です。
　とはいえ、先行スパン1が52日間という長期の上げ（下げ）に対して3分の1押し（戻し）となるのは典型的な安定上昇（安定下降）

◆価格は先行スパン1に先にぶつかる

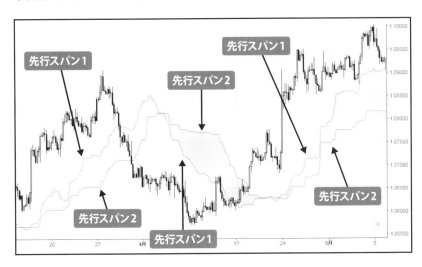

◆もみ合いはルールの適用外

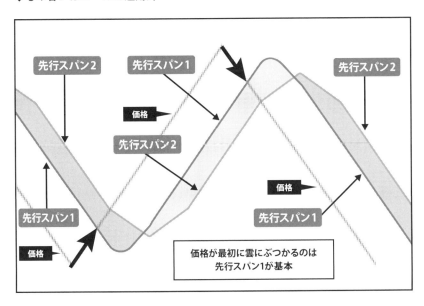

のケースだけで、常に３分の１押し（戻し）の位置を示しているわけではありません。

　長期にわたる上昇の後半になって上昇が減速したときには、先行スパン１は３分の１より上に、後半で上昇が加速したときには３分の１より下を示します。そのように微修正しながら、トレンドのある相場が押し目を迎えたとき、どの値位置で反発しやすいかを先行スパン１が示してくれるのです。

　３分の１押しはあくまでも基本です。勢いが鈍ってきた相場が３分の１まで押してしまえばトレンドの勢いは消えてしまいます。逆に、加速しながら上昇している相場が押し目を迎えれば、それは３分の１より深押しする可能性が高まります。

　さまざまな検証を繰り返す中で、トレンドのある相場がどこの押し目で反転しやすいかを調べて設定されたのが先行スパン１です。ゆえに先行スパン１で跳ね返されるのは当然とも言えます。

## ２）なぜ雲の中でもみ合うのか？　雲を抜けると一気に動くのか？

　先行スパン２は、長期（52日間）の上昇の半値押しに相当します。半値押しは買い方にとって最後の砦ですから、何としても死守したいところです。したがって、抵抗も強くなります。

　これに対して、およそ３分の１押しの先行スパン１は上昇力が強ければ跳ね返されますが、さほどでもなければ打ち破られてしまいます。

　もみ合い相場のときには、「遅行スパンを除く一目均衡表の各線はもみ合いの中心を表す」というセオリーは各節で説明した通りです。

　もみ合い相場では、先行スパン１は抵抗にはならず、各線がもみ合いの中心であるがゆえに、価格はその線の上に行ったり下に来たりを繰り返します。つまり各線を簡単に通過するのです。

　上昇トレンドが勢いをなくして支持線である先行スパン１を価格が

◆もみ合いで起きるレアケース

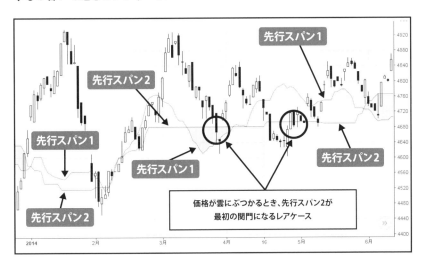

◆跳ね返されるとき、打ち破られるとき

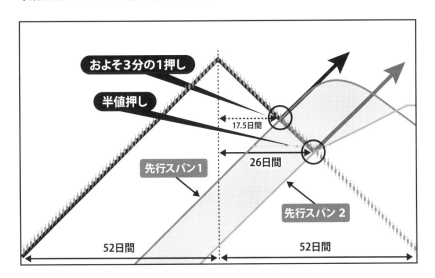

下回ったとしても、先行スパン2は買い方にとって最終攻防ラインであるため、買い方と売り方の激しい戦いが繰り広げられます。これが雲の中でもみ合うように見えるのです。

　下降トレンド時も理屈は同じです。下降トレンドが勢いをなくし、抵抗線である先行スパン1を価格が上回ったとすると、先行スパン2は売り方にとっての最終攻防ラインとなります。そこで売り方と買い方の激しい戦いが繰り広げられるためにもみ合いとなるのです。

　価格が雲を上に突き抜ければ大きく上昇、下に突き抜ければ大きく下落するのは、最終攻防ラインが打ち破られて勝敗がついたことを意味します。価格が雲を上抜ければ、ほとんどのケースで均衡表は好転（転換線が基準線を上抜ける）しているし、遅行スパンも好転（遅行スパンがローソク足を上抜ける）しています。これが三役好転です。ただし、もみ合い時には価格が雲を抜けても三役好転につながらないケースがあるので注意が必要です。

## 3）雲の分厚さと抵抗の関係

　雲が"厚い"ときは先行スパン1と先行スパン2が離れている状態、"薄い"ときは先行スパン1と先行スパン2が接近している状態です。別の言い方をすると、もみ合いの時は2本の線は"くっつき（接近し）"、トレンドができると離れていきます。

　ここで、先行スパン1と先行スパン2は26日前の状態であることに注意が必要です。

　正確に表現するなら、"雲が薄い"のは現在から26日前にトレンドがない状態、"雲が厚い"のは26日前までにトレンドがある状態です。

　もし雲の薄い状態が続いているとしたら、それは26日前までトレンドがない状態が続いていたことになります。そのときに価格がたまたま雲の上にあった、あるいは下にあったとして、そこから雲に向け

て価格が下がってきた、あるいは上がってきたとしたらどうでしょう。雲は抵抗帯として機能するでしょうか？

もみ合いなら、価格は、あるときは雲の上、あるときは雲の下という具合に、どんどん位置を入れ替えますから、抵抗帯にはなりません。

雲が抵抗帯として機能するのは、ある時期に上昇相場があり（＝価格は雲の上を推移している）、どこかの機会で下げ出して雲とぶつかったときです。先行スパン1が最初の抵抗線となり、それが破られると先行スパン2が抵抗線となるという意味です。

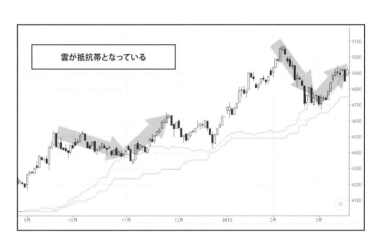

◆雲と価格の関係①

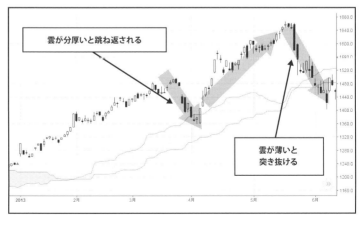

◆雲と価格の関係②

### 4）雲のねじれとは？

　これまでのところは、トレーダーがその意味を理解しているか、していないかという差はあっても、おおよそ世間一般で言われていることに大きな間違いはありませんでした。

　"雲のねじれ"は、先行スパン1と先行スパン2の上下関係が変化するクロス部分を指して使う言葉です。「価格が雲のねじれに来たら変化しやすい」「雲のねじれている日＝変化日」ということが一般では言われています。

　ところが、これは事実に反します。

　雲のねじれは大勢トレンドの転換を示す兆候です。ただし"雲"は26日先に描かれているので、実際に大勢トレンドが転換するのは、そのねじれの位置から言うと26日前にあたります。今日チャートを眺めていたら26日先に描かれていた雲がねじれた（＝先行スパン1と先行スパン2がクロスした）ということであり、大勢トレンドが今日起こったと察知するのです。

　もう少し詳しく説明します。

　先行スパン2は52日間の半値、先行スパン1は26日間の半値と9日間の半値の半値です。「半値同士の半値」という関係はわかりにくいかもしれませんが、要は2つの期間の中心を比べていることになります。

　2つの期間の中心を比較することは、基準線と転換線の位置関係を比較する均衡表の好転・逆転の考え方と同じです（均衡表の好転・逆転については第7章で解説）。均衡表の好転・逆転では、9日間の中心（＝半値）と26日間の中心（＝半値）を比較してトレンドの変化を見つけます。

転換線（＝9日間の半値）が基準線（＝26日間の半値）の上に来れば上昇トレンド、転換線が基準線の下に来れば下降トレンドです。また転換線と基準線がクロスすることにより、下降トレンドから上昇トレンドへ、上昇トレンドから下降トレンドへの転換期となります（下記の『ねじれは過去に起きていた』参照）。先行スパン1と先行スパン2の関係もこれと同じです。

　このことを移動平均線で説明します。

　移動平均線は2本の線を使ってゴールデンクロスとデッドクロスを見つけ、基調の転換を読み取ります。このときの2本の線に関して、何日と何日の移動平均線が形成するゴールデンクロスあるいはデッドクロスが正しいという組合せはありません。

　5日と25日の移動平均線は比較的よく使われます。しかし、それはあくまで"よく使われる"だけに過ぎません。30日と50日でのクロスを見ているトレーダーもいるはずです。

◆ねじれは過去に起きていた

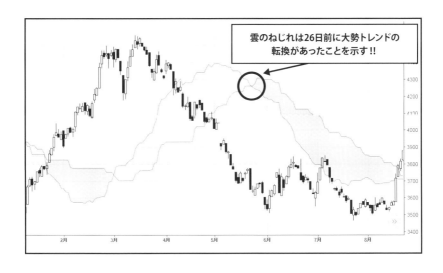

では、その日数の違いは何でしょうか。結論から言うと、日数の違いはどの期間のトレンドを見ているかにかかっています。

例えば、長期的には上昇トレンドなのに中期的には下降トレンド、しかも短期的には上昇トレンドということもありえます。つまり、どの期間のトレンドに注目するかで、使う移動平均線の日数は変わってくるのです。短期のトレンドの変化を探るには移動平均線も短期のものを使う、長期トレンドの変化を探るには長期のものを使うということです。

同様の理屈で、転換線と基準線のクロス（＝均衡表の好転・逆転）は中期トレンドの変化を見るために使い、先行スパン１と先行スパン２のクロス（＝雲のねじれ）は長期トレンドの変化を見るために使うのです。

一般に言われる"雲のねじれ"でも、私は、先行スパン１が先行スパン２を上抜くことを"雲の好転"、先行スパン１が先行スパン２を下抜くことを"雲の逆転"と呼んで識別しています。これが大勢トレンドの転換を表し、雲の好転で大勢上昇トレンドとなり、雲の逆転で大勢下降トレンドとなるのです。

ただし、ここで重要なのは、大勢転換が起こったのはねじれが生じた日ではなく、あくまでもその26日前であり、その日が"重要変化日"であったという事実です。

雲のねじれが描かれている日にあえて意味を持たせるとしたら、つまり26日先は「大勢トレンドが変化してから基本数値である26日が経過した日」ということになります。変化日からの基本数値は同じく変化日になりますが、特別な変化日ではありません。

雲のねじれについて話をまとめると次ページのようになります。

### 【雲のねじれ】

◎雲のねじれが起こった日が重要。その日に大勢トレンドの転換を察知
◎先行スパン1が先行スパン2を上抜けば大勢下降トレンドから大勢上昇トレンドへの転換を示す
◎先行スパン1が先行スパン2を下抜けば大勢上昇トレンドから大勢下降トレンドへの転換を示す
◎雲のねじれが描かれている日は特に変化日ではない

# 第9節
# 遅行スパンを極める　その1

## 1）遅行スパンの計算式

　遅行スパンは終値を26日前にずらして描画します。
　一目均衡表の各線の計算式はどれも難しいものはありませんが、その中でも遅行スパンは最も簡単明瞭です。

## 2）26という数字の秘密

　26という数字は一見すると切りが悪いように思えるかもしれません。しかし、一目均衡表では各線を計算する場合に「当日を含めて○日」という注釈がついています。もちろん、一目均衡表以外でそうした注釈がついているテクニカルチャートはありません。
　それでは「当日を含めないで」計算したら、遅行スパンはどうなるでしょう。当然、「終値を25日前にずらして描画すること」になります。
　先行スパンも同様です。先行スパン2は「52日間の中心値を25日後にずらして描画」した線となります。すると一目均衡表の計算方法は次ページのように置き換えられるのです。
　遅行スパンと価格と先行スパンの関係は、遅行スパンの位置を基準に見ると、価格は25日後（25日未来）、先行スパンは50日後（50日未来）となります（307ページ〜309ページ参照）。

◆遅行スパンは26日前にずらしただけ（当日を含む26日前）

【遅行スパンの計算式】
○ 終値を25日前にずらして描画

【先行スパン1の計算式】
○（基準線＋転換線）÷2を25日未来にずらして描画

【先行スパン2の計算式】
○（52日間の高値＋安値）÷2を25日未来にずらして描画

◆遅行スパンは25日前にずらしただけ(当日を入れなければ25日前)

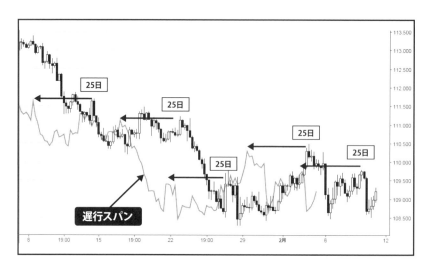

拡大

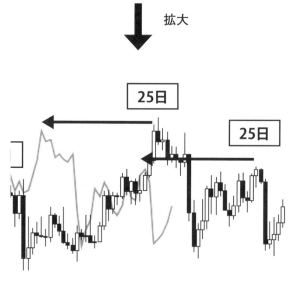

◆遅行スパン、価格、先行スパンの関係

拡大

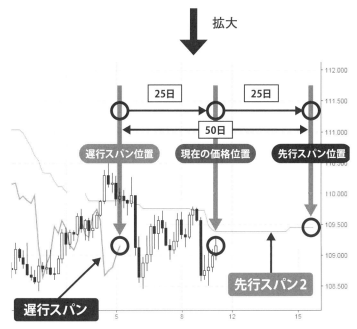

## 3）遅行スパンの本質

　遅行スパンは、本来的には、25日前の価格と現在の価格の比較です。このことを遅行スパンの最新値にあるローソク足の側からいえば、25日後の価格との比較ということになります。価格線の位置に描かれる遅行スパンは25日後のものだからです。

　そして遅行スパンが価格より上にあるということは、その時点で買い建てたトレーダーは25日後には利益が出ていることを、売り建てたトレーダーは25日後には損をしていることを意味します。

　逆に、遅行スパンが価格より下にあるということは、その時点で買い建てたトレーダーは25日後に損をしていて、売り建てたトレーダーは25日後に儲かっていることになります。

---

**【遅行スパンの本質】**

◎遅行スパンが価格の上にある＝その時点で買い建てたトレーダーは25日後に儲かっている
◎遅行スパンが価格の下にある＝その時点で買い建てたトレーダーは25日後に損をしている
※売ったトレーダーは逆

---

　このことは、とりもなおさず、遅行スパンが価格の上にある期間は買い方優勢、遅行スパンが価格の下にある期間は売り方優勢であることを意味します。

◆遅行スパン、価格の関係

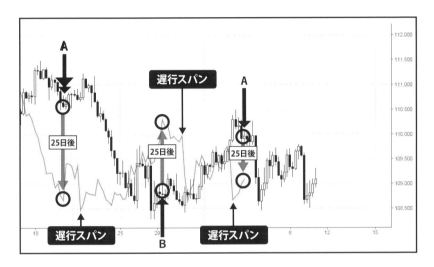

Aのときに買ったトレーダーは25日後には損をしている
Bのときに買ったトレーダーは25日後には利益が出ている

## 4）遅行スパンの好転・逆転

　遅行スパンが価格線を上抜けることを"遅行スパンの好転"と呼び、逆に遅行スパンが価格線を下抜けることを"遅行スパンの逆転"と呼びます。前者が買いサイン、後者が売りサインであることはすでに説明した通りです（310ページ参照）。

　ここで、遅行スパンの好転・逆転の話の関係上、第7章で解説している「三役好転・三役逆転」についても簡単に触れておきます。

　三役好転は、"均衡表の好転""遅行スパンの好転""価格が雲を上抜ける"――の3条件が揃った場合、三役逆転は、"均衡表の逆転""遅行スパンの逆転""価格が雲を下抜ける"――の3条件が揃った場合に成立します。

　三役好転は一目均衡表分析の中で最大の買いサインと言われますが、そのサインが発生するタイミングは遅いことを頭に入れておく必要があります。価格が底を打ってから、ある程度の時間を経ないと三役好転しないことを、次ページの『三役好転図』で確認しましょう。なお、これは三役逆転も同様です。

　それぞれの好転の順序も重要です。相場展開によって順序は入れ替わることがありますが、基本的な順序はきちんと覚えておく必要があります。

　次ページの『三役好転図』では、価格が底を打って上昇を始めると、まず均衡表が好転し、続いて遅行スパンが好転し、最後に価格が雲を抜けて三役好転という順序になっています。

　しかし、現実の相場では、"均衡表の好転"と"遅行スパンの好転"という2つの買いシグナルのどちらが先に出現するのが基本なのかは、チャートを仔細に見ていても、似たような場所で出現するためなかなかわかりません。しかし『三役好転図』がきちんと頭に入ってい

◆三役好転図

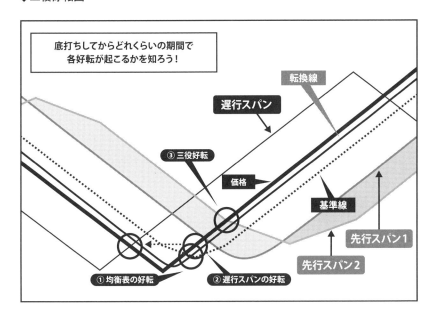

れば、基本は"均衡表の好転"→"遅行スパンの好転"であることが理解できるはずです。

　この順序を理解していれば、何かのきっかけで順序が入れ替わったときには、安定した相場展開とは異なることを察知できます。さらに言えば、順序だけでなく、底打ちしてからどれくらいの時間的経過で出現する（時間的経過のイメージは第7章の373ページや375ページを参照）のがスタンダードであるのかも知っていれば便利です。

**【三役好転の順番】**
① 均衡表の好転
② 遅行スパンの好転
　均衡表が好転すると、日をおかず、遅行スパンが好転するのが基本的動き
③ 価格の雲上抜け（上記①②と合わせて三役好転）
　遅行スパンが好転してある程度経過してから、価格が雲を上抜けるというのが基本的動き
　※三役逆転はこの逆

### 5）遅行スパンの好転・逆転から見る買い時代・売り時代

　遅行スパンの好転・逆転を理解すれば、それを見ることにより大きな流れとして、買い方優勢な"買い時代"か、売り方優勢な"売り時代"かが識別できます。均衡表の好転・逆転で、買い時代・売り時代を識別したのが次ページのチャート『均衡表の好転・逆転で』です。

　このチャートは2012年から13年にかけての東京ゴム先物の価格変動を示しています。均衡表の好転で買い、逆転で売っていれば相当の利益が獲れていたはずです。

　次は遅行スパンの好転・逆転で買い時代・売り時代を識別します。

◆均衡表の好転・逆転で

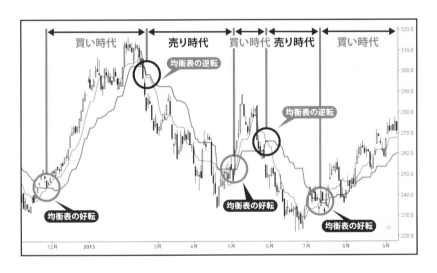

遅行スパンでの識別の場合は、少なからず誤解に基づく過ちを犯してしまう人がいます。その典型的な過ちを記したのが次ページのチャート『こちらはよくある間違い図』と『こちらが正解図』です。

　『こちらはよくある間違い図』のどこに誤りがあるのかを考えてみましょう。チャート上では遅行スパンが好転した日と逆転した日に印をつけています。ただし、重要なことが置き去りにされています。

　ヒントは、遅行スパンが好転するのは、チャート上で遅行スパンと価格線がクロスした地点から25日先であることです。遅行スパンは本日の価格を25日前にずらして描画します。遅行スパンが価格線をクロスしたとすると、そのクロスが実際に発生したのは、チャート上にクロスが描かれた日の25日先になるはずです。

　このことを『こちらはよくある間違い図』と『こちらが正解図』を比較して確認しましょう。

　さらに、「こちらが正解図」と、先の「均衡表の好転・逆転」により買い時代・売り時代を識別したチャートを比較してみましょう。注目すべきは2つのチャートがほぼ同じタイミングでサインを出しているところと、ずれているところがあることです。

　そして"ほぼ同じタイミング"でサインを出しているところはよく当たっていますが、ずれが生じているところはダマシとなっていることを確認しましょう。


　遅行スパンと価格線の位置（上下）関係により、現在は"買い時代"か"売り時代"かの識別ができます。例えば、もみ合い相場のときは、買い時代と売り時代が小刻みに入れ替わります。

　このように、遅行スパンを使いこなすためには、遅行スパンと価格線の位置関係だけを見るのではなく2つの線の幅が広がっているのか、狭まっているのかにも着目します。狭まっているとすると、やがては遅行スパンの好転・逆転につながりますし、広がっているとした

◆こちらはよくある間違い図

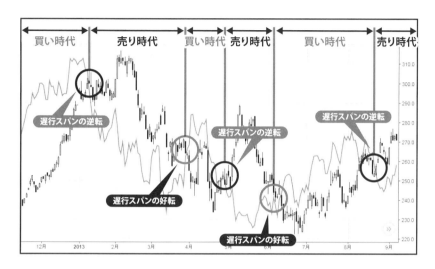

◆こちらが正解図

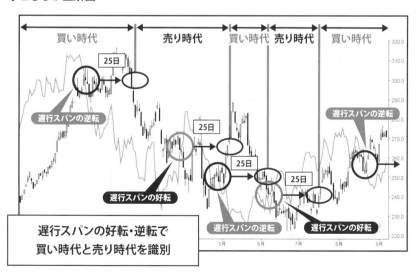

ら、それは現在の基調がさらに継続する可能性が高いと分析できます。

　実は、このことが一目均衡表分析でいうところの"予測"なのです。あと何日で遅行スパンが好転しそうだという目安をつけることも大切なポイントと言えます。一目均衡表が優れているのは、価格変動がなくても時間の経過により、遅行スパンが好転したり逆転したりすることが予測できる点です。均衡表の好転・逆転も同様で、時間の経過が"ある時期には買い方に有利"に働き、"ある時期には売り方に有利"に働くなどが読めるようになります。

# 第10節
# 遅行スパンを極める　その2

　本節では、一目均衡表で最も重要と言われる遅行スパンについて、もう少し掘り下げて解説します。

**1）遅行スパンはモメンタム**

　一目均衡表は現在の価格と過去の価格を比較する特異なテクニカル分析手法です。同様の分析手法に"モメンタム（momentum）"があります。
　モメンタムは英語で、もともと"勢い""弾み"という意味を持っています。テクニカル指標としてのモメンタムは、相場の勢いを測るもので、当日の終値からN日前の終値を引くことで求めます。

> 【モメンタムの公式】
> モメンタム＝当日の終値－N日前の終値

　一般的には、Nは"10"や"25"をよく使うとされています。仮にNを25とすれば、それはまさに遅行スパンと価格線の差そのものということになります。

モメンタムの見方は「ゼロラインを超えたら買い、ゼロラインを割り込んだら売り」が基本です。

モメンタムがゼロラインを超えるのは遅行スパンの好転と同義で、ゼロラインを割り込むのは遅行スパンの逆転と同じ意味です。つまり遅行スパンはモメンタムそのもので、見方も一緒なのです。

---

【一目均衡表】
遅行スパンの好転＝買いサイン
遅行スパンの逆転＝売りサイン
【25日モメンタム】
ゼロラインを超える＝買いサイン
ゼロラインを割り込む＝売りサイン
※実はこの2つは同じことを意味している

---

◆一目均衡表とモメンタムの思想は同じ

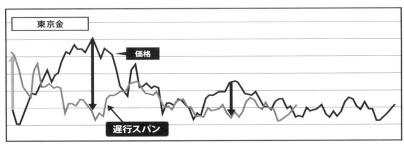

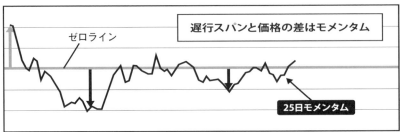

洋の東西を問わず、人は同じことを考える点に興味を覚えます。詰まるところ、真理は誰が追求しても同じになるということかもしれません。ちなみに、一目山人氏は、遅行スパンをいろいろな数値にずらして検証していたと伝えられています。25日だけではなかったということです。

一目均衡表は、実はシンプルな考え方で出来ています。ひとつは、過去の一定期間（特に基本数値を大事にしたのですが）において、その期間の半値がどの位置か、その位置がどのように推移するかを見ていたことです。そしてもうひとつは、何日前、何日後の価格と現在の価格を比較していたことです。一目均衡表は、この２つのロジックから作られているのです。

## ２）遅行スパンと移動平均線の関係

この点をきちんと押さえておけば、一目均衡表はとても奥深くありつつも、理解すること自体は決して難しくはありません。さらに言えば、移動平均線分析も遅行スパンと通じています。

移動平均線でよく使われるのは5日、25日、50日、75日、100日、150日、200日などですが、その中でも最もスタンダードなのは25日移動平均線です。デフォルトが25日になっているチャートソフトは珍しくありません。

その25日移動平均線と遅行スパンは極めて似ています。

移動平均線の上昇・下降のシステムはすでに説明した通りです（279ページ参照）。

25日移動平均線なら、今日の価格と消えていく25日前の価格を比べた結果、今日の価格が高ければ上昇し、安ければ下降します。つまり、25日前の価格と今日の価格を比較していることになります。

これは取りも直さず、遅行スパンが好転状態なら25日移動平均線

は上昇、遅行スパンが逆転状態なら25日移動平均線は下降することを意味しているのです。

たくさんのテクニカル指標を学ぶと、同じ考え方で成り立っているものを発見することがあります。その共通点が多ければ多いほど、それは価格変動の中で重要な部分だということにつながります。

遅行スパンはモメンタムであることを理解する、そして、25日という数字（本日を入れて26日）の重要性を他のテクニカル指標からも再確認することは重要です。買ったトレーダー、売ったトレーダーがどこで手仕舞うかを集計してみると、25日後というのが統計的に大きな集団になってくることがわかっています。

### 3）遅行スパンが価格線の代用品ということは？

一目均衡表使いでも上級者になると、遅行スパンは価格線（ローソク足など）の代用品であることを知っています。つまり、もうひとつの価格線です。

次ページの『遅行スパンは代用品』では、わかりやすくするために終値の折れ線グラフで価格線を表示しています。

ローソク足を折れ線グラフにすると、遅行スパンをずらしただけであることが一目でわかります。遅行スパンは終値を25日前にずらしたもの、つまり25日前に描いた価格線です。先行スパン1でも説明しましたが、一目均衡表の各線の計算式は2通りの説明ができます。通常の計算式は以下のとおりです。

○ 転換線＝9日間の高値と安値の半値
○ 基準線＝26日間の高値と安値の半値
○ 先行スパン1＝転換線と基準線の半値を25日未来に描画

◆遅行スパンは代用品

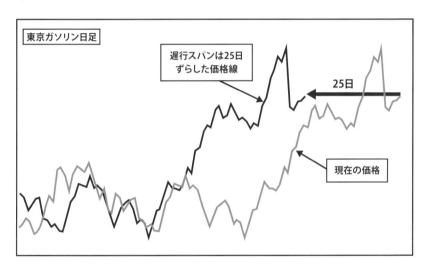

○ 先行スパン2＝52日間の高値と安値の半値を25日未来に描画
　※ここではあえて「25日未来」と書きましたが、もちろん「当日を含めて26日未来」に同じ

上記を、遅行スパンを基準に考えると以下のようになります。

○ 転換線＝9日間の高値と安値の半値を25日未来に描画
○ 基準線＝26日間の高値と安値の半値を25日未来に描画
○ 先行スパン1＝転換線と基準線の半値を50日未来に描画
○ 先行スパン2＝52日間の高値と安値の半値を50日未来に描画

遅行スパンでは、価格線との比較だけでなく、転換線、基準線、先行スパン2との関係にも注目すべきです。

これまで転換線は短期（9日間）、基準線は中期（26日間）、先行スパン2は長期（52日間）の相場水準を示していると勉強してきました。

すると、遅行スパンと各線の関係は次の通りであることがわかります。

○ 遅行スパンと転換線の関係
　現在の価格と25日前の短期の相場水準とを比較している
○ 遅行スパンと基準線の関係
　現在の価格と25日前の中期の相場水準とを比較している
○ 遅行スパンと先行スパン2の関係
　現在の価格と50日前の長期の相場水準とを比較している

相場水準はその期間の相場の中心です。そして、上昇トレンドは相場水準がどんどん切り上がっていく状態、下降トレンドは相場水準が

どんどん切り下がっていく状態です。ということは、過去の相場水準と現在の価格を比較すれば、現在のトレンドの方向性がわかる仕組みです。

例えば、転換線と遅行スパンを比較して、遅行スパンが上に位置しているなら短期の相場水準が切り上がっているため、「短期トレンドは上昇中であること」がわかります。同様に、基準線と遅行スパンを比較して、遅行スパンが上に位置していれば、「中期トレンドが上昇中」とわかるのです。

◆遅行スパンを基準にした各線の関係

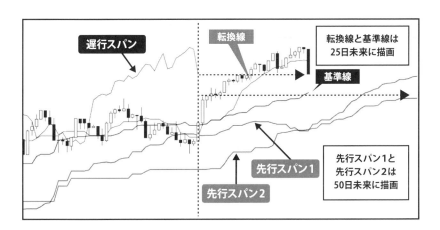

遅行スパンを基準に考えると、各線（転換線・基準線・先行スパン1・先行スパン2）はこの図のような関係となる

## 4）遅行スパンを使った予測の仕方

すでに説明した"予測"という考え方を、先行スパン2を絡めて、もう少し詳しく説明します。

先行スパン2は長期（52日間）の半値に25日後（本日を入れると26日後）にたどりつく線です。であるとすれば、価格線の先端から先行スパン2に向けて線を引いて、これから半値押しするとしたら、どういうルートを描くかがわかるはずです。その予測の線と実際の値動きを比較する点が、一目均衡表分析で言うところの"予測"という大事な分析法になります。

その予測線を仮に"予測線1"とします。その変形が遅行スパンから先行スパン2へ向けて引く予測の線です。こちらは、長期（52日間）の半値に50日後（本日を入れると51日後）にたどりつく位置を示しています。これを"予測線2"とします。

線を引いたら、その後の推移を見守ります。価格が予測線1の上をなぞっていけば、25日後に半値押しになるパターンです。しかし、遅行スパンが予測線2の上をたどれば、50日後に半値押しになるパターンで、それぞれの予測線と実際の値動きの差を見ることにより、さまざまな状況分析ができるのです。

一目均衡表は、現在から見て、先行スパン1と先行スパン2は横軸に沿って25日だけ未来に、遅行スパンは25日だけ過去にずらして表示したチャートです。このことをチャート『現在から未来に、過去に』で確認してください。

◆白金日足予測の図

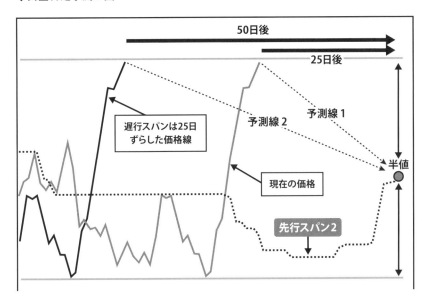

◆現在から未来に、過去に

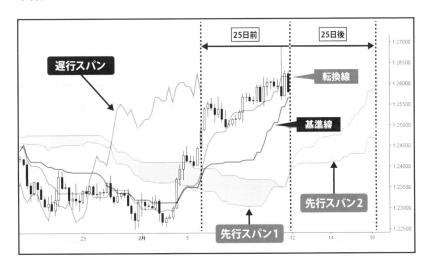

## 5）一目均衡表上級者は縦軸の時間軸を見ている

　今度は縦軸における時間軸を考えてみます。次ページのチャート『一目均衡表　5つの線の示すもの』は一目均衡表を理解するうえでとても重要です。

　一目均衡表チャートに縦に線を引きました。通常のチャートなら、同じ縦のラインに並ぶのは同じ日のデータのはずです。ところが一目均衡表は同じ縦線の中に、実はさまざまな時間軸が混在しています。同じ日の価格と、5つのデータ（転換線・基準線・先行スパン1・先行スパン2・遅行スパン）が見ている期間を見比べてみると、まったく違うことがわかります。

　これはすなわち、チャートを縦と横から同時に分析するということです。わざわざ縦に並べているのは「それを比較せよ」という一目山人氏の教えに他なりません。


## 6）1日のデータから100日の値動きがわかる

　次ページの『2013年10月8日の白金』は、その日の一目均衡表です。一目均衡表を極めると、この1日のローソク足と一目均衡表の5つの線を見ただけで、前後合わせて約100日の値動きがわかるようになります。なお、この日の各数値は以下の通りです。

【2013年10月8日】
始値：4,351円　高値：4,431円　安値：4,346円　終値：4,425円

【一目均衡表の各数値】
先行スパン1：4,763円　遅行スパン：4,675円　基準線：4,629円
先行スパン2：4,536円　転換線：4,455円

◆一目均衡表　5つの線の示すもの

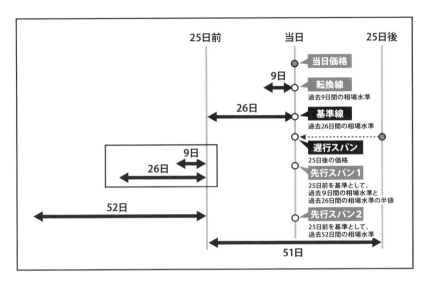

◆ 2013年10月8日の白金

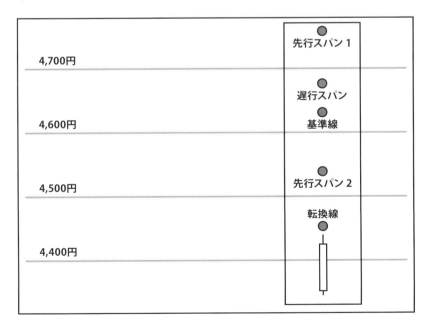

これだけのデータがあれば、以下のことがわかります。

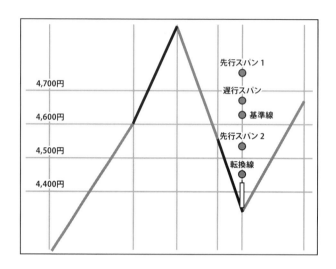

　これが一目均衡表の1日のデータから読みとった約100日の値動きです。これを実際の値動きと重ねて検証したものが下記の図です。

以下の図をどれだけ理解できているかが一目均衡表の理解に大きく関わっています。

◆一目均衡表　５つの線の示すもの（再掲）

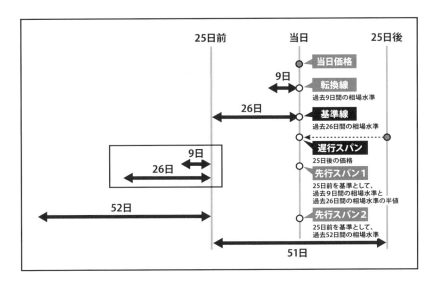

　たった１日の一目均衡表の各線の位置を把握しただけで、『一目均衡表　５つの線の示すもの』が浮かんでくるようになれば本物の"一目均衡表使い"です。１日で得られるデータにこれだけの情報量が詰まっている事実に感動を禁じ得ません。
　なぜこれだけのことが読み取れるのか。333ページの『一目均衡表の種明かし』を見てみましょう。
　まず遅行スパンを見ます。遅行スパンの位置は（当日を含めて）26日未来の価格です。したがって、26日後に当日の位置へ行き着くことは自明です。ゆえに、当日の価格から26日後の遅行スパンの位置へ線を引ける理屈です。
　次に転換線の位置を見ます。それは過去９日間の半値です。このケー

スでは、転換線が当日の安値より上にあるので、「当日の安値と比較して転換線の位置が半値になるような高値が9日間の中にある」ということがわかります。転換線が半値になる高値を探して、9日の範囲でその地点へ線を引いたのですから、これも当然です。

基準線も同じ理屈です。基準線は過去26日間の半値です。このケースでは、基準線が当日の安値より上にあるので、「当日の安値と比較して基準線の位置が半値になるような高値が26日の中にある」ということがわかります。

続いて先行スパン2です。こちらは基準線の一番手前のローソク足から52日間という期間を見て、その間の半値が先行スパン2となるようにしています。

そして、最後に微修正をします。先行スパン1は9日の半値と26日の半値の中間に位置します。大雑把に言えば17.5日の半値です。このため17.5日の期間で先行スパン1が半値になるように線を引いて、先に引いた線を微修正するのです。
その結果、52日の中で最初の34.5日の上げ方が緩やかで、後の17.5日のほうが急と読んだというわけです。

もちろん、すべてがずばり読めるわけではありません。しかし大雑把に100日がどういう動きだったかは想像がつきます。この縦一列の情報を頭にしっかりと叩き込みましょう。

◆一目均衡表の種明かし

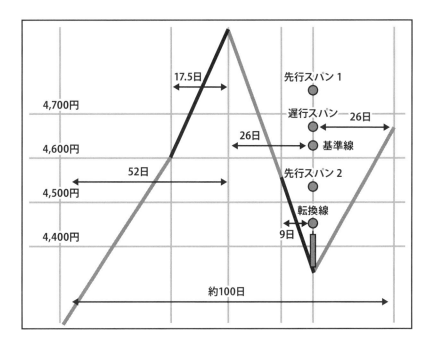

## 第7章

# 一目均衡表 5つの線編
～一目均衡表最大のシグナル「均衡表の好転・逆転」～

## 第1節
## 均衡表の好転・逆転

### 1）均衡表の好転・逆転とは？

一目均衡表は"一目"または"均衡表"と呼ばれることがありますが、そもそも"均衡表"とは転換線と基準線だけが記されたチャートを指します。

その均衡表に"スパン"と呼ぶ線を重ねて描画することで一目均衡表が完成しました。スパンとは、もちろん先行スパン（1および2）と遅行スパンのことです。

均衡表の"好転"と"逆転"は一目均衡表のシグナルの中でも最も大切な概念です。一般的には"三役好転"ばかりが注目されていますが、真の主役は均衡表の好転と逆転なのです。

あらためて注意をしておきますが、説明は、便宜上、日足を用いて9日間、26日間などと表記しますが、一目均衡表は週足でも月足でも、1時間足でも5分足でも使えることはすでに述べた通りです。日足で説明するのは話をわかりやすくするためです。他の足では"9本間"、"26本間"などと置き換えて読んでください。

均衡表においては、転換線が基準線を上抜くことを"均衡表の好転"、転換線が基準線を下抜くことを"均衡表の逆転"と呼びます。一目均

◆均衡表チャート（均衡表チャートの始まりは転換線と基準線）

衡表の中でも中心となるシグナルです。

## 【均衡表の好転・逆転】
○ 転換線が基準線を上抜く・・・・均衡表の好転＝買いシグナル
○ 転換線が基準線を下抜く・・・・均衡表の逆転＝売りシグナル

　上昇トレンド期には転換線が基準線の上に、下降トレンド期には基準線が転換線の上に位置します。

## 【基準線と転換線の関係】
○ 上昇トレンド期・・・・転換線＞基準線
○ 下降トレンド期・・・・転換線＜基準線

　つまり上昇トレンドから下降トレンドに変化するとき、下降トレンドから上昇トレンドに変化するとき、この２線はクロスするのです。このように、均衡表の好転・逆転は大きなトレンドの変化を示します。
　一目均衡表には代表的なシグナルがあることをすでに説明しました。重要なのは、そのシグナルを単なる売買シグナルだと考えないことです。一目均衡表を正しく使うためには、それぞれが持つ意味を理解しなければなりません。
　まず均衡表の好転と逆転について考えてみましょう。
　先に、基準線を転換線がクロスすることはトレンドの転換を意味すると説明しました。そもそも"基準線"とはその時点の基準となる価格、基準となるトレンドを示しています。そして転換線がその基準となるトレンド（＝基準線）とクロスすることは下降トレンドが上昇トレンドに、上昇トレンドが下降トレンドに転換したことを示します。だから"転換線"なのです。

◆均衡表の好転・逆転がトレンドの大きな変化を示す

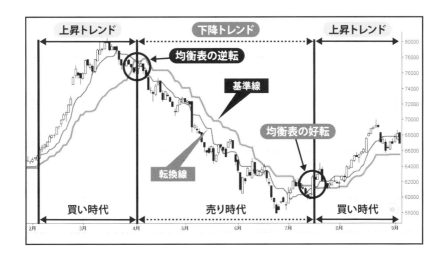

【一目均衡表の代表的3つのシグナル】

◆買いシグナル
◎均衡表の好転＝転換線が基準線を上抜く
◎遅行スパンの好転＝遅行スパンがローソク足を上抜く
◎価格の雲（抵抗帯）抜け＝価格が雲を上抜ける
　※3つ揃って三役好転と呼ぶ

◆売りシグナル
◎均衡表の逆転＝転換線が基準線を下抜く
◎遅行スパンの逆転＝遅行スパンがローソク足を下抜く
◎価格の雲（抵抗帯）割れ＝価格が雲を下抜ける
　※3つ揃って三役逆転と呼ぶ

## 2）一目均衡表基本図から均衡表の好転・逆転を読み取る

　次ページの"一目均衡表基本図"を見てみましょう。

　太線が価格の動きを表しています。一定の周期で下降トレンド・上昇トレンドを繰り返す価格変動を仮想で作り、そのときに一目均衡表の各線がどのような状態になっているかを読み解きます。

　安定下降期には一目均衡表の各線は右肩下がりで平行になります。価格も含めれば、6本の線が平行です。逆に、安定上昇期には一目均衡表の各線は右肩上がりで平行になります。

　では、安定下降期と安定上昇期以外はどうでしょう。もちろん各線は平行にならず、それぞれの間隔は広くなったり、狭くなったりします。その間隔の変化により、相場が過熱しているか、それまでのトレンドに勢いがなくなっているかが読み取れるのです。

---

【安定上昇期・安定下降期の一目均衡表各線の動き】
◎安定上昇期では、一目均衡表の各線と価格はそれぞれ右肩上がりで平行となる
◎安定下降期では、一目均衡表の各線と価格はそれぞれ右肩下がりで平行となる
※この基本形が崩れるのは相場が過熱しトレンドが加速しているときか、トレンドが勢いをなくしたとき

---

　価格が安定的に上昇と下降を繰り返すなら、均衡表の逆転と好転は絶好の売買シグナルとなることを、次ページ下段の『絶好の売買シグナル』で確認しましょう。

◆一目均衡表基本図

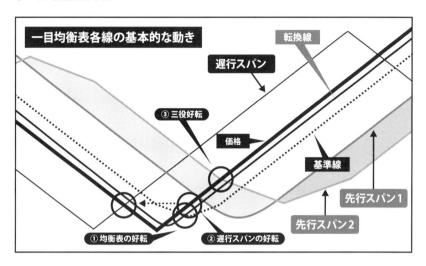

◆絶好の売買シグナル

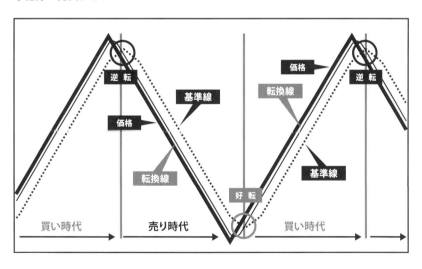

### 3）均衡表の好転・逆転のダマシ

　テクニカル分析の解説書やサイトで"ダマシ"に関する記述がないものは役に立ちません。ダマシに遭わないテクニカル分析はありません。どんなときにダマシが出るのか、それを理解し、克服してこそのテクニカル分析です。

　一目均衡表を理解する一番の近道は、一目均衡表チャートを毎日手書きすることです。手書きすれば、ダマシの発生するシステムは一目瞭然です。

　しかし、今はパソコンのチャートソフトを開いたら簡単に一目均衡表が出てくる時代です。それこそが計算式の理解を阻み、小学生でもわかる計算式で成り立っているチャートを難解で複雑なものにさせてしまうのです。

　均衡表の好転と逆転にダマシが起きるのは、まず、もみ合い相場のときです。

　もみ合い相場のときには「均衡表が好転したから買い」「逆転したから売り」と言っても意味はありません。転換線と基準線が上下に入れ替わるのがもみ合い相場だからです。

　小さな上昇トレンド、小さな下降トレンドもすぐに反転してダマシとなります。

　チャート『次第に小さくなる価格変動』は公式一目均衡表チャートの機能を使って、次第に価格変動が小さくなってもみ合いに移行する過程を、一目均衡表の各線で描いています。最も太い線が価格の変動です。

　しかし、このままでは小さくて見にくいので拡大してみましょう（『好転と逆転』）。

　これだけの明確なトレンドがあれば、均衡表の好転で買い、逆転で売って、しっかりと利益が獲れるはずです。

◆次第に小さくなる価格変動

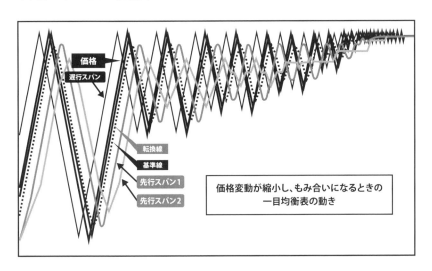

◆好転と逆転

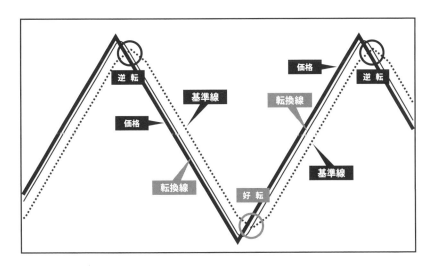

チャート『獲れるトレンド・獲れないトレンド』では、次第にトレンドが小さくなっていきます。ここで注意してほしいのは、獲れるトレンドと獲れないトレンドでは、線の動きがどう違っているかです。転換線が価格と一緒に上げ下げする様子には、さほど変化が感じられません。一方で基準線の動きは、次第にギクシャクしているように見えないでしょうか。

◆獲れるトレンド・獲れないトレンド

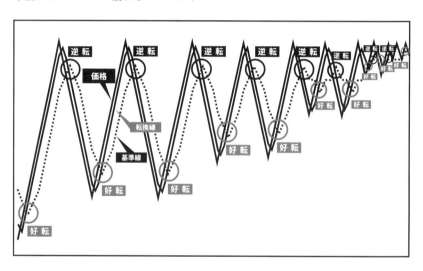

価格変動の縮小していることと、もみ合いになる基準線と転換線の動きに注目

そのことを確認するために、チャートを拡大してみましょう。

もみ合い期には均衡表の好転と逆転は通用しないと言っても、「今がもみ合い期か、そうでないかをどのように判別するか」という別のテーマがあります。すでにもみ合い状態で、その中での好転と逆転であればダマシとわかりますが、「そろそろもみ合い期入りかも」という状況ではなかなかダマシを見抜けません。

◆今はもみ合いか

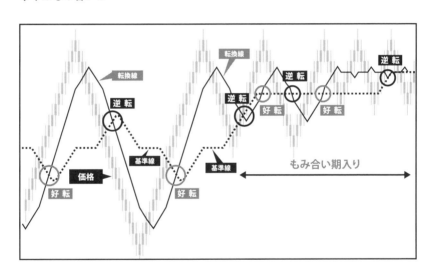

価格変動の縮小後、もみ合い期入りするときのシグナルを探す

## 4）ダマシとなる状況を見抜くには？

　好転・逆転を正しく判断するには、つまりダマシに遭わないためには、もみ合いに突入するまさにそのタイミングで予兆を見つけなくてはなりません。

　ポイントは、大きなトレンドがあるときと、トレンドが小さいとき、そしてもみ合いになるときでは、一目均衡表の各線の動きで「何がどう違うのか」を見極めることです。

　チャート『もみ合いの予兆』を見て、その違いを発見します。

　予兆のひとつは、基準線の横ばいが徐々に長くなっていることです。さらに別の予兆を探しましょう。

◆もみ合いの予兆

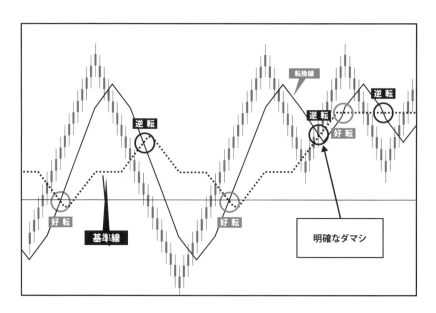

好転で買って逆転で売るトレードも、トレンドが小さくなるにしたがって、獲れる利幅が縮小します。そして、好転と逆転は、ある瞬間から完全にダマシに変わるのです。『もみ合いの予兆』の後半に、明確なダマシになる瞬間があります。わかるでしょうか。

　『もみ合いの予兆』の中で、2回目の均衡表の逆転に注目してください。それまでの好転・逆転と比べて、このケースでは、均衡表の各線の動きは何が異なるのでしょうか？

　この2度目の逆転以前は、均衡表が好転すると、転換線だけでなく基準線も上昇していました。

　また逆転すると、転換線だけでなく基準線も下降していました。ところが、ダマシの逆転では、基準線に下降が見られません。それどころか転換線も、その後、上昇しています。特に、基準線の方向は重要です。

## 5）均衡表の正しい好転

　まずは、エントリー（新規買いの場合）を説明します。正しい均衡表の好転には、以下の条件があります。

---

**【ダマシの少ない均衡表の好転、エントリー前】**
○ ある一定期間、下降相場がある（＝基準線が下降している）
○ 底を打ってからある期間、上昇している

---

　これはエントリー前に相場がトレンドを描いているかどうかを確認することが目的です。最初からもみ合い相場であれば、均衡表の好転・逆転は機能しません。

チャート『ダマシの均衡表の好転典型例』は、前記の条件を満たさずダマシになっている例です。エントリーする前に確認して、ダマシになりやすい状況だったらトレードは仕掛けません。

◆ダマシの均衡表の好転典型例

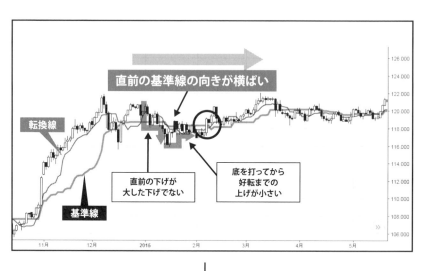

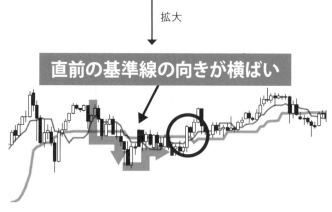

均衡表の好転でエントリーしたら、その後は、以下の事柄をチェックします。

---

【正しい均衡表の好転、エントリー後】

◎好転後に基準線が転換線とともに上昇
　※好転直後はまだ基準線の下げが続いている場合もあるが、すぐに上昇に転じなくてはいけない
　※基準線の横ばいが長いことも、もみ合い入りを暗示しているので正しい好転とは言えない
◎価格・転換線はどんどん上昇する。一時的に下がったとしても、短期間で基準線とクロスせずに再度上昇することが必要
　※好転直後は一時的に価格が基準線を下回ることがあるが、すぐに上昇する
◎転換線と基準線が間隔を広げながら上昇していくのが初期。その後は右肩上がりで平行となるのが基本

---

これに対してダマシの好転には、以下のような特徴があります。

---

【ダマシの均衡表の好転、エントリー後】

○ 基準線の横ばいが長くなる。基準線が下げ出せば決定的
○ 価格、転換線が基準線に向かって下げ出す。クロスすれば決定的

---

このような状況を見つけたら、エントリー後でもいち早く手仕舞わなければなりません。

チャート『ダマシの均衡表の好転（エントリー後）』は均衡表の好転で仕掛けた後、ダマシのサインが出たのですぐ手仕舞ったケースです。

　仕掛けた後に上昇していた価格が途中から下がってきて、基準線を割り込んでしまいました。また、その直後に転換線も基準線を割り込んでいます。これは典型的なダマシのパターンです。

　ダマシが確認できた時点ですぐに手仕舞っていれば大きな損を出さずにトレードを終了できますが、ポジションを持ち続けたならば、大きな痛手を被ります。

◆ダマシの均衡表の好転（エントリー後）

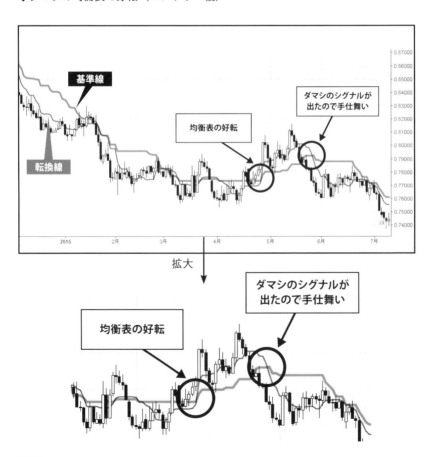

# 第2節
# もみ合い相場と均衡表の好転・逆転

## 1）もみ合い相場の各線の動きを研究

　トレンド系のさまざまなテクニカル指標は、トレンド期間中には有効でも、トレンドの期間外には使い物にならないものが多くあります。そうした中で一目均衡表は、もみ合い状態のときにも使える貴重なテクニカル指標です。

> 【一目均衡表の各線の機能】
> ◎トレンドがあるときは押し目と戻しの限界点を示す
> ◎もみ合い相場のときは、もみ合いの中心を示す

　もみ合い相場のときの一目均衡表の各線の動きを確認します。もみ合い時には、一目均衡表の各線は横ばいになり、線と線の間隔が狭まります。

　次ページのチャート『もみ合い期の4線』では後半に明確なもみ合い相場があります。このとき、遅行スパンを除いた4本の線（転換線・基準線・先行スパン1・先行スパン2）の動きを注意深く見てみましょう。

　各線が横ばいで、特に基準線と先行スパン2の横ばいが長くなって

◆もみ合い期の4線

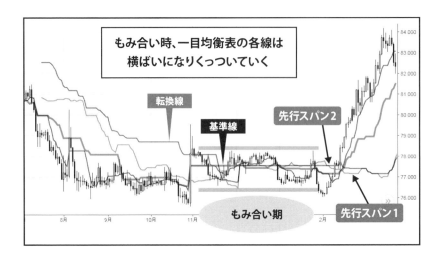

◆各線の特徴を探す

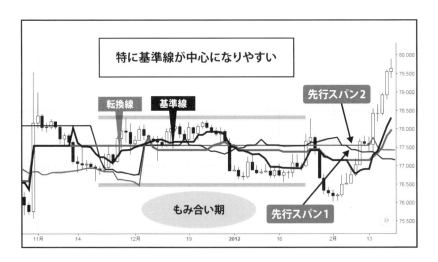

います。もみ合いの期間を拡大したのが前ページのチャート『各線の特徴を探す』です。以下の特徴を確認しましょう。

> **【もみ合い相場のときの一目均衡表各線の動きの特徴】**
> ◎一目均衡表の各線は横ばいになっていく
> ◎一目均衡表の各線はどんどん間隔を狭めていく
> ◎横ばいの線がもみ合いの中心部分を示す（特に基準線が中心になりやすい）

　26日以下の周期で最高値と最安値が変わらずに長期間もみ合えば、基準線も先行スパン2も同じ価格で横ばいとなります。最高値・最安値が変わらない限り、半値も変わらないのは当然と言えば当然です。
　ところが、『各線の特徴を探す』では、先行スパン2がやや上に、基準線が下に位置しています。
　このことからわかるのは、26日前までの中心値はやや高かったという事実です。基準線は現在までの26日間の中心を示していますが、先行スパン2は「基準日より26日前までの52日間の中心を示している」のですから、ずれが出てくることもあり得ます。
　ただし、トレンドがあるときの2線（基準線と先行スパン2）の動きと比べれば、もみ合い時にはほとんど横ばいでくっついています。
　『各線の特徴を探す』では、あえて遅行スパンを描いていません。もみ合い時には一目均衡表の各線が横ばいになると説明しましたが、遅行スパンは現在の価格を26日過去にずらしただけですから、現在の価格が完全な横ばいにならない限り、遅行スパンは横ばいにはならないからです。さらには、もみ合い時はやはり通常のトレンド時に比

べると上下動は少ないとは言うものの、遅行スパンが完全に横ばい一直線になることはほとんどありません。

## 2）もみ合いの周期と各線の動きの関係

　次に、もみ合い時に一目均衡表の各線がどのような形になるのかを線ごとに調べてみましょう。実はこれがもみ合い相場を制するための重要なヒントになるのです。

　ある一定のサイクルで上昇・下降を繰り返すのが、もみ合い相場の基本的な動きです。このとき、ある天井から次の天井までの間隔、ある底から次の底までの間隔を"周期"と呼びます。10日周期とは天井から次の天井までの間隔が10日ということであり、底から次の底までの間隔が10日ということでもあります。

　そのことを前提とすると、もみ合い相場が26日以下の周期なら、基準線は完全に横ばい一直線になります。基準線は過去26日間の値動きを見ています。26日以下の周期の場合は、その中に必ず最高値と最安値が含まれます。ということは、もみ合いが続いている限り（最高値と最安値を更新しない限り）、どこをとっても26日間の最高値と最安値は変わりません。

　同じことは半値についても言えます。したがって、半値線も完全に横ばいで一直線になります。先の『各線の特徴を探す』では、周期が26日以下だとすると、基準線は完全に横ばいになる理屈です。また9日以下の周期では転換線も横ばいになりますが、そのときは基準線と転換線はぴったり重なり同一の線となるのです。

　しかし、例えば26日周期のもみ合いなら基準線は完全に横ばいになるものの、転換線はその中である時期は上昇し、ある時期は下降するという挙動を繰り返します。

　この点は重要で、実は線が複数あるがゆえに周期がわかるのです。

◆もみ合いの周期と価格と基準線の関係

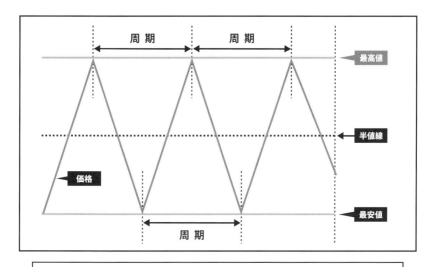

天井から天井、底から底までの間隔を周期と呼ぶ！
例えば周期が26日以下なら半値線である基準線は横ばいとなる

すなわち、転換線が横ばいなら9日以下の周期、基準線が横ばいなら26日以下の周期、先行スパン2が横ばいなら52日以下の周期です。どの線が横ばいで、どの線が横ばいでないかを見ただけで、そのときの価格変動がどれくらいの周期で発生しているかを、ある程度想定できるのです。

---

**【線の横ばいから周期が浮き彫り】**
◎転換線が横ばい⇒ 9日以下の周期の可能性大
◎基準線が横ばい＆転換線が上下動⇒ 10日以上26日以下の周期の可能性大
◎先行スパン2が横ばい＆転換線・基準線が上下動⇒ 27日以上52日以下の周期の可能性大

---

　もみ合い時に横ばいで一直線になっている線を見つけたらそこがもみ合いの中心なのですが、このことは、実は不思議なようで当たり前なのです。半値線が横ばいになるのは最高値と最安値が一定の期間にわたって変わらないからです。つまり、半値線はその中心をつないだ線になるからです。

　さて、ここまでの半値線の話を次ページ（【もみ合い時の各線の動き】）にまとめました。
　このうち、半値線ではない遅行スパンは、横ばいで推移することはまずありません。また、9日以下の周期が発生する確率も極めて低いため、転換線と先行スパン1も完全に横ばいになることはまれです。周期に合わせて、ある時期は上昇、ある時期は下降を繰り返すパターンが多いのはそのためです。「ある時期は上昇、ある時期は下降」の

【もみ合い時の各線の動き】

1. **転換線**：9日以下の周期のときは完全に横ばい。それ以上の周期のときは、ある時期は上昇、ある時期は下降を、その周期に合わせて繰り返す。

2. **基準線**：26日以下の周期のときは完全に横ばい。それ以上の周期のときは、ある時期は上昇、ある時期は下降を、その周期に合わせて繰り返す。

3. **先行スパン１**：9日以下の周期のときは完全に横ばい。それ以上の周期のときは、ある時期は上昇、ある時期は下降を、その周期に合わせて繰り返す。
※転換線に似ているが、その上昇・下降幅は転換線の上下幅より小さい
※26日間ずらしているので、実際のもみ合い期間より26日間ずれて表示される点に注意

4. **先行スパン２**：52日以下の周期のときは完全に横ばい。それ以上の周期のときは、ある時期は上昇、ある時期は下降を、その周期に合わせて繰り返す。
※26日間ずらしているので、実際のもみ合い期間より26日間ずれて表示される点に注意
※もみ合い期間が52日間以下のときは横ばいにならない

5. **遅行スパン**：価格の動きを26日過去に動かしただけなので、価格がもみ合いのときは、そのもみ合いの周期に合わせて、遅行スパンも上昇・下降を繰り返す。

上下変動幅が一番大きいのが遅行スパン、その次が転換線、一番小さいのが先行スパン1ということになります。これらの線は横ばいの線に絡むように上下動を繰り返すことが多いのです。

---

**【一目均衡表の各線で横ばいへのなりやすさ】**
基準線　＞　先行スパン2　＞＞＞　先行スパン1　＞　転換線　＞＞＞　遅行スパン

---

　一番横ばいになりやすい基準線が横ばいになって、もみ合いの中心を示すケースは少なくありません。

　また、もみ合いが長期にわたり続くと先行スパン2が横ばいになります。52日間の半値線である先行スパン2が横ばいになったということからは、それだけでもみ合いが長く続いているとわかるのです。

　ただし、先行スパン2は26日ずれているので、もみ合いが起こっているのは、線が横ばいになっているところから26日前の話だということを忘れないようにしてください。

## 3）もみ合い相場での仕掛け方

　次ページの上のチャート『もみ合いの中の転換線と基準線』は価格に基準線と転換線だけを表示したシンプルなチャートです。

　チャートの前半部でもみ合いが起きています。そのもみ合い相場の中心を示しているのは基準線です。もみ合い時には基準線と転換線はクロスを繰り返しますから、これも、もみ合い相場であることの証明になります。

　もみ合い部分を拡大したのが次ページの『もみ合いの中心から上

◆もみ合いの中の転換線と基準線

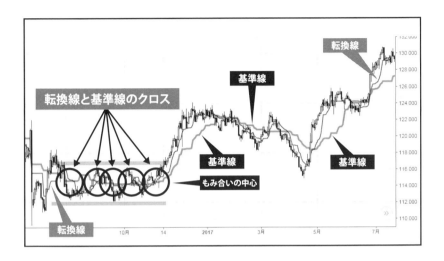

◆もみ合いの中心から上がった分だけ下がる期間

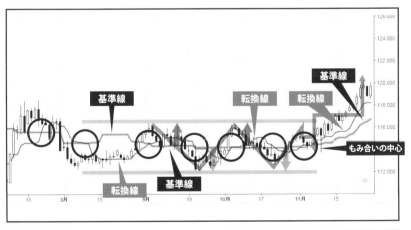

がった分だけ下がる期間』です。もみ合いの中心がわかれば、価格がその中心から上昇した場合、引き続いて起きる下げでは上昇分と同じ値幅だけもみ合いの中心から下向きに動き、下落に引き続いて起きる反騰は、もみ合いの中心を基点にやはり先に下げた値幅と同じだけ上昇していることが確認できます。もみ合い相場での仕掛けはこの性質を利用します(【以下のもみ合い時の仕掛け方 その①】を参照)。

### 【もみ合い時の仕掛け方 その①】

①もみ合いの中心を探す⇒ 横ばいの線がもみ合いの中心となる(※特に基準線がもみ合いの中心になりやすい)

②もみ合いの中心がわかれば、もみ合いの中心からの上昇分だけ、その後、もみ合いの中心から下がる。もみ合いの中心から下がった分だけ、その後、もみ合いの中心から上がる、とわかる

③この性質を利用して仕掛ける

④仕掛けの第一ポイントは、天井を確認した時点で売る、底を確認した時点で買う

⑤仕掛けの第二ポイントは、その後、もみ合いの中心を割り込んだ値位置で売る、もみ合いの中心を超えた値位置で買う

⑥手仕舞いは上がった分だけ下がった値位置(底ゾーン)、下がった分だけ上がった値位置(天井ゾーン)

## 4）もみ合い放れ

　もみ合い相場は"もみ合い放れ"で終了します。

　もみ合い放れとは、価格がもみ合い中の最高値を突破する、または最安値を割り込むことです。ただし、そのときの価格変動は明らかな勢いを伴っている必要があります。

　そうして生じたもみ合い放れは、放れた方向に価格が大きく動いていく傾向がうかがえます。

　また一般的には、もみ合いの期間が長いほどそのあとの変動も大きく、もみ合い中に蓄えられたエネルギーは一気に発散され、新しいトレンドを誕生させます。

　ただし、もみ合い放れが生じたと確信するには時間が必要であるため、そのタイミングを待って買ったり売ったりすると遅過ぎることがあります。

　そこで、注意を払いたいのが転換線と基準線のクロスです。もみ合い中に両線がクロスを繰り返すのは、すでに説明した通りそのほとんどがダマシとなりますが、もみ合い放れの直前のクロスだけはダマシにはなりません。

　一目均衡表はもみ合いの中心を教えてくれます。それを参考に、先のチャートからもみ合い放れの兆候を読み取りましょう。

　価格が、もみ合いの中心から上昇した分だけ続いて起きる反落で下がらない、もみ合いの中心から下落した分だけ次の反騰で上がらない場合、それはもみ合い終了の予兆です。そして、そのもみ合い放れも「均衡表の好転・逆転」を起点として発生しやすい性質があります。

　このことを、次ページのチャート『もみ合い放れを狙う』で確認しましょう。もみ合いが続いている間は、転換線と基準線が頻繁にクロスしています（丸印部分）。通常は、もみ合い中のクロスは基準線がほぼ横ばいの状態で発生します。その横ばいの基準線を転換線がクロ

スしていき、クロスした後に転換線は短期間でもみ合いの中心に向けて動きを修正することになります。

◆もみ合い放れを狙う

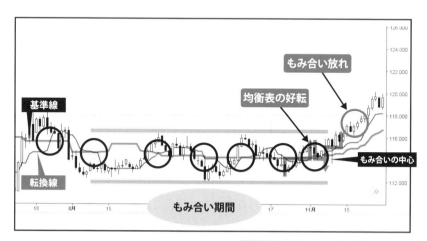

ところが、最後の円で囲まれた部分はそれまでのクロスとは状況が異なります。均衡表が好転した後に転換線は力強く上昇し、それに遅れて基準線も上昇を開始して、しかもある程度の間隔を保ちながらしっかりとした右肩上がりの線になっています。

この均衡表の好転はもみ合い放れを予兆しています。事実、その後の大きな上昇トレンドにつながっているのです。

均衡表の好転または逆転の後に、基準線と転換線が間隔を広げていくことが新しいトレンド誕生の予兆です。上昇トレンドなら基準線と転換線がどちらも上昇しながら間隔を広げていき、下降トレンドなら基準線と転換線がどちらも下降しながら間隔を広げていきます。2本の線の間隔と、併せて向きも大切です。

均衡表の好転から上放れるときのひとつのパターンとして、上昇し始めた価格が、一度、基準線のところまで下がり、基準線に跳ね返されて一気に上昇して行くパターンがあります。これを「基準線を踏み台にして上放れる」と言います。

　逆に、均衡表の逆転から下放れるときは、下降し始めた価格が、一度、基準線のところまで上がり、基準線に跳ね返されて一気に下降していくパターンがあります。これを「基準線に頭を押さえられて下放れる」と言います。必ずではありませんが、よくあるパターンなので覚えておきましょう。

---

**【もみ合い時の仕掛け方 その②】均衡表の好転・逆転編**

①もみ合い中の基準線と転換線のクロスを探す

②通常は、基準線はほぼ横ばい。その横ばいの基準線を転換線が下から上へ、上から下へとクロスを繰り返す

③クロスした後、短期間で転換線が基準線に向かって戻り出す（＝もみ合い継続の印）

④何度目かのクロスの後に、転換線が基準線に向けて戻らず間隔を広げていく（＝もみ合い終了の予兆）

⑤基準線が上昇（下降）し出したら、もみ合い放れにつながるサイン（価格が基準線まで下がり、基準線を踏み台にして上昇という基本パターンもある。反対に、価格が基準線まで上がり、基準線に頭を押さえられて下降という基本パターンもある）

---

## 第3節
## 世間でよく言われている一目均衡表の買いシグナルと売りシグナルを正す

### 1）売買シグナルに関する誤解

　一目均衡表の売買シグナルに関して、ウェブ上では次のような説明が散見されます。

【買いシグナル】
①転換線が基準線を上抜けたら（下から上へクロスしたら）買い
②遅行スパンがローソク足を上抜けたら（下から上へクロスしたら）買い
③価格が雲を上抜けたら（価格が抵抗帯上限を突き破ったら）買い

【売りシグナル】
①転換線が基準線を下抜けたら（上から下へクロスしたら）売り
②遅行スパンがローソク足を下抜けたら（上から下へクロスしたら）売り
③価格が雲を下抜けたら（価格が抵抗帯下限を突き破ったら）売り

　この説明は間違っているとまでは言えないものの、言葉不足のため、そのままトレードで使えば損を被る危険性があります。例えば、買いシグナルは3パターンありますが、発生のタイミングが異なる場合、

どの時点で買うべきでしょうか。

こうしたシグナルの説明では"三役好転"にも言及し、「それが一番強いシグナルだ」とするケースが少なくありません。しかし、それこそが間違いのもとなのです。

三役好転についても、もう一度、言及しましょう。三役好転は以下の条件で成立します。

---

【三役好転】
①転換線が基準線を上抜ける。これを"均衡表の好転"と呼ぶ
②遅行スパンがローソク足を上抜ける。これを"遅行スパンの好転"と呼ぶ
③均衡表と遅行スパンの好転を経て、その後に価格が雲を上抜ける。これを"三役好転"と呼ぶ

---

このときに注意しなければならないのは「価格が雲を上抜ける」＝「三役好転」ではない点です。

均衡表の好転、遅行スパンの好転、その後に価格が雲を上抜けて、初めて"三役好転"が成立します。通常は価格が上昇していくと上記①〜③の順番で好転が発生します。このことを次ページのチャート『三役好転までの順番』の丸印で確認してください。

価格が雲を上抜けたときには均衡表も遅行スパンもすでに好転しています。このため価格が雲を上抜けただけで、すなわち三役好転であると誤解されやすいのです。しかし、実際は価格が雲を上抜けても均衡表が好転していないケース、遅行スパンが好転していないケースもあるのです。

下記のチャート『三役好転までの順番』では、①遅行スパンの好転⇒②均衡表の好転⇒③三役好転──の順で出現したかに見えます。
　しかし、遅行スパンは現在の価格を、当日を含む26日前（25日前）にずらして描いたものです。このためチャート上で遅行スパンがローソク足を上抜く動きは、実際には、図上でクロスした日から26日後（クロスした日を含めなければ25日後）に起こっている動きだということを理解しなければいけません。ここがポイントです。

◆三役好転までの順番

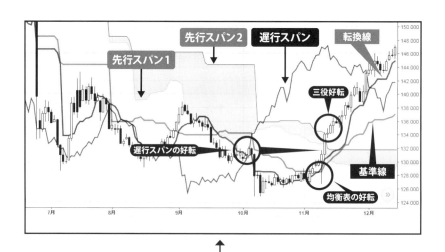

**三役好転までの順番に注目**

つまり、366ページのケースでは、①均衡表の好転⇒②遅行スパンの好転⇒③三役好転と、基本どおりの順番で出現していることになります。

買いシグナルを示唆するクロスは「①均衡表の好転⇒②遅行スパンの好転⇒③価格が雲を上抜けて三役好転」の順番で出現するのが基本だということを理解することは大切です。

下記の例では、底を打ってから24日目に均衡表が好転し、次いで25日目に遅行スパンが好転し、最後に26日目に三役好転が発生しています。

この順番は入れ替わることがありますが、基本の順番を理解していれば、順番が変化したときに、「（それが）オーソドックスな動きではない」ことを感じ取ることができます。そして、オーソドックスな動きではないということがわかれば、そこに何かしらのオーソドックスな動きにならない要因があるはずだと分析できるのです。

◆三役好転

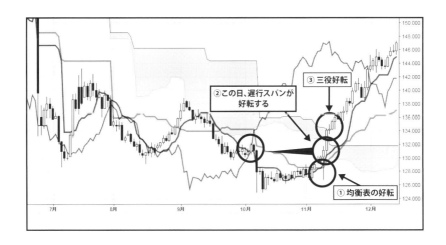

## 2）三役逆転の意味

三役逆転は以下のような状況を指します。

---
【三役逆転】
①転換線が基準線を下抜ける。これを"均衡表の逆転"と呼ぶ
②遅行スパンがローソク足を下抜ける。これを"遅行スパンの逆転"と呼ぶ
③均衡表と遅行スパンの逆転を経て、その後に価格が雲を下抜ける。これを"三役逆転"と呼ぶ

---

三役好転と同様、「価格が雲を下抜ける」＝「三役逆転」ではありません。均衡表が逆転し、次いで遅行スパンが逆転し、その後に価格が雲を下抜けて初めて三役逆転が成立します。

通常は価格が下降していくと上記の順で逆転が発生します。価格が雲を下抜けたときには、均衡表も遅行スパンもすでに逆転しているはずです。「価格が雲を下抜ける」＝「三役逆転」と誤解されやすいのはこのためです。しかし、価格が雲を下抜けても均衡表が逆転していないケース、遅行スパンが逆転していないケースもあるので、単純に価格が雲を下抜けたからと言って三役逆転だと断じるわけにはいかないのは三役好転と同じ理屈です。

一目均衡表において買いシグナルと言われる3条件のうち"均衡表の好転"は早めのシグナルであり、"遅行スパンの好転"も均衡表の好転より遅れるものの、やや早めのシグナルとなります。それに対し

【買いシグナル】

① 均衡表の好転＝早めの買いシグナル
② 遅行スパンの好転＝やや早めの買いシグナル
③ 三役好転＝遅めの買いシグナル

【売りシグナル】

① 均衡表の逆転＝早めの売りシグナル
② 遅行スパンの逆転＝やや早めの売りシグナル
③ 三役逆転＝遅めの売りシグナル

て"三役好転"は遅めのシグナルとなります。そのことを頭に入れておきましょう。

　相場が底を打った後に反転し、安定上昇に移行したケースでは、均衡表の好転から数日（数本）で遅行スパンが好転します。前ページの①と②の２つのシグナル出現が時間的に近いことは、少しの値動きの変化で、容易に順番が変わり得ることを意味します。
　このため①②の段階ではまだ仕掛けず、三役好転まで待って買う、三役逆転まで待って売る戦略もあります。しかし、小さなトレンドの場合、それでは収益のチャンスを逃しかねません。このため①の均衡表の好転／逆転で仕掛けるトレーダーは少なくないのです。しかし、早めのシグナルゆえのダマシもそれなりにあります。結局のところ、ダマシを覚悟で早めに仕掛けるか、三役好転／逆転までじっくり待って仕掛けるかはトレーダーの判断にかかっています。

## 3）もみ合い期は別の見方が必要

　ここまでの説明は、すべて相場がトレンドを描いていることが前提でした。しかし、もみ合い相場の中では、一目均衡表の見方、使い方は違ってきます。
　次ページの『もみ合い相場期は通常の見方はしない』は米ドル／円チャートです。2011年11月から2012年１月まで長期にわたりもみ合い相場となっています。一目均衡表の各線は横ばいに推移し、それぞれが細かくクロスを繰り返している点に注意しましょう。こういう状況では均衡表が好転した、三役が逆転したと言っても意味がありません。
　一目均衡表はトレンドがあるときと、トレンドがないときでは見方が違うことを理解しましょう。逆に言えば、トレンド相場でも、もみ合い相場でも有効なのが一目均衡表と言えます。

◆もみ合い相場期は通常の見方はしない

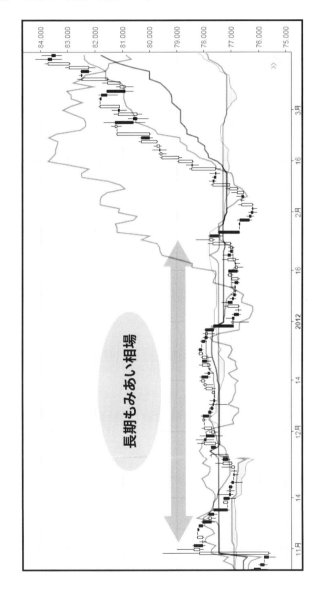

## 4）一目均衡表の各線の基本的な動き　その１

　先に紹介した次ページの『一目均衡表基本図』は無条件で頭に入れましょう。この一目均衡表基本図は、価格変動に応じて各線がどのように変化するかを把握する目的で作成したものです。

　黒い太線が価格の動きです。わかりやすくするために「毎日一定の額だけ100日間下降し、その後は毎日同じく一定の額だけ100日間上昇する」という極端に単純化した値動きを繰り返す状態で一目均衡表の各線を描いています。

　このモデル的な値動きに対して各線がどのように動くか、三役（均衡表の好転、遅行スパンの好転、価格の雲抜け）がどのタイミングで出現するかを記憶することで、一目均衡表の理解が大きく前進します。

　例えば、価格が底打ちを経て上昇に転じたときに、均衡表の好転と遅行スパンの好転ではどちらが先に起こるかを確認しましょう。均衡表の好転と遅行スパンの好転、そしてその後の三役好転の標準的時間経過もわかります。

　次ページの例では、底打ちから11日後に均衡表の好転が、13日後に遅行スパンの好転が、26日後に三役好転が発生しています。

　仮に、その上げ相場が30日間だけ継続していたらどうでしょう。仕掛けのタイミングとして「三役好転を確認してからでは遅過ぎるケースがある」とわかるはずです。

　一目均衡表は5本の線が複雑に絡み合っているイメージがありますが、一目均衡表基本図を見ると、各線の動きがシンプルで、それぞれ価格と平行に動いていることがわかります。

　安定上昇が一定期間以上続くと5本の線は価格に平行になり、そのまま上昇していきます。安定下降の場合はその逆です。

　この基本形をマスターしておけば、各線が平行でかつ上昇（下降）している状態を発見したときには、それは安定上昇（安定下

◆一目均衡表基本図（再掲）

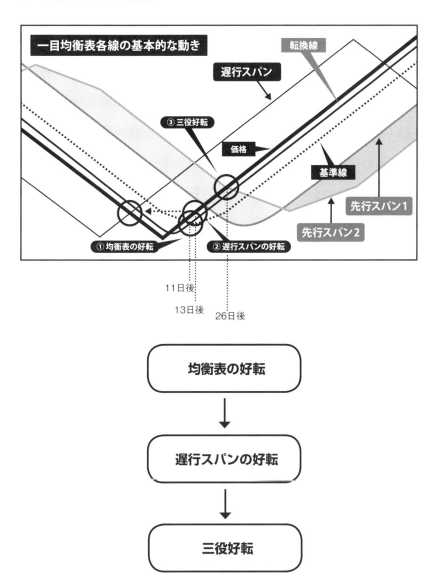

降）期であることがわかりますし、各線が接近したり離れたりすることにより、状況が変化していることもわかります。

## 5）一目均衡表の各線の基本的な動き　その2

次ページのチャートは『一目均衡表基本図（逆転）』です。これは、「一目均衡表の各線がどのように動くか、また、均衡表の逆転、遅行スパンの逆転、三役逆転がどのようなタイミングで出現するか」を示したものです。

太線が価格を表している点は変わりません。価格は毎日一定の額だけ100日間上昇し、その後は同じく毎日一定の額だけ100日間下降するという動きを繰り返していきます。この値動きの中で5本の線がどのように動くか、今度は三役逆転に照準を合わせて確認しましょう。

一目均衡表をマスターするためには、これら2つの一目均衡表基本図を徹底的に眺め、線と線の間隔、それぞれの線がクロスするタイミングなどを覚えることが大切なのです。

◆一目均衡表の各線の基本図（逆転）

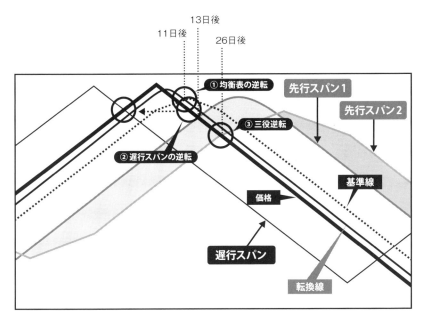

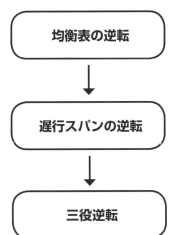

# 第4節
# 均衡表の好転・逆転、その本質

## 1）26日の測り方

　基準線は26日（本）間の最高値と最安値の半値線です。26日をきちんと数えて、最高値と最安値を確認する方法を紹介します。

　次ページのチャート『26本の測り方』では、最新の足から遅行スパンが表示されている足までが26本。最新の足から先行スパン1・先行スパン2が表示されている一番先の部分までも26本分の距離です。

　そして、遅行スパンが表示されている先端の足から先行スパンの先までの距離は51本です。26と26を足して52本としてしまいそうですが、2つある26本の足はどちらも最新の足を計算に含んでいることに注意してください。

26本＋26本－1本＝51本

　したがって、先行スパン2を導き出すための本数52本は、先行スパンの先から遅行スパンを表示している先端の足までの本数に、さらに1本を足さなければなりません。

　基準線を調べるには"遅行スパン法"を使います。まず、最新の足から遅行スパンが表示されている先端の足を含む四角形を作ります。

◆ 26本の測り方

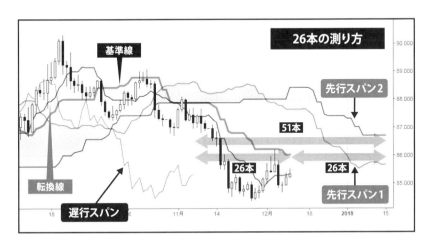

◆遅行スパン法①

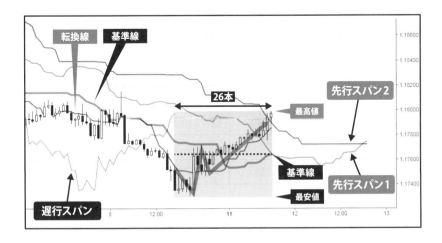

四角形の上の辺に相当する線は26日間の最高値を示す線、下の辺に相当する線は26日間の最安値を示す線となるようにします。左右の辺（高さ）の中心は、現在の基準線の位置と等しくなります。

【遅行スパン法】
◎最新の足から遅行スパンが表示されている先端の足までを左右とする四角形を作る
◎上の線は26日間の最高値の線
◎下の線は26日間の最安値の線
◎この四角形の中心の線が現在の基準線の位置を示す

　四角の中の価格の動きをしっかりと把握することは、基準線を使いこなすうえで、とても重要です。最新の基準線を確認するには遅行スパン法が有効ですが、途中にある任意の足から、その時点の基準線を調べる方法もあります。
　次ページの『底を形成する長い下ヒゲ』では、チャートの中央付近に下ヒゲの長い陽線があり、その足が底を形成しています。その足から過去26本分はどこまでになるのか、その間の値動きを確認してその足の基準線が丸印で示した位置になることを確かめるにはどうしたらよいかを考えてみましょう。
　遅行スパン法は先端部分だけでしか使えないやり方ではありません。
　次ページの『遅行スパン法②』で、まず過去26本を計測したい"基準となる任意の足の終値"に注目します。次いで、その終値から過去方向に水平線を引き、遅行スパンと交わる地点を探します。その交わる地点に該当する足と、基準となる足との間が26本分の距離です。
　そもそも遅行スパンは終値を26日分過去にずらした線であるため、

◆底を形成する長い下ヒゲ

◆遅行スパン法②

終値の26日分過去に遅行スパンがあるのは必然です。当然、その間の距離は26本分になります。

遅行スパンとクロスする箇所が複数ある場合もありえます。実際、『遅行スパン法②』でも2カ所クロスしています。しかし、それを見分けるのは難しい話ではありません。基準となる足は下げの過程で最も底に近い線です。ただし、終値での底打ちは前の足になっています。そういった値動きを見れば、複数の箇所でクロスしても、どれが26本分ずらした場所かはすぐに見分けがつくはずです。

26本分がわかれば、そこに四角形を作ることで基準線の位置が浮き彫りになります。

## 2）均衡表の好転・逆転の真髄

均衡表の好転・逆転は、基準線と転換線が"クロス"することにより発生します。転換線は過去9日間の中心値をつないだ線、基準線は過去26日間の中心値をつないだ線です。

線が重なることは、本日を含む過去9日間の中心値と、同じく本日を含む過去26日間の中心値が同値になることを意味します。

ここで、過去26日間の値動きと過去9日間の値動きを、最高値と最安値に注目して比較します。次ページの『ないものを探す』を見ながら、①〜④の4パターンのうち、起こり得ない値動きはどれかを考えてみましょう（"H"は期間中の最高値、"L"は最安値を表す）。

**少し考えてみてください**

◆ないものを探す

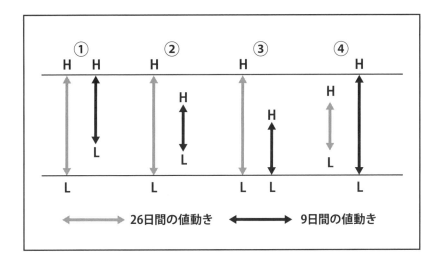

① 26日間の最高値と9日間の最高値が同値のケース。26日間の最安値は9日間の最安値より低い
② 9日間の最高値と最安値が26日間の最高値と最安値の間に入っているケース
③ 26日間の最安値と9日間の最安値が同値のケース。26日間の最高値は9日間の最高値より高い
④ 26日間の最高値と最安値が9日間の最高値と最安値の間に入っているケース

答えは④です。9日間の最高値が26日間の最高値より上に行ったり、9日間の最安値が26日間の最安値の下に行ったりすることはありません。過去9日間は過去26日間に含まれるからです。それが理解できれば、上昇トレンドではパターン①となり、下降トレンドではパターン③となることもわかるはずです。

### 3）上昇トレンド・下降トレンド時の転換線と基準線の関係の本質

上昇トレンドのケースを検証してみましょう（下記の図を参照）。

◆上昇相場における転換線と基準線の関係本質論

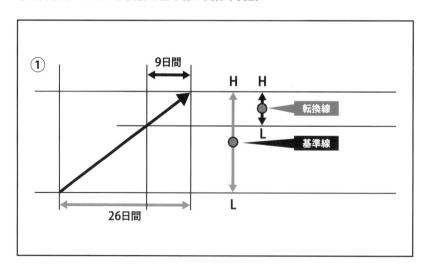

上昇トレンドでは過去9日間の最高値と過去26日間の最高値は必然的に同じになります。あえて特殊なケースを探せば「26日間の中で9日間より前に最高値をつけ、その後、その価格は超えてないものの、まだ高値圏にいるので全体としてはまだ上昇トレンドが続いていると思える」という状況は起こり得ますが、それでも9日間の最高値

が26日間の最高値に近いことに間違いはありません。

そして、上昇トレンドでは、過去9日間の最安値は過去26日間の最安値より高くなります。つまり、最高値は同値、最安値は過去9日間のほうが高いのですから、過去9日間の中心値は過去26日間の中心値よりも高くなるのも、やはり必然です。

次に、下降トレンドのケースを考えてみましょう（下記の図を参照）。

◆下降相場における転換線と基準線の関係本質論

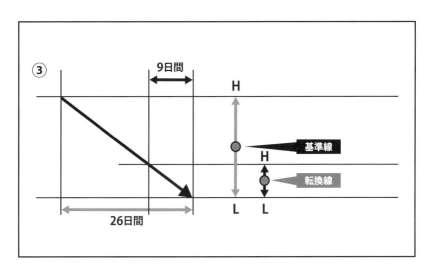

下降トレンドでは、過去9日間の最安値と過去26日間の最安値が同値になり、過去9日間の最高値は過去26日間の最高値より低くなります。したがって、過去9日間の中心値は過去26日間の中心値より低くなる理屈です。

以上のように、転換線と基準線の関係は一目均衡表分析の中の基本になります。まとめると、次のようになります。

【上昇トレンドでの転換線と基準線の関係】

◎過去9日間の最高値と過去26日間の最高値は同じになる
◎過去9日間の最安値は過去26日間の最安値より高い
◎したがって、過去9日間の中心値は26日間の中心値より高い
◎つまり、上昇トレンドでは転換線が基準線より上に位置する

【下降トレンドでの転換線と基準線の関係】

◎過去9日間の最安値と過去26日間の最安値は同じになる
◎過去9日間の最高値は過去26日間の最高値より低い
◎したがって、過去9日間の中心値は26日間の中心値より低い
◎つまり、下降トレンドでは転換線が基準線より下に位置する

## 4）転換線と基準線が同値になるのはどのような場合か？

転換線と基準線が同値になるケースを考えます。

過去9日間の中心値と過去26日間の中心値が同値になるとすれば、考えられるのは以下の3パターンです。

①高値と安値がどちらも同値のケース
②9日間の高値が26日間の高値より低く、9日間の安値が26日間の安値より高いケース。日本では「はらみ線」と呼ぶ形。このとき両線の高値と高値の差、安値と安値の差が同じなら、中心値も同値になる
③9日間の高値が26日間の高値より高く、9日間の安値が26日間の安値より低いケース。日本では「包み線」などと呼ぶ形

しかし、先に説明した通り、9日間の高値・安値は26日間の高値・安値の範囲に必ず含まれます。したがって、③はあり得ません。

◆基準線と転換線が同値になるとき

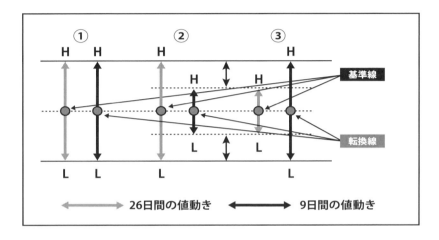

転換線と基準線が同値であることは、次のことを意味します。「転換線と基準線のクロス点」とは、同値になっている値位置のことです。

【転換線と基準線のクロス点と価格の関係からわかること】
◎価格がクロス点より上にあれば、短期勢力も中期勢力も買いが優勢
◎価格がクロス点上にあれば、短期勢力も中期勢力も売りと買いが均衡している
◎価格がクロス点より下にあれば、短期勢力も中期勢力も売りが優勢

つまり、価格がクロス点を上抜くか下抜くかで、短期・中期の買い方・売り方の勢力図が一挙に変わってしまうのです。そのポイントが均衡表の好転・逆転が生じた地点（＝基準線と転換線がクロスする場所）であり、それこそがまさに均衡表の好転・逆転の本質と言えます。

一目均衡表の使い手になるためには「均衡表の好転・逆転はどのようなときに、どのように起こるのか」を理解する必要があります。そして、その中で"買ってよい好転""売ってよい逆転"そして"そうでないケース"をしっかりと見極めるのです。

次ページの『均衡表の好転基本形』を見てください。

下降していた相場が9日以上前に底を打ち、上昇に転じました。そして26日間の下げ幅の半値以上に上昇したところで転換線と基準線が重なる瞬間が現れたとすれば、それが均衡表の好転です。

この形は"ブーメラン型"と呼ばれています。次ページの『上げのブーメラン』はそれを実際のチャートで示したものです。

26日間の高安（※最高値と最安値のこと）と9日間の高安を見比べてみれば、基準線と転換線が同値になる理由がよくわかるはずです。直近9日間の高安が直近26日間の高安の間に入り、ちょうど両者の中心値が同値になった地点が均衡表の好転です。

続いては388ページの『均衡表の逆転基本形』です。

上昇していた相場が9日以上前に天井を打ち、下げに転じています。そして26日間の上げ幅の半値以上に下げたところで転換線と基準線が重なる瞬間が現れれば均衡表の逆転です。先ほどとはV字の向きが異なるものの、こちらもブーメラン型です。正しい均衡表の好転・逆転は常にブーメラン型になります。388ページのチャート『下げのブーメラン』で確認しましょう。

◆均衡表の好転基本形

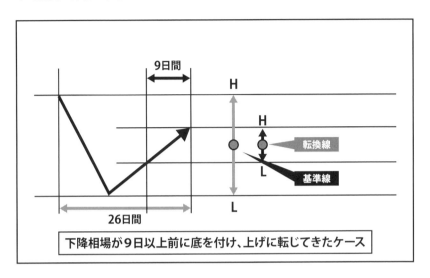

◆上げのブーメラン

◆均衡表の逆転基本形

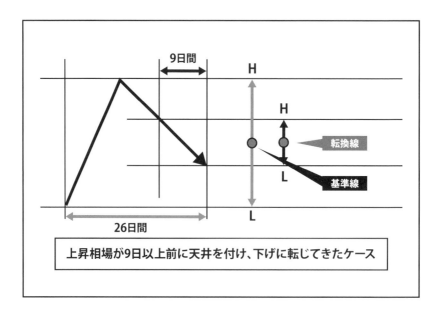

◆下げのブーメラン

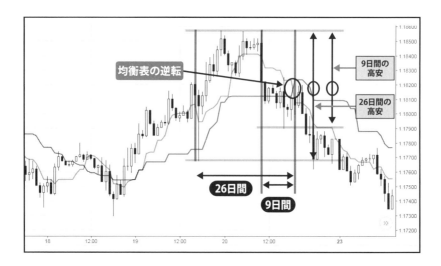

## 5）その他の基準線と転換線が重なるケース

　典型的な均衡表の好転・逆転パターン以外に基準線と転換線が重なるケースとしては、おおむね3パターン（同値もみ合い、P波動、Y波動）が考えられます。いずれももみ合い相場で多く発生します。

　同値もみ合いは、同じ高値、同じ安値で周期を繰り返すケースです。これは"W型""M型"と呼ばれるもので、典型的なもみ合い相場です。26日間の最高値と9日間の最高値が同値、また26日間の最安値と9日間の最安値も同値となり、必然的に基準線と転換線は同値となります。

　P波動は、収束していくもみ合いの中で、基準線と転換線が同値になるパターンです。

　次第に収束していくもみ合いを、一目均衡表では"P波動"と呼びます。形がPの文字の上の部分と似ているためです。このP波動の9日間の動きが26日間の値動きの中心に来たとき、転換線と基準線が重なります。

　Y波動は、拡散していくもみ合いの中での基準線と転換線の同値です。次第に拡散していくもみ合いを、一目均衡表では"Y波動"と呼びます。Yの文字の上の部分が広がっているところからとったネーミングです。

　このY波動の一番広がっている部分が、直近9日間に高値も安値も付ければ、やはり転換線と基準線は重なります。このパターンとその変形は比較的発生しやすいので、チャートを見るときには気をつけて探しましょう。

　変形パターンは、（明確なY波動と言えないまでも）上昇してきた相場が26日間の最安値を更新するところまで急落し、その下がった相場が今度は26日間の最高値を更新するまで上昇することで形成します。その場合、過去9日間の最高値と最安値は過去26日間の最高値・最安値と同値になります。

389

◆もみ合い型①　同値もみ合い

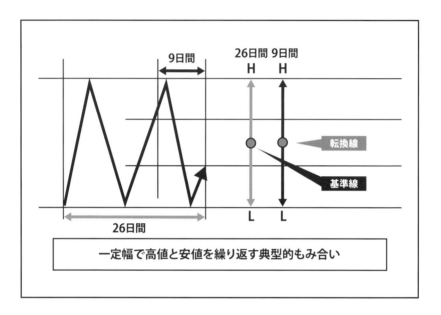

◆もみ合い型②　P波動

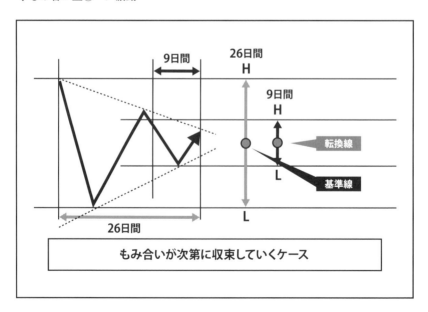

◆もみ合い型③　Y波動

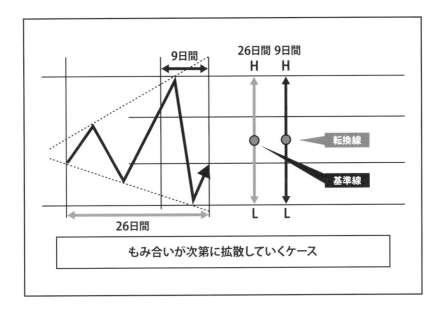

もみ合いが次第に拡散していくケース

◆Y波動変形急騰急落型

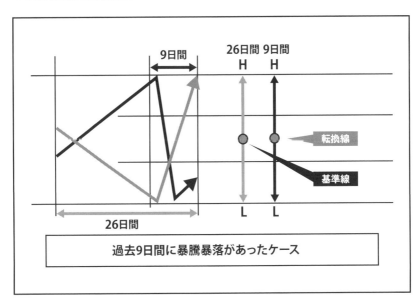

過去9日間に暴騰暴落があったケース

実際のチャートで確認しましょう。

下記の『暴騰・暴落例』は2013年4月の金暴騰暴落時を含むチャートです。このケースでは9日間の間に暴騰と暴落が起きています。こうした動きがあると基準線と転換線は同値となり、重なったまま動きます。

ポイントは過去9日間の最高値が過去26日間の最高値であり、かつ、過去9日間の最安値が過去26日間の最安値でもあるという状態が継続する特殊ケースだということです。

つまり均衡表の好転・逆転の基本形であるブーメラン型以外は、転換線と基準線が重なるのはもみ合い相場か、もしくは暴騰・暴落相場なのです。

◆暴騰・暴落例

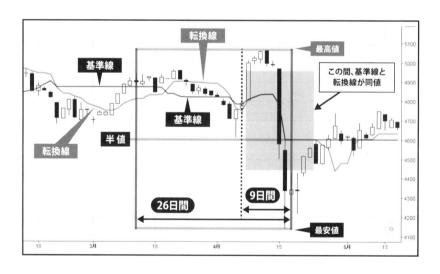

## 6）仕掛けてよいケース、仕掛けてはいけないケース

　均衡表の好転では買いを、逆転では売りを仕掛けるのがセオリーですが、いつでもそれが当てはまるわけではありません。

　ダマシがあることを、今度は基準線と転換線が交わる前の価格の動きで検証してみます。先に、仕掛けてよいのはブーメラン型であることを説明しましたが、それとは違う角度から考えます。

　ポイントは、価格・転換線が基準線に絡んで動くか（もみ合い相場になる）、基準線から離れようとしている（トレンドが発生しようとしている）かです。

### ①もみ合い相場の中での均衡表の好転・逆転＝仕掛けないほうがよいケース
◎基準線が横ばいか、横ばいに近い
◎価格・転換線が一時的に基準線から離れても、すぐに基準線に向けて戻り再度クロスする

### ②トレンドがある中での均衡表の好転・逆転＝仕掛けてよいケース
☆好転
◎好転後、価格・転換線が基準線からどんどん離れて上昇し、一時的に近づいても、すぐに離れて再び上昇を続ける
◎基準線が転換線の動きに影響されて、遅れて上昇を開始する
◎転換線と基準線が一定の間隔を維持しながら上昇する

☆逆転
◎逆転後、価格・転換線が基準線からどんどん離れて下降し、一時的に近づいても、すぐに離れて再び下降していく
◎基準線が転換線の動きに影響されて、遅れて下降を開始する
◎転換線と基準線が一定の間隔を維持しながら下降する

## 第8章

# 一目均衡表 5つの線編
### ～総合分析～

## 第1節
## 総合分析、10のフェイズ

### 1）トレンドの変化と一目均衡表の動き

　一目均衡表に基づくチャート分析では、初めに5本の線の並び順を確認します。上昇トレンドが継続すると、最終的に価格と一目均衡表の5本の線の並び順は上から「価格・転換線・基準線・先行スパン1・先行スパン2」となります。

　本来的には、価格の上に遅行スパンが位置するのですが、（本日を入れて）26日前に表示している遅行スパンは"今日の価格"の垂直線上には表示されません。したがって、価格変動に応じた線の並び順の変化を見るときには、遅行スパンは外して考えます。

　いったん線の並びが上から価格・転換線・基準線・先行スパン1・先行スパン2になると、それ以降、どれほど価格が上昇しようと、もう並び順は変化しません。このため、この並び順を、私は"買いの完成形"と呼んでいます。

　逆に下降トレンドが続くと最終的には下から「価格・転換線・基準線・先行スパン1・先行スパン2」の並び順になり、これ以後、どれほどに価格が下がろうと、もう並び順が変化しないのは同じです。この並び順は"売りの完成形"です。

　どのチャートも同じですが、ある時期に"買いの完成形"が出現し、またある時期に"売りの完成形"が出現します。価格の変遷は"買い

◆完成形の出現

の完成形"から"売りの完成形"へ、"売りの完成形"から"買いの完成形"への変化の繰り返しととらえることができます。

　もちろん"買いの完成形"から"売りの完成形"に向けて動き出して、途中で再び"買いの完成形"に戻ることもあります。押し目相場などがそういった動きです。しかし、より大きな流れでチャートをとらえれば、買いの完成形から売りの完成形へ、売りの完成形から買いの完成形へという変化を繰り返していることがわかります。

　そうだとするならば、買いの完成形、売りの完成形以外の時期は買いの完成形から売りの完成形に移行する途中過程、売りの完成形から買いの完成形に移行する途中過程ととらえることができます。

　ここで、一目均衡表の基本図（341ページ参照）を見てみましょう。太線が価格です。安定上昇・安定下降を繰り返す基本的な価格変動を仮想し、そのときに一目均衡表の各線がどのように動くかをシミュレーションしています。

　売りの完成形が出来上がり、そこからさらに価格が下がったら、並び順はもう変わりません。いわゆる"売り時代"です。しかし、その"売り時代"もやがて終わりを迎え、"買い時代"へと変わっていくのです。その変化の過程は以下の通りです。

### ◆売り時代から買い時代への変化の過程
　① 価格が転換線を上抜ける
　② 価格が基準線を上抜ける
　③ 転換線が基準線を上抜ける（均衡表の好転）
　④ 遅行スパンが価格線を上抜ける（遅行スパンの好転）
　⑤ 価格が雲に突入
　⑥ 先行スパン1が先行スパン2を上抜ける（雲のねじれ）
　⑦ 価格が雲を上に突き抜ける（三役好転）

⑧ 転換線が雲を上に突き抜ける
⑨ 基準線が雲を上に突き抜ける
⑩ 線の並び順が買いの完成形となる（上から価格・転換線・基準線・先行スパン１・先行スパン２）

このことを知っていれば、現在が売り時代から買い時代への変化の中で「どの段階にいるか」がすぐにわかります。⑩の買いの完成形になれば、その後は価格が上昇を続ける限り並び順は変わりません。完全な買い時代です。

しかし、その買い時代もやがて終わり、売り時代へと変化していきます。その変化の過程は以下の通りです。

### ◆買い時代から売り時代への変化の過程

① 価格が転換線を下抜ける
② 価格が基準線を下抜ける
③ 転換線が基準線を下抜ける（均衡表の逆転）
④ 遅行スパンが価格線を下抜ける（遅行スパンの逆転）
⑤ 価格が雲に突入
⑥ 先行スパン１が先行スパン２を下抜ける（雲のねじれ）
⑦ 価格が雲を下に突き抜ける（三役逆転）
⑧ 転換線が雲を下に突き抜ける
⑨ 基準線が雲を下に突き抜ける
⑩ 線の並び順が売りの完成形となる（下から価格・転換線・基準線・先行スパン１・先行スパン２）

ただし、順番の推移は前後もしますし、途中まで行ってまた戻る場合もあります。上記の順番はあくまでも典型的な動きの基本パターンで、実際には押し目・戻し・もみ合いなどで乱れます。しかし、正しい順

番を理解しておけば、その順番通りに推移しているときと、順番通りでない動きをしているときで、トレンドの強弱を識別できるのです。

　もう少し詳しく解説してみましょう。

## 2）売り時代から買い時代への10のフェイズ

　ここからは、「10」のフェイズに分けて、それぞれ解説します。

### フェイズ1：価格が転換線を上抜ける。序盤戦

　今まで売り一色だった相場ですが、短期勢力は買い方有利に変わりました。しかし、この段階では、売り方は微塵の心配も要りません。なぜなら、価格と転換線は頻繁にクロスしているからです。一度クロスしてもすぐに元に戻ることは少なくありません。特に、基準線で跳ね返されるのが"あや戻し（一時的な戻し）"の典型的なパターンです。価格が基準線を超えるまではどっしり構えていればよいのです。まだまだ序盤の小競り合いで大勢に影響はありません。買い方にとってもここで買いを仕掛けるのは早過ぎます。

### フェイズ2：価格が基準線を上抜ける。中盤戦の始まり

　短期勢力に次いで中期勢力まで買い方有利に変わるのがフェイズ2です。売り方としては少しずつ不安が増してきます。売りの手仕舞いを検討し始めるタイミングです。これに対して、買い方は買いの仕掛けを検討する時期になりました。ただし、検討はしても実際に仕掛けるには時期尚早です。仮に仕掛けるならば、試し玉程度にとどめておきます。

　概況を言えば、主力同士の本格的な野戦がスタートした感じです。フェイズ2からフェイズ3、フェイズ4にかけては両軍の主力同士がぶつかる天下分け目の戦いです。この3つのフェイズは時間的に近接

◆価格変動のフェイズ詳細

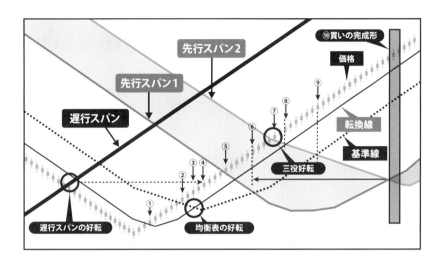

①フェイズ1：価格が転換線を上抜ける
②フェイズ2：価格が基準線を上抜ける
③フェイズ3：均衡表の好転
④フェイズ4：遅行スパンの好転
⑤フェイズ5：価格が雲に突入
⑥フェイズ6：雲のねじれ
⑦フェイズ7：価格が雲を上に突き抜ける（三役好転）
⑧フェイズ8：転換線が雲を上に突き抜ける
⑨フェイズ9：基準線が雲を上に突き抜ける
⑩フェイズ10：線の並び順が買いの完成形となる

していることを図で確認してください。フェイズ2、フェイズ3、フェイズ4と分かれてはいるものの、その変化は短時間で生じています。関ヶ原の戦いに例えるならフェイズ2が関ヶ原序盤、フェイズ3が関ヶ原中盤、フェイズ4が関ヶ原終盤です。

### フェイズ3：均衡表の好転。中盤戦の山場

　トレンドが下降トレンドから上昇トレンドへと変化したひとつの印です。売り玉を手仕舞う時期であると同時に、買いを仕掛ける時期になりました。

　ただし、フェイズ3での仕掛けは、気持ち早めですからダマシに気をつけます。また、もみ合い相場の中の均衡表の好転は参考にとどめ、売買シグナルと受け止めてはいけません。勝負の天王山。敵の主力と味方の主力がぶつかり合うところです。

### フェイズ4：遅行スパンの好転。中盤戦の最終決戦

　フェイズ4では26日前に買ったトレーダーの勘定がマイナスからプラスに転じます。これを境に買い方と売り方のムードが逆転します。買い方は意気が上がり、売り方は気落ちするところです。フェイズ2、フェイズ3、フェイズ4で買い方が勝てば、野戦で大勝利を収めたことになります。

　この2、3、4のフェイズは、順調にいけば短時間で駆け抜けるのですが、もたつくと抜け出すのに時間を要します。2、3、4のフェイズで時間がかかること自体が買い方と売り方の激戦の証です。そう簡単に決着はつきません。そして、時間が長引けばもみ合い入りした可能性も考える必要が出てきます。

　フェイズ2、フェイズ3、フェイズ4が3つに分かれているのは、早仕掛けをするときのダマシ回避で必要な措置なのです。トレンドをしっかり獲るためには、この段階で仕掛けないとタイミングを逃して

しまいます。

　しかし、早い段階での仕掛けはダマシが頻発します。このため３つの異なる視点から分析をしているのです。最もあや戻しになりやすい基準線を超えて、均衡表が好転した時点で仕掛けます。その後、遅行スパンが好転すれば仕掛けが成功した証拠です。均衡表の好転で仕掛けても遅行スパンが好転しない場合は、ダマシの可能性が高いためすぐに手仕舞います。この場合は遅行スパンを検証の材料に使います。

　下記のチャート『均衡表が好転したものの、遅行スパンが好転しないと……』は東京金先物のチャートです。価格が下がって底を打ち、均衡表の好転が起きています。ところが、引き続いて遅行スパンの好転が見られません。すなわちダマシのサインだったことになります。すると案の定、価格は上昇せずに下降をたどっています。この点が一目均衡表の優位性の表れです。重要な買いポイントをいろいろな角度から分析しているのです。

◆均衡表が好転したものの、遅行スパンが好転しないと……

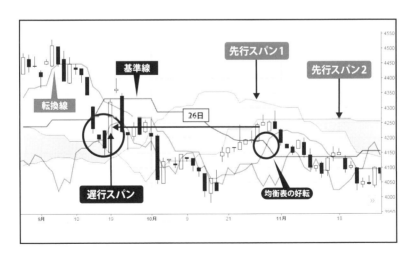

## フェイズ5:価格が雲に突入。野戦で勝利した買い方は敵の本丸に一直線。最初の門を打破

城攻めなら一番難しい攻防です。城壁は固く、守備隊も揃っています。この先行スパン1で跳ね返されるパターンは珍しくありません。

しかし、先行スパン1を突き破ったということは、その城の第一関門は突破したことになります。ただし、場内には守備兵が多く、総大将を守る親衛隊は精強です。城中では乱戦が始まります。その乱戦が雲の中でのもみ合いです。雲が薄ければ、守備兵は少ないということになりますから、落城は容易です。しかし、大きな城はそう簡単に陥落しません。

## フェイズ6:雲のねじれ。大勢トレンドの転換

雲のねじれは、実は、価格が雲の中にあるときに発生します。この事実を知っているトレーダーは多くありません。もちろん、価格変動には特殊ケースがよくあります。しかし通常の値動きでは、(本日を含めて)26日未来に描かれた雲がねじれたという日には、価格は雲の中に位置しています。

多くのチャートで検証すれば、相当程度の確率でその事実が確認できるはずです。

先に示した『価格変動のフェイズ詳細』で検証してみましょう。価格は雲のほぼ中央付近に位置しています。つまり城中の乱戦の真ん中です。

## フェイズ7:価格が雲を突き抜ける。ついに城陥落。大将は逃げ出した

フェイズ7は三役好転です。一目均衡表基本図を知り尽くしているトレーダーは、均衡表の好転と遅行スパンの好転はいずれも早いシグナルであり、三役好転は遅いシグナルだと熟知しています。利益を獲るためにはトレンドの中での出現時期を理解していなければなりません。

ここで重要なのは、城は落ちたという事実です。もし売りポジションを持っていたら、ここまでどれほど我慢してきたとしても損切りする必要があります。本来はもっと早く手仕舞いするべきだったのです。
　一般的には「三役好転で買う」と言われています。短期も中期も長期も買い方が優勢になるのが三役好転ですから、そのタイミングで買うのは間違いではありません。ただ、すでにトレンドの終盤という可能性もあります。もちろん、ここから大相場に発展する可能性もあります。もしこの時点ですでに買いポジションを持っていたら手仕舞いせずに持ち続けるべきでしょう。三役好転は大相場への道しるべでもあるからです。
　最近は三役好転が注目されています。このため、価格が雲を抜けた瞬間に大きく上昇し、そのときに買ってしまうと、いったん雲の上限まで下落するケースがよくあるので注意が必要です。事実、その後、雲の上限に跳ね返されて新たな上昇トレンドを作るパターンはよく見られます。

## フェイズ8＆フェイズ9：掃討戦

　すでに城は落ちているので、逃げ出した敵の大将を追走しながら国全体を制圧していく展開です。利益を積み重ねやすいところですが、上昇トレンドはいつ終了するかわかりません。上昇トレンド継続のサインは、転換線が雲を抜けてくる、基準線が雲を抜けてくるという動きです。

## フェイズ10：決着（完成）

　いよいよ価格が雲のねじれの位置まで達し、線の並び順が上から価格・転換線・基準線・先行スパン1・先行スパン2となります。"買いの完成形"です。ここから先は買いの完成形が崩れない限り、買い時代が続きます。実戦のチャート『戦い済んで……』で確認しましょう。

◆戦い済んで……

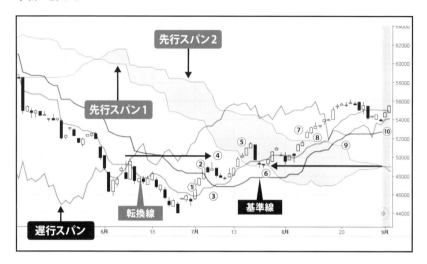

上昇トレンドから下降トレンドへの変化は、この逆のパターンです。

## 3）準備構成について

　価格が底を打って上昇に転じるときには、すんなりとは上がっていきません。これを表しているのが"天井三日底百日"という相場格言です。底では"底練り"という状態があるのです。

　大きなトレンド転換であればあるほど、次のトレンドに移るのには準備期間が必要になります。

　一目均衡表を使って最高の買い場を見つけるとしたら、一番有効なのはこの"準備期間＝準備構成"を終えて上昇しつつある銘柄を探すことです。

　準備構成は一目均衡表でも重要な概念です。

　底から数えて26日を基本としますが、あまり日数にこだわる必要はありません。17日、33日、42日などの基本数値になりやすいので

すが、それも結果論に過ぎません。準備構成とは底から上昇していた価格が一度下落し、前回の安値を下回ることなく、W底（時にトリプル底）を形成し、上昇を始めることを言います。ゆえに、W底をつけて上昇し始める相場が一番信頼できる上げ相場ということです。

相場が底打ちから反転上昇するには相当のエネルギーが必要です。そのエネルギーを蓄える時間が準備構成です。

逆に、天井圏における準備構成はどうでしょうか。

上昇相場は積み上げ、下降相場は"壊れ"です。壊れは一瞬ですから基本的に準備構成はありません。ただし、時折、似たような形を示すことがあります。とはいえ、一般的には準備構成は本格上昇への準備段階ととらえればよいでしょう。

◆準備構成線の一例

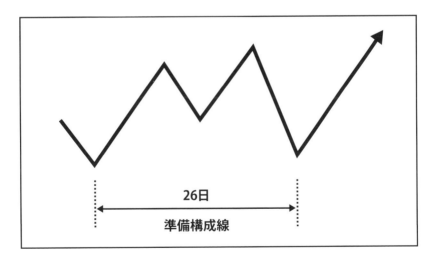

## 第2節
## 総合分析、5つの線

### 1）基準線でトレンドありなしを判定

　一目均衡表に基づくチャート分析で5本の線に着目するとき、最初に見るのは基準線です。

　基準線でわかるのは中期のトレンドで、トレーダーが一番獲りたいトレンドです。まずはトレンドがあるのかないのかを見極め、あるとしたらどちら向きかを調べます。

　一目均衡表で知られているシグナルは、すべてトレンドがあるときのみ有効に機能します。

　一目均衡表のシグナルは、すでに紹介したように以下の通りです。

①均衡表の好転（逆転）＝買い（売り）サイン
②遅行スパンの好転（逆転）＝買い（売り）サイン
③三役好転（逆転）＝買い（売り）サイン

　トレンドが形成されていないもみ合い相場で、無理に前記のサインを当て込んでも利益は獲れません。

　雲を抜けても、しばらくしたらまた雲の中に戻るのがもみ合い相場です。逆を言えば、もみ合い相場を見抜くことが大切になります。

　もみ合い相場では、一目均衡表の（遅行スパンを除く）4本の線は

◆もみ合い相場の一目均衡表

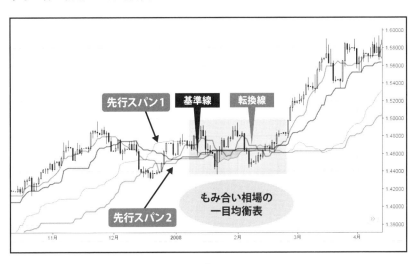

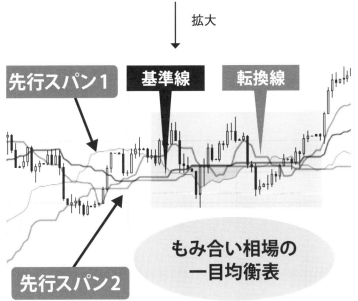

次第に横ばい状態となり、各線が互いに接近します。このことを前ページのチャートで確認しましょう。

　そのとき、もみ合いの中心になりやすいのが基準線と先行スパン2ですから、特に注目します。


## 2）遅行スパンでトレーダーの損益状況を見る

　基準線の次に見るのが遅行スパンです。価格線（ローソク足）との位置関係に着目します。

　遅行スパンが価格より上にあれば、（本日を含む）26日前に買ったトレーダーは利益、遅行スパンが価格より下にあれば損失となります。

　それと同時に、損失または利益の額が増えてきているのか、それとも減ってきているのかを認識します。その額が損失から利益に変わるのが遅行スパンの好転、利益から損失に変わるのが遅行スパンの逆転です。


## 3）次に相場の段階を見る

　次に見るのが相場の段階です。段階は398ページ〜399ページで説明した通りです。

### 【売り時代から買い時代への10のフェイズ】
①価格が転換線を上抜ける
②価格が基準線を上抜ける
③転換線が基準線を上抜ける（均衡表の好転）
④遅行スパンが価格線を上抜ける（遅行スパンの好転）
⑤価格が雲に突入
⑥先行スパン1が先行スパン2を上抜ける（雲のねじれ）

⑦価格が雲を上に突き抜ける（三役好転）
⑧転換線が雲を上に突き抜ける
⑨基準線が雲を上に突き抜ける
⑩線の並び順が買いの完成形となる

**【買い時代から売り時代への10のフェイズ】**
①価格が転換線を下抜ける
②価格が基準線を下抜ける
③転換線が基準線を下抜ける（均衡表の逆転）
④遅行スパンが価格線を下抜ける（遅行スパンの逆転）
⑤価格が雲に突入
⑥先行スパン1が先行スパン2を下抜ける（雲のねじれ）
⑦価格が雲を下に突き抜ける（三役逆転）
⑧転換線が雲を下に突き抜ける
⑨基準線が雲を下に突き抜ける
⑩線の並び順が売りの完成形となる

ただし、もみ合い相場ではこの各フェイズは意味を持ちません。上記の段階を踏むのはトレンドがあるときだけです。またトレンドがあっても順番通りになるとは限りません。

トレンドがあるように見えても上記の順番で動かなければ、そして、その順番の崩れが頻発するほど、それはトレンドが不安定であることの証拠となります。

準備構成も、一度は、その順番で進みかかった相場が再度振り出しに戻った格好です。

海外の最新のテクニカル指標には"セットアップ"という考え方があります。あるシステムが買いサイン・売りサインを出す前に準備段

階（＝セットアップ）があり、その後、サインの出現に至るという考えなのです。そういった考え方を日本の由緒ある一目均衡表が、いち早く編み出していたことには敬服せざるを得ません。

相場では、下降トレンドが上昇トレンドに一気に転換することはほぼありません。理由は下げを必死でこらえた買い方がいるからです。その買い方は状況として切迫しているはずです。すると、相場が少し回復すれば、それを機に手仕舞いしようと考えます。理屈上、その売りが消化されるまでは本格上昇にはなりません。ゆえに準備構成を経て、因果玉（大きくマイナスになっている未決済のポジション）の整理が終わったときからようやく本格上昇になるのです。

価格変動を大きな流れでとらえると「買いの完成形から売りの完成形へ」「売りの完成形から買いの完成形へ」という変化の連続で相場は形成されます。その変化の過程で時に反転したり、変化に時間がかかったりすることがあります。それが押し目や戻し、そしてもみ合い相場となるわけです。

そして、大相場は買いの完成形、売りの完成形が長続きする相場展開です。

敵の本丸を落とした後に、国内の敵の城をひとつひとつ落としてゆく、いわゆる掃討戦です。本丸が落ちたのですから後は逃げていく敵を追い払うだけです。それが相場では一番利益が上がるシーンと言えます。ですから、買いの完成形、売りの完成形になったからと言って、すぐに手仕舞いするのは控えるべきです。獲れる利益はすべて獲りにいきます。

敵の本丸が落ちた状態は、トレンドがある状態で雲を抜けた、いわゆる三役好転・三役逆転状態です。ただ掃討戦と言っても、三役好転・逆転ですぐに終わってしまう相場もあります。だからと言って、大相場になる可能性をあっさりとあきらめる必要はありません。相場で本当の意味で勝ち組になるためのテーマは、大相場をしっかりと獲れるかどうかにかかっているからです。

そのためにも、現在の"フェイズ"を確認することが大切です。この段階の中には"均衡表の好転""遅行スパンの好転""三役好転"なども含まれます。「均衡表が好転したから買い」などと短絡的な判断をせずに、トレンドの変化を段階を追って把握して「現在、買い方が明確に優勢になったので買いポジションを獲る」という考え方が大事なのです。

### 4）先行スパン2で予測する

　"予測"をするためには、価格から26日（※本日を含む）先の先行スパン2に向けて線を引くのがひとつの方法です（第6章の「先行スパン2を極める」参照）。"予測"は、とりあえず典型的なパターンを作図しておこうという考え方ですから、「先行スパン2へ向けて線を引く」ことがすべてではありません。

　予測の線を引くのは、過去52日間の動きは大きな上昇なのか、下降なのかを見極めるためです。その52日間がもみ合いのときは予測の線を引いても意味をなしません。仮に、52日間が大勢上昇だったとします。その後、トレンド転換が疑われる動きが出てきたら、線を引くと思えばよいでしょう。

　次ページのチャート『予測の線を引くとき』では、最高値をつけてから、価格が2日ほど下降しています。こうした状況で直近の最高値の位置から（本日を含む）26日後の先行スパン2に向けて線を引きます。

　予測の線で大事な点は「これからその線に沿って動く」ということではありません。このことを説明するために次ページのチャート『業績は良いものか、悪いものか』を見てください。

　これはある会社の年間収益の推移をグラフにしたものです。これだ

◆予測の線を引くとき

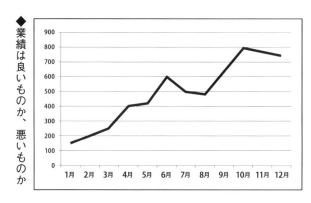

◆業績は良いものか、悪いものか

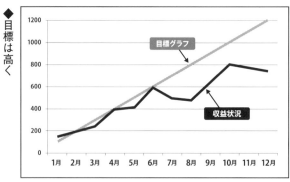

◆目標は高く

け見ていても業績が良いのか、それとも悪いのか、仕事は順調なのか、もっと頑張らなければいけないのかはわかりません。

そこで、目標数値を入れたグラフを作ることにします。多くの会社では普通にやっていることです。それが前ページの『目標は高く』です。

6月ごろまでは年間目標に食らいついていましたが、7月と8月の業績不振がたたって、目標達成が困難になったことがひと目でわかります。さらに、9月、そして10月と巻き返しを図ったものの、やはり目標ラインには届かず、11月、そして12月になると力尽きて、ついに最悪の1年になりました。

このグラフを見ていると、7月くらいからこの会社の株は売りたくなります。たった1本の目標の線を入れただけで今までわからなかったものが、はっきりとわかるようになります。それが"予測"の線なのです。

先行スパン2に向けて引く線は、もし上昇トレンドが終了し、下降トレンドへ変化しつつあるとしたら、それはどこが境界線かを示す線です。境界線を下回っていたら下降トレンドへの移行が優勢、境界線上なら一時的な押し目という見方が優勢です。その際、先行スパン2がその決定的な分岐点になります。予測の線を引くことによって価格が先行スパン2にたどりつく前に、これは危険な状況であるのか、それとも、まだ安心なのか——といったことがわかります。

## 5）もみ合い相場での一目均衡表の使い方

トレンド系のテクニカル指標は、一般的にもみ合い時には弱いとされています。一目均衡表も、これまで説明してきた部分は、トレンドがあるときには有効ですが、もみ合い相場では使えません。このことを理解していないトレーダーは意外にも多いので注意しましょう。

もちろん、一目均衡表は、全体としてはもみ合い相場のときにも有効です。次ページのチャート『各線はくっついていく』をご覧ください。
　もみ合い時の特徴は、(遅行スパンを除く) 4本の線が横ばいになり、接近することです (『各線はくっついていく』では遅行スパンは省いています)。
　もみ合い相場のときの4本の線 (転換線・基準線・先行スパン1・先行スパン2) の特徴を考えてみます。
　完全に横ばいになるのは基準線と先行スパン2で、転換線は基準線を中心に細かく上がったり下がったりを繰り返します。また、先行スパン1は、先行スパン2を中心にして細かな上下動を繰り返します。
　すなわち、もみ合いの中心となるのは基準線と先行スパン2なのです。この点は重要です。
　価格変動がもみ合いに入ると、まず基準線が横ばいになります。その後、もみ合いが長期化すると先行スパン2が横ばいになります。逆に言えば、「先行スパン2が横ばいになる」イコール「もみ合いが長期化している」証拠なのです。
　大事なのは「基準線は中期間のもみ合いの中心」「先行スパン2は長期間のもみ合いの中心」を示すということです。
　もみ合いが長期化すると、基準線と先行スパン2は、ほとんど同じ価格で横ばいになる性質があります。さらに言えば、2本の線が重なってしまう現象も起こります。長期間にわたってもみ合いの中心が変化しないのは、つまり、本当に売り方と買い方の勢いが拮抗しているからです。
　ところが、時として、両線とも横ばいながら、位置が微妙に違うことがあります。横ばいでありながら、基準線が先行スパン2より上に位置するとか、先行スパン2より下に位置するという意味です。これは長期トレンドのもみ合いと中期トレンドのもみ合いの中心が違うために起きる現象です。つまり、もみ合い状態はもみ合い状態でも水準

◆各線はくっついていく

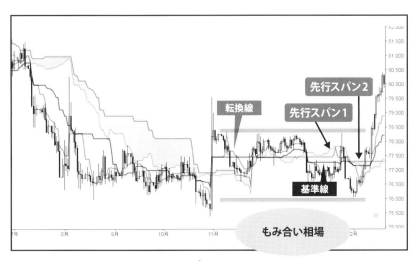

くっついている部分を拡大

を変えているわけで、これは"もみ合い放れ"の予兆となります。

　基準線・転換線はもみ合いの中心です。もみ合いが継続するためには、価格がその中心より上がったら、その後は上がったぶんだけ下げ、下がったら下がったぶんだけ上げるのが条件です。そのような状態を維持している間は、もみ合いの上限で売り、下限で買えば利益が獲れます。

　ただし、もみ合い相場もいつかは終わります。個人的には、もみ合い中に細かく獲ろうとせず、もみ合い放れをいち早く見つけることに力を傾けることをお勧めします。もみ合い相場の期間が長ければ長いほど、放れたときのトレンドは大きくなる傾向にあるからです。すなわち、大きな利益につながりやすいのです。

　通常、もみ合いの上限を超えたら上放れ、もみ合いの下限を超えたら下放れだと判断します。しかし、それではもみ合い放れの発見が遅くなってしまいます。一目均衡表ではもみ合いの中心がわかります。これを利用しない手はありません。

　次ページのチャート『もみ合いの中心を見つける』は、わかりやすくするために、転換線と基準線だけを描いています。

　まず、もみ合いの中心を見つけます。『もみ合いの中心を見つける』では基準線が完全に横ばいで、もみ合いの中心であることがわかります。すると価格は、その基準線を中心として、上がったぶんだけ下げ、下がったぶんだけ上げていることが確認できます。

　ところが、もみ合い放れの直前にはそれが崩れます。「上がったぶんだけ下がらない」としたらそれは上放れの予兆、「下がったぶんだけ上がらない」としたらそれは下放れの予兆です。

　次ページのチャートを見てください。もみ合いの最後で、上がったぶんだけ下がらず、もみ合いの中心（基準線）をステップの台のようにして上へ放れていっています。それがもみ合い放れの予兆となるの

◆もみ合いの中心を見つける

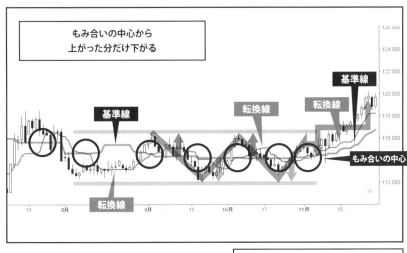

もみ合い放れを拡大

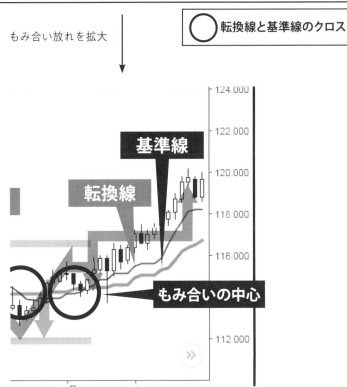

です。
　もみ合いの最後は、もみ合いの中心（基準線・先行スパン2）をステップボードにして、上放れたり、下放れたりすることを覚えておきましょう。

　最後に付け加えます。もし読者が、日足チャートで分析をしてトレードをしているなら、日足の分析が終わった後には週足で同じ分析をもう一度やり直してみてください。1時間足のトレーダーなら、4時間足で分析し直してみることをお勧めします。
　一回り期間が長いチャートを見ると、それまでとはまったく違った景色が見えることがあります。その大局をしっかりと頭に入れて、(自分のサインを出す) チャートの分析を補正するのです。

第9章

# MACD徹底研究

## 第1節
## MACDとは

### 1）はじめに～MACDと移動平均線大循環分析の関係

　MACD（マックディー）は移動平均線を強化するために作られたテクニックです。本章ではMACDを、そして第10章では移動平均線大循環分析の最高峰である"大循環MACD"を学びます。後述しているように、MACDと第3章で紹介した移動平均線大循環分析には多くの共通点があります。

　MACDを使っているトレーダーは少なくありません。しかし、本当の意味で正しく使えているかと言えば、残念ながら、必ずしもそうではないようです。
　問題のひとつは計算式をきちんと理解していない点にあります。
　次ページ下段の『MACDチャート』では上側に日経平均の日足を、下側に"MACDチャート"を描いています。そのMACDチャートの中には、①MACDという名前の折れ線、②シグナルという名前の折れ線、③ヒストグラムという名前の棒グラフ――があります。MACDはこの3つの要素で構成されているのです。
　ただチャートシステムの中には、MACDとシグナルしかないものもあります。さらにはヒストグラムだけが別名のテクニカル指標になっているケースもあります。例えばＭＴ４は後者のケースです。

◆ MACDと移動平均線大循環分析の関係

**MACD と 大循環分析 は共通項がたくさんある**

**MACD は実は移動平均線を強化するために作られたもの**

**そのため MACD を大循環分析と組み合わせるとさらに強固になる**

**MACD を極め、移動平均線大循環分析の最高峰『大循環 MACD』をマスターしよう！**

◆ MACDチャート

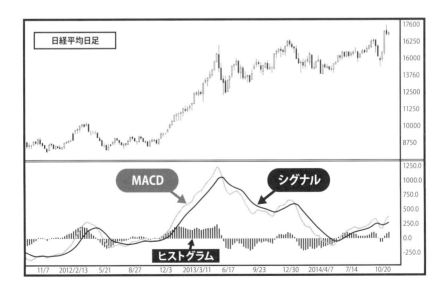

## 2）移動平均線がくっついたり離れたり

　MACDのことを英語で言うと"Moving Average Convergence / Divergence Trading Method"になります。Moving Averageは移動平均線のことです。

　さまざまな場面でテクニカル分析に関連して"MA"というつづりを目にしたら、それは大抵の場合、移動平均線絡みだと考えてください。MACDも同様で、根本は移動平均線に注目した分析手法なのです。

　日本語訳は"移動平均線収束拡散法"と言います。しかし、それでは何のことかわかりません。このため私は、勝手に"移動平均線くっついたり離れたり分析"と呼んでいます。2本の移動平均線がお互いにくっついたり（収束）、離れたり（拡散）する様子を分析する。それがMACDです。

　2本の移動平均線の収束と拡散は何を意味するのでしょうか。2本の移動平均線が収束したときにはゴールデンクロス／デッドクロスが発生します。

　逆に、2本の移動平均線の間隔が広くなる、すなわち拡散した状態ではゴールデンクロスもデッドクロスも起こりませんから、現在のトレンドが継続することになります。このことをまずは覚えてください。なお、MACDの計算式は次の通りです。

① EMA ＝ ［EMAy × （n － 1）＋ P × 2］ ÷ （n ＋ 1）
　※P＝本日の価格、n＝日数、EMAy＝昨日のEMA
② MACD ＝短期EMA －長期EMA
③シグナル＝ MACDのEMA
④ヒストグラム＝ MACD －シグナル
　＊短期EMAは12日、長期EMAは26日、シグナルは9日を使うケースが多い

①の計算式は、一見すると、難しく感じるかもしれません。しかしMACDの計算式は、あらゆるテクニカル指標の中でも簡単な部類に属します。難しく見えるのは計算式の中にあるEMA（指数平滑移動平均線）の部分なのでしょう。

　しかし、MACDを突き詰めていくと、SMA（単純移動平均線）を使っているか、EMAを使っているかの差でしかないことに気づくはずです。そこだけを考えれば難しいという先入観は霧散するはずです。あとは"シグナル"や"ヒストグラム"という言葉に慣れるだけの問題です。

　以下のチャート『SMAとEMA』は60日SMAと、同じく60日EMA、そしてローソク足を並べて描画したものです。2本の移動平均線の変化の差に注目してください。

　天井と底が出現する順番は、ローソク足が一番早く、次いでEMA、最後にSMAです。つまり「SMAはEMAに比べて値動きに対する感度が鈍い」ということになります。

◆ SMAとEMA

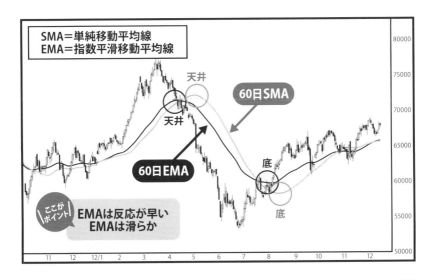

MACDでEMAを使う理由は、SMAに比べてワンテンポ早くシグナルを出せるというメリットにあるのです。

加えて、EMAはその特性上、SMAに比べて線が滑らかなのです。このため2本の線がクロスするときや、クロスしてから離れていくときがわかりやすい、つまり信頼性が高いのです。

参考までに、MACDの発案者は、MACDを描画するときにはEMAを用いるように指定しています。これは移動平均線を12本使う"ＧＭＭＡチャート"も同様です。その意味でもEMAをきちんと学んでおくことは後々役に立つのです。

### 3）SMAには問題がある

では、なぜ多くのテクニカル分析でEMAが使われるのでしょうか。

それは、EMAが直近のデータにより重きを置いた平均値であり、かつ、過去のすべての価格データを反映している点にあります。

例えば、5日SMAでは、本日の計算値は、本日を含む5日分の価格の合計を5で割って算出します。このことは同時に5日より前の価格はすべて無視されていることを意味します。

一方、EMAは相場に対する直近の価格の影響力を考慮して平均値を算出します。5日EMAだからといって5日より前のデータが計算から除外されることはありません。

SMAの問題点をクイズで説明します。昨日までの5日間の平均値が1,000円だったとします。そして本日の価格が1,200円だった場合、SMAの値は昨日よりも大きくなるでしょうか、それとも小さくなるでしょうか。これはすなわち、SMAが昨日に比べて上向くか下向くかというクイズです。

過去5日間の値がA（5日前）、B（4日前）、C（3日前）、D（2日前）、E（昨日）だとすると、5日SMAの昨日の値は次の式で算出できます。

$$5日SMA ＝（A + B + C + D + E）÷ 5$$

　クイズの例ではこの値が1,000円でした。
　では、1日進んだ今日、つまり、F（本日＝最新）の価格はどういう計算になるかと言うと、最も遠い過去の値であるAを計算から外し、（B + C + D + E + F）÷ 5となります。
　ここで（A + B + C + D + E）と（B + C + D + E + F）の違いを考えてみましょう。
　答えは明白です。AがなくなってFが加わりました。
　話をクイズに戻します。クイズでは最新の価格、すなわちFが1,200円でした。単純に考えれば平均の値は上がりそうな感じがします。しかし、計算から除外されるAが1,300円だったらどうでしょう。
　Aが1,300円で、（A + B + C + D + E）÷ 5が1,000円になるケースは何通りもあります。では1,300円のAが計算式から抜け落ち、代わりに1,200円のFが加わったらどうでしょう。この場合、平均値は小さくなり、SMAは下がります。このように本日の価格がそれまでの平均の値より高くても、SMAの場合では、必ず線が上向きになるとは限らないのです。

## 4）直近の価格を重視するEMA

　SMAが上向きになってクロスが発生した場合、それが本日の価格が高くてクロスした結果であればシグナルとして有効です。ところが計算対象から落ちる価格が非常に低く、最新の価格が前日までとほぼ

変わらない状態で平均値が上昇し、SMAが上向いたことで生じるゴールデンクロスは信用できません。SMAでは、そういうダマシが時々起きるのです。

EMAは、こうしたSMAの難点を克服した平均値の算出方法なのです。EMAの計算式は次の通りです。

<u>5日EMA＝（昨日のEMA×4＋本日の価格×2）÷6</u>

上記は5日EMAの計算式です。日数を定めない場合、「昨日のEMAの値をn－1個」掛けた結果と、「今日の価格を2倍した結果」を足し、それをn＋1で割ります。その計算式（一般式）が先に示したものです。

<u>EMA＝［EMAy×（n－1）＋P×2］÷（n＋1）</u>
＊EMAyは昨日のEMAの値、nは日数、Pは本日の終値

EMAの計算では、本日の価格の影響力を高めるため、本日の価格を2倍します。そして、本日以外の数値に関しては、1日目、2日目、3日目、4日目……n日目の数字を、すべて昨日の平均値で代用します。それが「EMAy×(n－1)」です。本来ならば、その合計をnで割って本日のEMA値としたいところですが、Pは2倍しています。このため、n日EMAなら、本来割るべき日数のnに1を加えて（n＋1）としなければならないのです。

日本のトレーダーには、なぜかこの計算式が非常に難しいというイメージが持たれています。しかし、世界的には「EMAのほうが簡単」という逆の評価があります。その理由は、長期にわたる移動平均値を計算すればわかります。

例えば1,000日SMAを計算するためには1,000日分（個）のデー

◆実は簡単、EMAの計算式

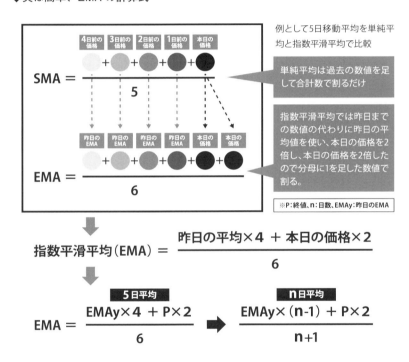

例として5日移動平均を単純平均と指数平滑平均で比較

単純平均は過去の数値を足して合計数で割るだけ

指数平滑平均では昨日までの数値の代わりに昨日の平均値を使い、本日の価格を2倍し、本日の価格を2倍したので分母に1を足した数値で割る。

※P:終値、n:日数、EMAy:昨日のEMA

指数平滑平均(EMA) = (昨日の平均×4 + 本日の価格×2) / 6

**5日平均**

$$EMA = \frac{EMAy \times 4 + P \times 2}{6}$$

**n日平均**

$$\frac{EMAy \times (n-1) + P \times 2}{n+1}$$

タが必要です。しかし、EMAならば、本日の価格と昨日のEMA値だけですみます。

試しに1,000日指数平滑移動平均を計算してみましょう。仮に、昨日のEMA値は1,000円、今日の価格が1,200円だとします。

1,000日EMA＝［1,000×(1,000－1)＋1,200×2)］÷(1,000＋1)
＝(1,000×999＋2,400)÷1,001
＝1,000.3996・・・

EMAは計算区域から外れていく価格に影響されず、計算結果をつないだ線は今日の価格が昨日の平均値よりも高ければ必ず上向きます。これによりSMAの欠点であるダマシを回避でき、転じて、SMAに比べて天底の反応が早くなるのです。つまり、より早くトレンド転換に気づけるようになるのです。結果として、売買サインの出現もより早くなります。

## 5）平均建値をより正確に知る方法

またEMAの値は、マーケットに残っている売買価格（建値）の平均値に近いという特性があります。

SMAでもEMAでも、20日間の移動平均線が示すのは、20日間の平均的な売買価格です。1日が経過した時点では、昨日買いポジションを建てたトレーダーの多くはまだマーケットに残っているでしょう。しかし、3日、4日、5日……と時間が経過するにつれて手仕舞いが進み、マーケットから離脱するトレーダーが増えていきます。

そして100日、200日と移動平均の計算日数が長くなればなるほど、100日前、200日前にポジションを建てたトレーダーは少なくなります。現実には、まったくいなくなっている場合もあります。

私たちが移動平均線に求めているのは**「今、マーケットにどれだけのトレーダーが残っていて、そのトレーダーの平均建値はいくらか」**です。

ただ、残念ながら、それを正確に計算できる方法はありません。"価格帯出来高"という方法もありますが、やはり正確無比ではありません。

もちろん、EMAの確度も100%ではありません。しかし、直近の価格の影響力を重視して計算するEMAでは、「今日は、買い建てしているトレーダーは100人中95人残っている。明日になると100人中20人くらいが決済して80人になる。2日経つと60人ぐらいになる」という具合に、マーケットに残っているトレーダーの数に近づくことができます。マーケットに未決済のまま残っているポジションの平均値とまったくイコールではないものの、それに近づくだろうという考えのもとで設計されているのです。

### 6）EMAのトレンド転換

EMAを2本使ってチャート分析をする場合には、短期に12日EMAを、長期に26日EMAを使うのが基本です（長期の26日は一目均衡表でもカギとなる数字です）。もちろん、このパラメーターはトレーダーが自在に変更できます。

この2本のEMAの位置関係は、上昇トレンドの中では、12日EMAが上、26日EMAが下になります。下降トレンドならそれが逆転し、12日EMAが下、26日EMAが上です。

では、どこでこの大きな流れが変わるのでしょうか。

次ページの『トレンドの潮流が変わるとき』を見てください。このチャートでは、デッドクロスを契機として、上昇トレンドから下降トレンドへと相場の流れが変わっています。上昇トレンドのときには短期線が長期線の上に、下降トレンドでは長期線が短期線の上に来ます

から、その2線がクロスする地点がトレンドの転換点となります。

この基本的な2本の移動平均線の見方をまず頭に入れて、これからMACDの考え方を学んでいきましょう。

◆トレンドの潮流が変わるとき

## 第2節
## マックディ線の本質

### 1）MACDの中のマックディ

　MACDは、①MACD、②シグナル、③ヒストグラム――の3つの要素で構成されているとお話ししました。これはMACDというテクニカル分析手法の中に、同じ名前のMACDという線が存在するという意味です。

　なぜMACDの中にMACDという線があるのかというと、それは今あるMACDはもともとの形（原形）から進化し、あとから分析の要素が加えられたためです。つまり、私たちはその進化形を"MACD"と呼んでいるのです。

　その原形は、今では"MACD1（ワン）"または"MACDオリジナル"と呼ばれています。

　MACD1とMACDの関係は説明した通りですが、それでは紛らわしいので、今後、本書ではMACD1の要素であるMACDをカタカナで"マックディ線"と呼ぶことにします。マックディ線は1本の線、MACDは分析手法の全体像だと考えてください。

　マックディ線の計算式は先に紹介した「短期EMA－長期EMA」です。基本的なパラメーターとして12と26を使いますが、前述したとおり、これはトレーダーのテイストに合わせて変更できます。

短期EMAと長期EMAの差を求めるのは、2本の移動平均線の間隔を求めることが目的であり、これがMACDのすべてです。

## 2）ゼロラインの上か下か、線上か

　次ページ下段のチャート『マックディ線が見ているもの』の中から12日EMAと26日EMAを見てください。

　上昇トレンド時には12日EMAが上、26日EMAが下に位置し、その差は＋（プラス）で表記します。

　逆に、下降トレンドでは、12日EMAが26日EMAの下に位置し、差は－（マイナス）表記となります。その刻々と変化する差を線としてつないだのがマックディ線です。

　チャート中にはマックディ線が"0（ゼロ）"になっている地点が2カ所あります（丸印）。この地点では短期EMAと長期EMAの差が0です。こうした地点を"ゼロポイント"と呼び、ゼロポイントを左右にまっすぐ延ばした線を"ゼロライン"と呼びます。2線の差が0ということは、2線がクロスしていることと同義です。

　次ページの『マックディ線が見ているもの』のチャート中には2つのクロスがありますが、この2つのクロスが持つ意味には違いがあります。

　左側のクロスはマックディ線がプラス域からマイナス域に、右側のクロスはマイナス域からプラス域に移行する途中でゼロになっています。左側のゼロはデッドクロス、右側はゴールデンクロスです。このことをチャートで確認してください。

　次に、チャート上の「注目ポイント」を見てください。マイナス側に大きかった差が次第にゼロラインに近づいています。このようにマックディ線がマイナス側からゼロに向かって上昇して行く動きを見つけたら、ゴールデンクロスが予感されます。

◆ MACD1 とは

> **MACD1もしくはMACDオリジナルとは**
>
> マックディ線のこと
>
> **マックディ線の計算式は？**
>
> 12日EMA－26日EMA
>
> **計算式の意味するものは？**
>
> 2本の移動平均線（EMA）の差（間隔）を示す

◆マックディ線が見ているもの

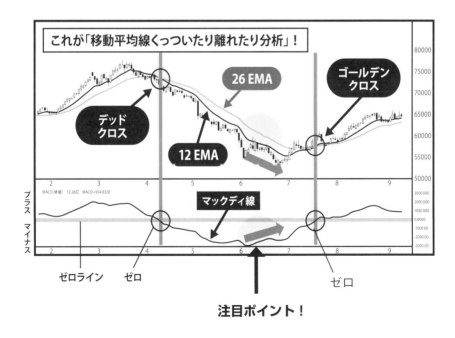

今度は価格がデッドクロスを経て下降トレンドを描いている期間に注目してください。下降を継続しているときに、これからこの下降が終わってゴールデンクロスに向かって反転する予兆を、２本の移動平均線だけで読み取るのは容易ではありません。

　ところがマックディ線に注目すると、価格が底を打つよりも早く、（マックディ線が）底打ちしている様子がわかります。デッドクロスしてからマックディ線は右肩下がりを続けています。この状態は下降トレンドが勢いを持っている証拠です。そして、移動平均線よりも早くマックディ線が底打ちします。そこからはマックディの数値は次第に大きくなり（＝マイナスが小さくなり）、その果てにゼロラインに到達し、ゴールデンクロスを生じさせます。この一連のマックディ線の動きは来るべきゴールデンクロスを暗示しています。

## ３）マックディ線は価格変動に先行する

　次ページのチャート『マックディ線は価格の動きに先行する』は、価格の動きに合わせて短期EMAと長期EMAの差がどのように変化し、それがどのようにマックディ線に反映されるかを表しています。

　設定としては、上昇トレンドを描いていた価格が徐々に上昇力を失う状態、つまり10の上昇力を持っていた相場が9になり、8になり、7になり、そして最後には0になって天井を打つ。次にはマイナスの上昇力すなわち下降の力が－1、－2、－3……と徐々に増し、－8、－9となるものの－10をピークに底を打って反転する――というものです。12日と26日のEMA、マックディ線の変化を読み取ることが目的です。

　この図で確認してほしいのは、<u>EMAが出すサインとマックディ線が出すサインの時間的な違い</u>です。

　まずはEMAのデッドクロスに注目してください。当然ですが、価

◆マックディ線は価格の動きに先行する

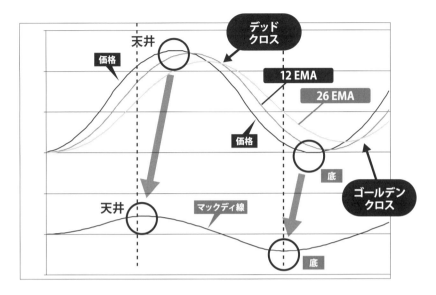

「EMAのゴールデンクロス、デッドクロスや、実際の価格変化よりも、マックディ線が先行していること」がわかる

◆マックディ線の本質

### 2本の移動平均線の間隔を見る

◎ゴールデンクロス、デッドクロスするなら2本の線はくっつく
◎間隔が広がっていくのはトレンドの勢いがあるとき。勢いがなくなると間隔は狭まり、やがてくっついて反転する

### マックディ線の上昇下降は価格トレンドに先行する

◎EMAの売買シグナルの出現が遅いことを改善
◎しかも、なめらかな線を使ってダマシを軽減

格が天井を打ってからタイムラグがあってデッドクロスが発生しています。このサインを受けて売り注文を出すわけですが、その時点では、価格はすでに一段下がっています。次は買いサインのゴールデンクロスですが、やはり底打ちから比べると、価格はある程度上がってしまっています。

これに対してマックディ線の天井と底の位置は、実際の価格変化よりも早く生じています。すなわちMACDには"価格変動に先行する"という特徴があるのです。


## 4）マックディ線とトレンドの関係

マックディ線を用いた分析では、2本のEMAの間隔に着目します。

ゴールデンクロス／デッドクロスが発生する場合、2本のEMAは接近していきます（＝収束）。逆に間隔が広がっていく（拡散）のはトレンドに勢いがある証拠です。勢いが失われれば間隔は狭まり、やがて収束に向けて動きます。

この考え方は、移動平均線大循環分析における"帯"と同じです。帯は中期移動平均線と長期移動平均線が作る領域（間隔）のことです。私は、帯に色を塗って見やすくしています。帯が広がるのは、中期移動平均線と長期移動平均線の間隔が広がることと同義です。

今、トレンドが出ている状態だとします。このとき、中期移動平均線と長期移動平均線が接近し始めたら、そのトレンドは終わりに近づいていることがわかります。さらに、時間の経過とともに2本の線がクロスし（＝帯がクロスし）、帯が"ねじれる"ことによりトレンドは変化します。

これはMACDも同じです。2本の線の間隔に注目すると、現在のトレンドが勢いを増しているのか、安定しているのか、あるいは終わりに近づいているのかがわかるのです。

マックディ線の上昇／下降は、価格トレンドに先行します。マックディ線は価格が上昇トレンドを描いている最中でも、その上昇トレンドの勢いが弱まると、価格およびEMAに先行して下げ出します。下降トレンドでも同様で、下降トレンドの勢いが失われるとマックディ線は上げ出すのです。

　今、仮に上昇トレンドの渦中だとします。上昇トレンドの勢いが徐々に衰えてきました。すると短期EMAと長期EMAもやはり勢いを失います。そのときに一番早く反応するのがマックディ線、2番目が短期EMA、3番目が長期EMAの順です。

　これが"MACDの先行性"につながっています。

## 第3節
## シグナルの本質

### 1）シグナルは移動平均線

　シグナルはマックディ線の9日指数平滑移動平均線（EMA）です。マックディ線にさらに9日移動平均を重ねて描画するのには、当然、理由があります。

　次ページの『シグナルはマックディ線の9日指数平滑移動平均線（EMA）』のチャートの下段を見てください。「マックディ線の天井」を経た後に生じたマックディ線とシグナルのデッドクロスに気づいたでしょうか。そのデッドクロスの後にはゴールデンクロスが起きています。

　マックディ線には価格の動きに先行する性質があると説明しました。そうであるならば、「今、マックディ線が上昇しているのか、それとも下降しているのか。その動きを的確にとらえたい」という考えはトレーダーにとって当然の欲求になります。

　さて、マックディ線の上昇／下降を見分けるにはどうしたらよいでしょう。答えは移動平均線を描き足すことです。

　マックディ線とその移動平均線を同時にチャート上に描画すれば、価格に対する2本の線の感応度（反応の早さ）の違いからゴールデンクロスとデッドクロスの発生が明確になります。

　ゴールデンクロスはマックディ線の上昇を示します。デッドクロス

◆シグナルはマックディ線の9日指数平滑移動平均線（EMA）

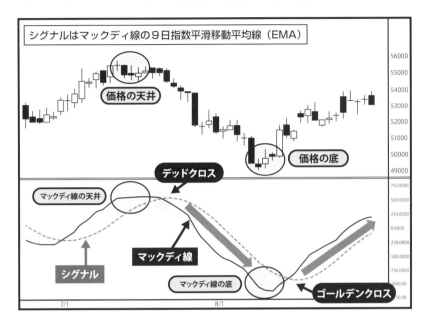

◆シグナルの本質

### シグナルの本質

◎シグナルは単にマックディ線の移動平均線（EMA）
◎マックディ線は価格の動きに先行して天井・底をつける。つまり、マックディ線のトレンドを知れば、価格のトレンドを先読みできる

### マックディ線のトレンドを知るには？

マックディ線と移動平均線をチャート上に同時に描画すれば、そのゴールデンクロス、デッドクロスでトレンドの発生を知ることができる

はその逆でマックディ線の下降を示します。つまり、マックディ線の上昇／下降を見抜くためにマックディ線の9日移動平均線を描くのです。ですから"シグナル"とわざわざ新しい名前をつけなくても、本当は"マックディ線の9日移動平均線"でよいのです。

　移動平均線を描き加えるテクニカル分析手法は MACD だけではありません。RSI やストキャスティクスをはじめとする他の指標も、RSI 同士の移動平均線、ストキャスティクスの移動平均線を重ねて描画することがあります。

　テクニカル指標である MACD の最大のサインはマックディ線とシグナルのゴールデンクロス（買いサイン）、そして、マックディ線とシグナルのデッドクロス（売りサイン）です。ゴールデンクロスはマックディ線の上昇、すなわち価格の上昇の先行指標であり、裏付けなのです。同様に、デッドクロスはマックディ線の下降、すなわち価格の下降の先行指標であり、裏付けなのです。

## 2）シグナルのパラメーターは9

　MACD には3つの可変パラメーターがあります。そのうち2つはマックディ線を計算するための短期と長期の EMA で、3つ目（残りのひとつ）がマックディ線の移動平均線であるシグナルのパラメーターです。
　これまでは多くのトレーダーが使っていて、標準とされている"12""26""9"で説明してきました。
　このうち12日と26日に関しては、いろいろな試行錯誤が考えられます。特にこれから"大循環 MACD"を勉強すると、"5と20"の組合せ、"5と40"、"20と40"の組合せを試してみたくなるでしょう。

ところが、シグナルの9日を変更するトレーダーはほとんどいません。もちろん、いろいろ試してみることは重要です。

# 第4節
# ヒストグラムの本質

## 1）ヒストグラムはマックディ線とシグナルの差

　次ページ上段の『ヒストグラム』では、上段に価格（＝ローソク足）、中段にマックディ線とシグナル、下段にヒストグラムを描いています。ヒストグラムは一般的には縦棒で表記しますが、折れ線グラフで描くチャートもまれにあります。

　ヒストグラム（histogram）はそもそもデータの分布状況を視覚的にとらえやすくした棒（柱状）グラフです。ヒストグラムがなぜ必要なのか。それは計算式を見れば一目瞭然です。

　　**ヒストグラムの計算式＝（マックディ線）－（シグナル）**

　ヒストグラムはマックディ線とシグナルの差に着目しています。つまり2つの間隔の拡大／縮小を見ているのです。

　次ページ上段の『ヒストグラム』を見ると、一番左の下降トレンドでは、シグナルはマックディ線の上側に位置していますが、時間の経過とともに2線の間隔は変化しています。その間隔の拡大／縮小に伴って変化しているのがヒストグラムの長さです。下降トレンドのときはヒストグラムがゼロラインを挟んでマイナス側にあります。

　その下降トレンドが緩やかになると、マックディ線とシグナルの間

◆ヒストグラム

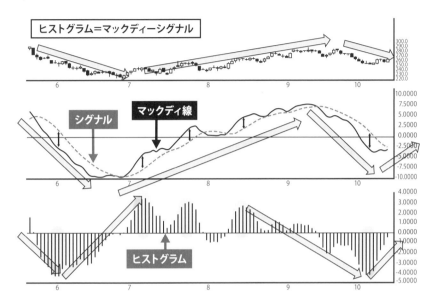

◆ヒストグラムの本質

### マックディ線とシグナルの間隔を見る

◎マックディ線とシグナルが、ゴールデンクロス、デッドクロスするなら2本の線はくっついていく
◎間隔が広がっていくのはトレンドに勢いがあるとさ、勢いがなくなると間隔は狭まり、やがてくっついて反転する

### ヒストグラムはマックディ線の動きに先行する

◎マックディ線の売買シグナルをさらに早くした
◎しかし、残念ながら、ダマシも多くなった

隔が狭まり、それに応じてヒストグラムの棒が短くなり、やがて2線はクロスしています。クロスしている地点の直下では、ヒストグラムはゼロになっています（＝ヒストグラムが上にも下にも線が伸びてない状態）。

## 2）オリジナルではない MACD ＝ヒストグラム

　マックディ線とシグナルの間隔、すなわちヒストグラムに着目するのには当然、理由があります。

　なぜ、マックディ線とシグナルのゴールデンクロス／デッドクロスを見るかというと、12日と26日のEMAが形成するゴールデンクロス／デッドクロスでは売買のタイミングが遅れるからです。要するに、それよりも早いサインが欲しかったからです。

　ところで、そのマックディ線とシグナルのゴールデンクロス／デッドクロスよりも速いサインを得るためにはどうしたらよいのでしょうか——。それにはマックディ線とシグナルがゴールデンクロス／デッドクロスするために接近、または拡散していく過程を知ればよいのです。

　MACDは1970年代後半にジェラルド・アペル氏が発案したテクニックです。マックディ線とシグナルはそのときからありました。その後、MACDが普及する中で、MACDの効果をより高めるため、1986年にトーマス・アスプレイ氏がヒストグラムを発案しました。

　サインを早く出す目的であれば、ヒストグラムに移動平均線をつけて、ヒストグラムと移動平均線の間隔を見るという考えもあり得ます。しかし、サインを早く出させようとすればするほどダマシは頻発します。つまり、ヒストグラムより早いサインは実用的ではないのです。

## 3）ヒストグラムは"参考程度"として使う

　もう一度、445ページの『ヒストグラム』を確認してください。

　最初に見るのは価格（ローソク足）です。価格は時間の経過とともに「下落⇒上昇⇒下落」の動きをたどっています。

　続いて、マックディ線とシグナルの動きです。価格と同様に「下落⇒上昇⇒下落」の動きですが、終わり（チャートの最も右側の部分）では、少しですがマックディ線が上昇し始めています。

　最後はヒストグラムの動きです。ヒストグラムは「下落⇒上昇」の後にチャートの中央部分でマックディ線がシグナルの上の位置をキープしていることを示しています（値がプラス域内で推移している）が、最終的には「下落⇒上昇」となっています。

　この3つの動きには、MACDを理解するための重要な要素が含まれています。

　それは価格よりマックディ線、マックディ線よりヒストグラムの変化が早いという事実です。チャート内で発生した価格の底打ち、マックディ線の底打ち、ヒストグラムの底打ち。そして、価格の天井、マックディ線の天井、ヒストグラムの天井をそれぞれ比べて確認しましょう。

　ただし、価格の上昇に対応するヒストグラムは積み上げが高くなったり低くなったり、いったんはマイナス側に入ってもいます。やはりサインを早く出そうとすればするほど、それに応じてダマシが出てくることも確認できます。このため、ヒストグラムを使うとしても参考程度にとどめるというトレーダーは少なくありません。

## 第5節
# MACDの総合分析

### 1） 5本の線の関係性を理解することが大切

　MACDによるチャート分析は、2本の移動平均線（12日EMAと26日EMA）、マックディ線、シグナル、ヒストグラム——の計5本の線を用います。

　次ページの『小次郎講師流　MACDは5つの線で分析する』を見てください。

　まず注目するのは12日EMAと26日EMAのゴールデンクロスとデッドクロスです。もちろんゴールデンクロスは買いサイン、デッドクロスは売りサインです。

　続いて、マックディ線とシグナルのクロスです。マックディ線とシグナルのゴールデンクロスは買いサイン、デッドクロスは売りサインです。ゴールデンクロスでマックディ線の上昇トレンド入りが、デッドクロスではマックディ線の下降トレンド入りがわかります。それぞれ価格の動きに先行します。

　ヒストグラムはマックディ線とシグナルの間隔です。減少していたヒストグラムが増加に転じる地点が買いサインです。この瞬間を"ボトムアウト（底打ち）"と表現します。反対に増加していたヒストグラムが減少に転じる瞬間をピークアウト（天井打ち）と言います。もちろん売りサインです。

◆小次郎講師流　MACDは5つの線で分析する

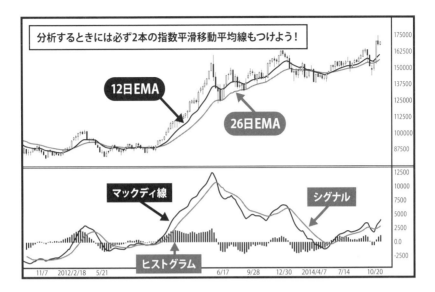

◆ MACDの売買シグナル

**12日と26日のEMAのクロス**

◎ゴールデンクロス・・・買いサイン
◎デッドクロス・・・・・売りサイン

**マックディ線とシグナルのクロス**

◎ゴールデンクロス・・・買いサイン
◎デッドクロス・・・・・売りサイン

**ヒストグラム**

◎減少していたヒストグラムが増加に転じる・・・買いサイン
◎増加していたヒストグラムが減少に転じる・・・売りサイン

**通常の説明が不親切な点**

◎買いサイン、売りサインが多くて、どこで売買すればいいのかわからない
◎それぞれのサインの意味がわからないので、それぞれの関係性もわからない

このように、ひとつのMACDの中に複数の買いサインと売りサインがあります。しかし、それは、どこで買ったらよいか、どこで売ったらよいかを、かえってわかりにくくすることにもつながります。したがって、それぞれの関係性をしっかりと理解することが重要なのです。

## 2）ヒストグラムから動き出す

次ページの『MACDを使いこなすための秘伝図』は3段に分かれています。

上段はローソク足（価格）と12日・26日EMAです。2本のEMAが織りなすゴールデンクロスとデッドクロスが発生するタイミングに注目しましょう。

中段はマックディ線とシグナルです。こちらも2本の線が作るゴールデンクロスとデッドクロスの位置を見てください。

下段はマックディ線とシグナルの差であるヒストグラムです。そのヒストグラムがボトムアウト、ピークアウトを繰り返しています。

この図が示しているのは、2本のEMAが作るクロス、マックディ線とシグナルが作るクロス、そしてヒストグラムの関係性です。それぞれがどのタイミングで発生しているのか、この図を暗記するくらいの気持ちで眺めてください。

2本のEMAのゴールデンクロスが生じた場合、それを先読みするのがマックディ線とシグナルのゴールデンクロスであり、さらにそれを先読みするものがヒストグラムのボトムアウトという関係です。

ヒストグラムが0になった地点からまっすぐ上に延ばすと、マックディ線とシグナルがゴールデンクロスしていることについても確認しましょう。またマックディ線が0ラインに向けて上昇し、やがて0ラインに到達した地点から垂直に延長した先が、2本のEMAがゴールデンクロスする地点という関係になっています。

◆ MACD を使いこなすための秘伝図

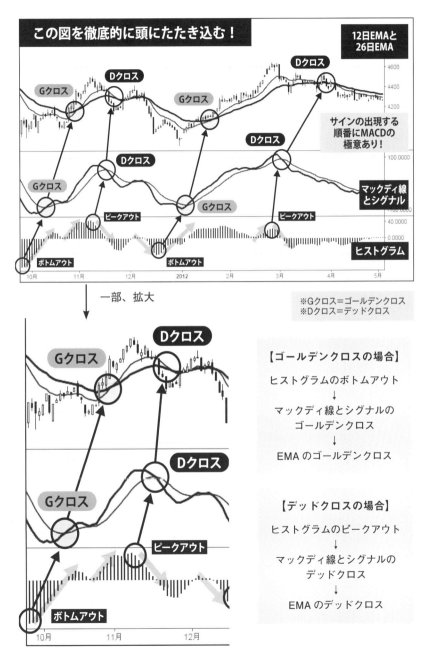

ヒストグラムがピークアウトしたポイント、マックディ線とシグナルのデッドクロス、EMAのデッドクロスでも確かめましょう。
　ヒストグラムが０の位置を垂直上側に延長すれば、マックディ線とシグナルのデッドクロスが見つかります。そしてマックディ線が０ラインと重なった地点を垂直上側に延長すればEMAのデッドクロスに出合います。

　このことを踏まえ、ポジションを建てると仮定して、次ページの『MACDを使ったときの流れ』に従って検証してみましょう。
　**A**のゴールデンクロスで買い建てたとすると、**B**で短時間のうちに天井をつけてしまいます。次の、**C**のデッドクロスで売り建てていたら、下がらずに**D**まで上昇しています。つまり**C**はダマシだったことになります。**E**のゴールデンクロスで買い建てていたら、これは大きな上げ相場ですから、それなりの利益が獲れたはずです。
　これに対して**F**のマックディ線とシグナルのゴールデンクロスのサインが出た位置を考えると、その後、上げ下げはあったものの**G**まで上昇しているので「結果オーライ」ということです。**H**の売りサインは、途中、上昇場面もありましたが、やはり結果として成功しています。**C**で仕掛けるよりはよかったでしょう。**I**のゴールデンクロスは絶妙です。大底近くで買えています。**J**のデッドクロスでの売りも絶妙です。
　マックディ線とシグナルのゴールデンクロス・デッドクロスは、EMAのゴールデンクロス・デッドクロスよりもワンテンポ早く、利益につながりやすいことがわかります。それに対してヒストグラムのボトムアウト・ピークアウトではやや早すぎます。例えば、**K**でボトムアウトして、**L**でピークアウトしていますが、ローソク足を見ると、**L**はまだ上昇トレンドの途中です。
　ヒストグラムのボトムアウトやピークアウトは売買サインとしては

◆ MACD を使ったときの流れ

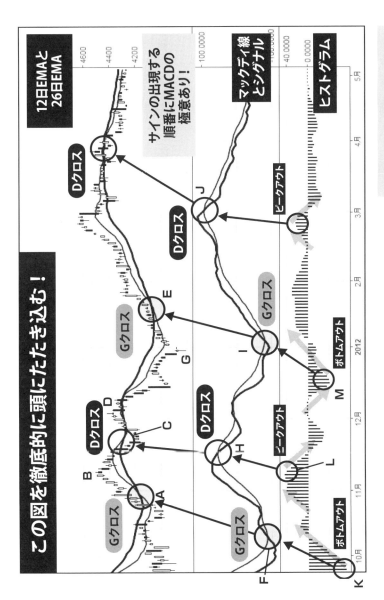

早過ぎます。しかし、マックディ線とシグナルのゴールデンクロスやデッドクロスを見逃さないための予告信号としてあると考えると、その重要性がわかると思います。

　タイミングを逃さないためには準備が必要です。アメリカのテクニカル分析を見ると、ほとんどのチャート分析の中に"セットアップ"という言葉が出てきます。セットアップとは"準備段階"の意味です。

　価格変動の中で"ある状態"になったら売買注文を出す準備を始め、その後に売買サインが確認できたら実際に注文を出します。ヒストグラムの役割は「ここでボトムアウトしたことによって、そろそろゴールデンクロスが出る」と知らせてくれる、セットアップの位置づけなのです。

## 3）仕掛けに最も適したタイミング

　買いサインはヒストグラムのボトムアウトからの増加、次いでマックディ線とシグナルのゴールデンクロス、そして2本のEMAのゴールデンクロス——です。

　売りサインはその逆で、ヒストグラムのピークアウトからの減少、マックディ線とシグナルのデッドクロス、2本のEMAのデッドクロス——です。

　この3つのサインを比べると、2本のEMAのゴールデンクロスではサインの出現が若干遅いため、上昇トレンドの発生からやや遅れて買いポジションを取る格好になります。このため、買いチャンスとしては、それよりも早いマックディ線とシグナルのゴールデンクロスのほうが適していると言えます。

　そのサインよりもさらに早いサイン、すなわち、ヒストグラムのボトムアウトからの増加は、そのタイミングで仕掛けるとダマシに遭いやすくなります。ヒストグラムのボトムアウトで仕掛けるなら、試し

玉の範囲でとどめておくべきでしょう。

　マックディ線とシグナルのゴールデンクロスでの買いが正しければ、その後は必ず2本のEMAがゴールデンクロスします。ところが、マックディ線とシグナルのゴールデンクロスで買ったにもかかわらず、2本のEMAがいつまで経ってもゴールデンクロスしないとしたら、それはダマシだったということになります。

　ダマシだと判明した場合は、あらかじめ設定していたロスカットライン（逆指値の売り）まで価格が下がるのを待つのではなく、その瞬間に手仕舞います。

## 4）試し玉、本仕掛け、追加玉そして仕切り

　買い仕掛けのタイミングとしては、ヒストグラムのボトムアウトは試合開始のゴングになります。試合が始まったとしてもまだ相手の出方を見る段階で、本格的に仕掛けるところではありません。本格的な仕掛けは、マックディ線とシグナルのゴールデンクロスです。そして、ポジションを追加するところが2本のEMAのゴールデンクロスです。

　買いポジションの仕切りのタイミングは、下落相場の先行指標であるヒストグラムのピークアウトです。買いポジションの一部を早めに手仕舞いするのは悪い考えではありません。ただし、まだ上げ余地が残っている可能性もあるので、ここですべてのポジションを仕切る必要はありません。

　マックディ線がピークアウトするまでは、すべての建玉を仕切るのは待ちます。マックディ線がいったん下降をたどり始めると、これから先、さらに下がっていく可能性が高まります。すべてではないにせよ、ある程度の手仕舞いを勧めます。そして、マックディ線とシグナルがデッドクロスしたら、それは上昇相場の終焉を意味しますから、残りのポジションはすべて決済します。

ここまでの説明をまとめると、以下のようになります。これを覚えて、相場で実践できるようになれば、MACD の免許皆伝です。

◆ MACD の免許皆伝

```
①ヒストグラムの底打ち＆増加
    ↓
②マックディ線とシグナルのゴールデンクロス
    ↓
③2本の EMA のゴールデンクロス

この順番を頭に叩き込むことが
MACD マスターになるためのキーポイント
```

## 5）ロスカットの設定について

ロスカットは直近の底値に設定します。しかし、底値まで幅がある場合は、値幅で設定することもあります。

もう一度、次ページのチャートを見てください。相場が下落の後に底打ちから反転上昇に転じると、**E**で2本の EMA のゴールデンクロスが出現します。そのゴールデンクロスに対して、マックディ線とシグナルのゴールデンクロスが発生するのは**I**です。またヒストグラムのボトムアウトは**M**です。

**M**の地点での買い建ては少々早過ぎるので買うなら**I**ですが、そのとき、いくらの価格をロスカットラインにするべきでしょうか。

◆ MACDを使ったときの流れ（再掲）

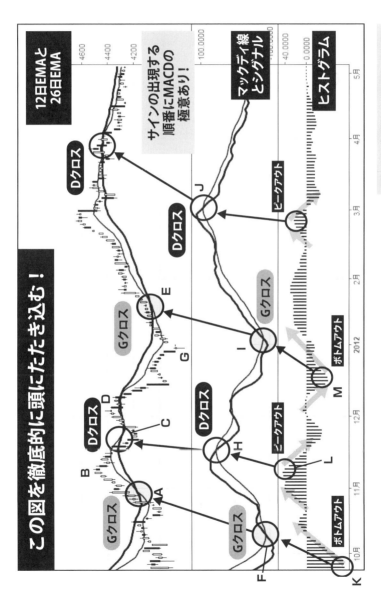

目安とするのは**G**です。この底を起点として、水平に線を引きます。

**G**から上昇したと思ったのに下落してきたとしたら、それはすでに下降トレンドに変化したことになるので、前回の底がロスカットラインになります。

しかし、買った値位置からロスカットラインまでの幅がとても大きいケースがあります。急騰の後に急落して、**G**で底をつけました。マックディ線とシグナルがゴールデンクロスしたのは**I**です。こうした状況で目先の底値をロスカットラインに設定すると、ロスカットの逆指値注文が成立したときに大きな損を被ります。そういうケースではロスカットのための逆指値注文は、ATRなどを参考に値幅で決めます。

次ページに、仕掛けとロスカット設定の話をまとめました。ここに書いてあることがすぐに思い浮かぶようになるまで、徹底的に頭の中に叩き込んでください。

## 6）ダマシを回避するテクニック

MACDのダマシを発見するために、ポジションを建てる前と建てた後で分けて考えます。

建玉する前は"0ライン"を手がかりとします。マックディ線とシグナルのゴールデンクロス／デッドクロスが0ラインより上で発生したか、それとも下で発生したかがポイントになります。

注意するのは"0ラインより上のゴールデンクロス"と"0ラインより下のデッドクロス"です。いずれのケースもダマシが多くなるので、相場の強弱をよく確認してから仕掛けるようにします。

0ラインより上でマックディ線とシグナルがゴールデンクロスすることがあるのは、上昇相場がいったん押し目をつけて、その押し目から再度上げ出したケースです。

上昇トレンドが一段上がって、押し目ができたところも買い場であ

◆ MACDの仕掛けと仕切り、ロスカット設定（小次郎講師流）

### 仕掛けタイミング（買い）

◎ヒストグラムのボトムアウトは試合開始のゴング。仕掛けるとしても試し玉
◎本仕掛けは、マックディ線とシグナルのゴールデンクロス
◎追加玉は、2本のEMAのゴールデンクロス

### 仕切りタイミング（売り決済）

◎ヒストグラムのピークアウトで、一部、早めの手仕舞いを検討
◎マックディ線のピークアウトで一部仕切り
◎マックディ線とシグナルのデッドクロスで残りを全決済

### ロスカットの設定

◎直近の底
◎底までの幅が大きければ、値幅での設定も

◆ダマシの発見（小次郎講師流）

### ダマシの発見（仕掛け時）

◎ゼロラインより上のゴールデンクロス、ゼロラインより下のデッドクロスは相場の強弱をよく確認してから仕掛ける（ダマシが多いので）
◎ゼロライン近くのゴールデンクロス、デッドクロスにもダマシあり
◎ヒストグラム・・・小さな山、小さな谷はダマシ多し

### ダマシの発見（仕掛け後）

◎ゴールデンクロスした後に、マックディ線とシグナルが平行、あるいは間隔を広げながら上昇するのが正しい動き。そうでなければ、ダマシの可能性大。仕掛け後、2線がゼロラインを下から上へクロスしてくるのが正しい動き
◎デッドクロスした後に、マックディ線とシグナルが平行、あるいは間隔を広げながら下降するのが正しい動き。そうでなければダマシの可能性大。仕掛け後、2線がゼロラインを上から下へクロスしてくるのが正しい動き

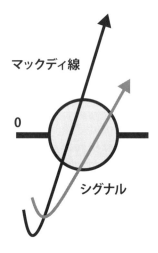

ることは間違いありません。ただし、そのときはトレンドの強弱をよく判断する必要があります。

ヒストグラムの"小さな山""小さな谷"はほぼすべてがダマシです。したがって、ヒストグラムを意識するときは、"大きな谷""大きな山"ができたときのみにします。その変化を見てマックディ線とシグナルのゴールデンクロスの先読みに役立てます。

マックディ線とシグナルがゴールデンクロスした後は、(マックディ線とシグナルが) 平行か、あるいは間隔を広げながら上昇していくのは上昇トレンドが継続している証拠です。

ここでマックディ線とシグナルが、ゼロラインの下でゴールデンクロスした後に上昇を継続したとしましょう。マックディ線と0ラインの交点を垂直に上に延ばすと、そこでは2本のEMAがゴールデンクロスしているはずです。

上昇トレンドが維持されているならば、マックディ線とシグナルがゴールデンクロスした後は、(マックディ線とシグナルが) 間隔を広げながら上昇を続けます。

逆に言えば、そうならない場合はダマシです。これはデッドクロスにおいても同じ理屈が当てはまります。

## 第10章

## 大循環MACD徹底研究

## 第1節
## 大循環 MACD とは

### 1）大循環 MACD とは

　大循環 MACD は移動平均線大循環分析の進化形です。移動平均線大循環分析がノービストレーダー（初心者トレーダー）にもわかりやすいということを趣旨にしているのに対し、大循環 MACD は上級者向けの指標になります。

　移動平均線大循環分析は大きなトレンドをしっかりと獲ることを目的にしていますが、<u>大循環 MACD では大きなトレンドを獲ることはもちろん、小さなトレンドも獲りこぼさず獲っていくこと</u>を狙っています。

### 2）3本の移動平均線と MACD の3つの要素

　次ページの大循環 MACD のチャートは「大循環 MACD インジケーター」で表示したものです。上下2段に分かれます。

　上段には、移動平均線（EMA）の短期線・中期線・長期線の3本を表示します。このうち、中期線と長期線の間には色を塗って"帯"として描きます。

　下段には3つの MACD を描きます。それぞれ"MACD 1""MACD 2""MACD 3"と仮に名前をつけています。

◆大循環MACDの各線の名称

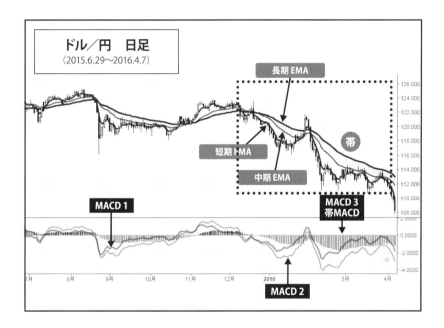

MACD 1 ＝短期線と中期線の間隔
MACD 2 ＝短期線と長期線の間隔
MACD 3 ＝中期線と長期線の間隔　※通称、帯MACD

MACD 1は短期線と中期線の間隔を、MACD 2は短期線と長期線の間隔を、MACD 3は中期線と長期線の間隔を見るMACDです。

　MACD 3は折れ線グラフではなくヒストグラム（棒グラフ）で表現しました。棒グラフにした理由は、中期と長期EMAの間隔を見るときに、間隔の拡大／縮小がわかりやすいからです。

　『大循環MACDの各線の名称』のチャート中で、下降トレンド部分に注目してください。この下降トレンドで帯が広がっているのはトレンドが安定している証拠です。逆に、帯がどんどん細くなっている部分は下降トレンドの終了を示しています。

### 3）大循環MACDはEMAで

　大循環MACDチャートの上段の移動平均線は、指数平滑移動平均線（EMA）を用います。

　通常の移動平均線大循環分析は、そもそもノービストレーダー向きで、相場の強弱を視覚的にとらえやすくしています。そのため、EMAを用いてハードルを上げるより、単純移動平均線（SMA）を使って説明をやさしくしているのです。

　しかし、SMAに対するEMAの優位性はすでに説明したとおりです（425ページ参照）。

　EMAでは、その滑らかさゆえに、ステージの変化がよりわかりやすくなるのです。ステージの変化はすべて線と線のクロスで生じます。線の接近からクロスの発生をきちんと見極めるためには、線が滑らかである必要があります。線が滑らかでないと、クロスしたと思ったのに離れた、離れたと思ったのに接近を始めたように見える場合があるからです。つまり、ダマシにつながりやすくなるのです。

　中期線と長期線の間に色を塗るのは上昇帯と下降帯の識別を容易に

◆大循環 MACD の各構成

### 3本の指数平滑移動平均線（EMA）

◎短期移動平均線＝5日指数平滑移動平均線（EMA）
◎中期移動平均線＝20日EMA
◎長期移動平均線＝40日EMA

### 帯

中期線と長期線の間、上昇帯と下降帯に分けて色を塗る

### 3本のMACD

◎MACD1＝5日EMAと20日EMAの差を見るMACD
　……短期線と中期線の間隔
◎MACD2＝5日EMAと40日EMAの差を見るMACD
　……短期線と長期線の間隔
◎MACD3（帯MACD）＝20日EMAと40日EMAの差を見るMACD
　……中期線と長期線の間隔

するためです。

　上昇帯は中期EMAが長期EMAの上にあり、かつ、右肩上がりの状態を示します。逆に下降帯は中期EMAが長期EMAの下にあり、かつ、右肩下がりの状態を示します。

　このように、一歩先のトレンドを意識して、現在の状態と比較しながら売買チャンスを見つけるのが大循環分析の基本的な考え方です。

　下段の3つのMACDはMACD 1、MACD 2、MACD 3と仮に名前をつけています。第9章では、MACD 1を普通のマックディ線として、MACD 2をヒストグラムとして学びました。

　しかし、大循環MACDにおけるMACD 1とMACD 2では話が違います。しかも、3つの異なるMACDを使うので注意が必要です。

　MACD 1は5日EMAと20日EMAの差、つまり短期線と中期線の間隔を見ます。

　MACD 2は5日EMAと40日EMAの差、つまり短期線と長期線の間隔を見ます。

　MACD 3は"帯MACD"と呼び、20日EMAと40日EMAの間隔を見ます。つまり中期線と長期線の間隔を見るMACDです。

## 4）人気化した移動平均線大循環分析

　移動平均線大循環分析の考え方と、大循環MACDの考え方の違いを比べてみましょう。

　移動平均線大循環分析は3本の移動平均線を使って、価格変動の中でエッジが発生する状況を探すチャート分析手法です。エッジとは買い方が有利になったり、売り方が有利になったりする局面を言います。とは言え、価格は買いにエッジがあるから確実に上昇する、売りにエッジがあるから確実に下がるわけではありません。あくまでも、確率的に有利だというとらえ方です。

確率的に有利でも、価格が逆方向に動く可能性は否定できません。仮に上昇する確率が6割なら、4割は下がるか、または動かない可能性を残しています。この確率の意識を持っているか、それとも買い／売りシグナルの発生を見たら無条件で仕掛けるかで大きな差が出てきます。
　正しいやり方は、価格が逆方向に動いた場合への対処を考えながらトレードすることです。トレードにおいては、当たり外れを繰り返す中で最終的に勝ちにつなげるという、エッジを用いた思考法を採用すべきです。
　移動平均線大循環分析はそのエッジが発生する状況を、ノービストレーダーでも、容易に見分けられるように工夫しています。加えて、（チャンス時に）最大利益をしっかりと獲るのに最適なチャート分析手法でもあります。
　一般的に、個人トレーダーは勝てないと言われます。その最大の原因は、上昇トレンドでも下降トレンドでも、獲りやすい"安定したトレンド"で得べかりし利益を獲り逃がしているところにあります。大きなトレンドでもわずかな利益しか獲れていないのです。
　いったん利益確定をしたとします。しかし、その後もトレンドが継続していれば、さらなる上昇、さらなる下落によって得られるはずだった潜在的な利益を獲り逃がしてしまうことになります。実際のところ、上昇トレンドでいったん利益確定をした後、改めて買い直して、引き続いての相場上昇でも利益を獲ることのできるトレーダーは相当の上級者です。もちろん、売りでも同じことが言えます。大きなトレンドが獲れなければ1年間を通してトータルプラスを実現するのは難しくなります。

　一方、小さな上下動の中で勝つ回数を増やし、負ける回数を減らすことでトータルプラスに持ち込むことも、やはり一握りの上級者だけのテクニックです。だからこそ、安定した上昇トレンドや下降トレンド時に、獲るべき値幅をきちんと獲ることが求められるのです。

移動平均線大循環分析はそのためのツールです。もちろん、エッジの発生を確認して売買ポジションを建てても、ごく短期間で終わる相場は珍しくありません。移動平均線大循環分析を使ったからといって必ず儲かる保証はないのです。

　しかし、安定的に大きく上昇する相場、安定的に大きく下落する相場は、移動平均線大循環分析では必ず"第1ステージ"と"第4ステージ"になります。この事実がわかっているからこそ、移動平均線大循環分析は学ぶ価値があるのです。

◆移動平均線大循環分析と大循環 MACD（復習）

**移動平均線大循環分析**
- ◎3本の移動平均線を使ったチャート分析
- ◎エッジが発生する状況をビジュアルに捉えることができ、入門者にもわかりやすい
- ◎「一番利益を上げられるタイミングでしっかり獲る」という考え方に最適のチャート分析法

**大循環MACD**
- ◎3つのMACDを使ったチャート分析
- ◎ワンテンポ早く仕掛けることで、小さなトレンドでも獲ることができるプロ用の分析法

## 5）大循環 MACD が生まれた必然性

　結果として、移動平均線大循環分析は人気を呼び、多くのトレーダーに使われ、上級者にも受け入れられるようになりました。

　ここで、新たな欲求が生まれます。上級者は小さなトレンドも獲りたくなるのです。そのためには、ワンテンポ早い仕掛けが必要になります。

　第1ステージで買うのでは間に合いません。ですから、第6ステー

ジで買いたい、第5ステージで買いたいと考え始めるのです。しかし、第6ステージなり第5ステージなりで買うとなると、当然、第1ステージよりもダマシが多くなります。すると、今度はそのダマシを少しでも減らしたいと考えます。そういう思いから開発されたのが大循環MACDなのです。

　移動平均線大循環分析の第1ステージはゴールデンクロスの完成形です。短期線と中期線、短期線と長期線、中期線と長期線の3回のゴールデンクロスを経て第1ステージになります。この第1ステージの到来を少しでも早く知るためのツールがMACDの位置づけです。

　3つのMACDを使うことによって、小さなトレンドも獲れるようになります。とはいえ、大きなトレンドをしっかりと獲ることがそもそものスタートです。移動平均線大循環分析なり、大循環MACDを使って小さなトレンドを獲れるようになったとしても、大きなトレンドを獲り逃がしてしまっては意味がありません。やはり、トレンドが継続している間はポジションをしっかり持ち続けることが大切なのです。

　満足のいく利益が上がったらすぐに利益確定したいというのは典型的な日本人トレーダーの気質です。時には、「小さな利益を失っても構わないから大きな利益を狙ってみよう」と発想を転換することも重要です。

### コラム：相性の良いテクニカル分析がある

　大循環MACDでは、短期・中期・長期の3本の移動平均線と同時に、時間軸が異なる3種類のMACDを使って価格を分析します。

　一目均衡表は転換線・基準線・先行スパン2が骨格を成していて、この3本の線で短期・中期・長期のトレンドを見て

います。時間軸の異なる3つのトレンドを見比べることはとても大切です。そのことにより、価格変動の中でエッジが発生する状況を探せるからです。

　一目均衡表とMACDの共通点は、パラメーターに"26"を持つことです。一見すると中途半端な数字に思えるかもしれません。しかし、そこには思いがけない共通点があるのです。

　一目均衡表とストキャスティクスは相性が良い分析手法です。ストキャスティクスは、ある一定期間の値動きの中で「現在の価格がどこに位置するのか」を見るものです。私は、多くのトレーダーにストキャスティクスのパラメーターとして26日を勧めています。もちろん、26日が絶対ではありません。しかし、26日にすると一目均衡表と一緒に使いやすくなるメリットがあります。理由は一目均衡表の基準線のパラメーターが26日だからです。

　それに対して、ストキャスティクスの％Kは、例えばパラメーターが26日なら、その26日の期間中における値動きの範囲（私は"ゾーン"と呼んでいます）、具体的には最高値と最安値に着目し、現在の価格が下限（上限）から何％の位置にあるのかがわかります。仮に、ストキャスティクスで現在の価格が一目均衡表でいう基準線の位置にあったなら、26日ストキャスティクスの％Kは0％と100％の中間である50％を示すはずです。そして、それは同時に、現在の価格が基準線より上にあるなら、ストキャスティクスの％Kは50％より大きな数値を示すことを意味します。

　一目均衡表には"何％"という概念はありません。しかし

現在の価格が基準線から上側に離れるにしたがって、％Ｋは60％、70％、80％と数値が大きくなり、現在の価格が基準線より下に離れればそれに応じて40％、30％、20％と小さくなります。

つまるところ、ストキャスティクスも一目均衡表も、与えられた期間における、現在の値位置を調べようとしているのです。

このように多くのテクニカル分析手法を勉強すれば、それぞれの共通点が見えてくるようになります。そして、それこそがテクニカルトレーダーとしてのレベルアップを実現してくれるのです。

## 第2節
## 大循環MACDインジケーターを使った分析方法

### 1）それぞれのMACDからわかること

　次ページのチャートは465ページに載せた『大循環MACDインジケーター』と同じものです。

　『大循環MACDインジケーター』は私の自作です。上段と下段に分かれていて、上段には3本のEMAを描画し、中期EMAと長期EMAの間には色を塗っています。

　本書では白黒表示ですが、パソコンのモニター上では、下段には、紫色でMACD 1、水色でMACD 2、青色の棒グラフでMACD 3（帯MACD）を描画しています。この帯MACDを見れば間隔の拡縮は一目でわかります。

　これまでMACD 3は線で表してきましたが、『大循環MACDインジケーター』では、MACD 3をヒストグラム（棒グラフ）で表現しています。MACD 3は中期EMAと長期EMAの間隔を見るためのツールで、中長期のトレンドの強さを教えてくれます。その間隔が広がっているのか、それとも、狭まっているのかは、2本のEMAの間を塗りつぶして"帯"としてもよいのですが、より見やすくするためにヒストグラムとしているのです。ヒストグラムではありますが、ここではMACD 3を"帯MACD"と呼びます。

　MACD 1（"5／20 MACD"と表記）は、短期（5日）EMAと

◆大循環MACDインジケーター（チャートは再掲）

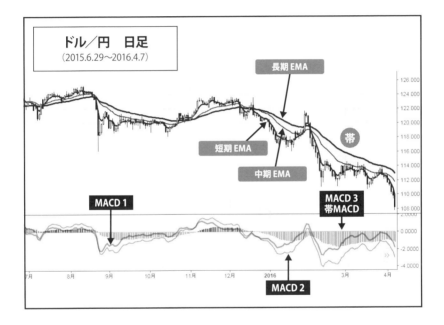

中期（20日）EMAの間隔を示しています。トレンドが転換する場合、それをいち早く教えてくれます。上昇トレンドの渦中にあってもMACD1が下げ出したらトレンドの勢いが衰えたことがわかりますが、MACD1は下がったと思ったらまた上がる、上がったと思ったらまた下がるので、下げ出したからといって「トレンドは終わりだ」と早合点することだけは避けなければなりません。MACD1は、いわばトレンド転換警戒警報のレベル1だと受け止めましょう。

MACD2は警戒警報のレベル2です。MACD1に続いてMACD2が下げ出したら、トレンド転換の危険度が増してきたと判断します。

しかし、ここで最重要なのはやはりMACD3（帯MACD）です。MACD2に続いて下げ出したら、トレンドの終了を覚悟すべきです。

## 2）大循環MACDインジケーターを使った仕掛け時

大循環MACDの仕掛けでは、トレンドの転換をどのようにとらえるかがポイントになります。

第一は、MACD1、MACD2、MACD3が揃って上昇していることです。このことが将来の上昇の大きな裏づけとなります。<u>MACDが3つ揃って上昇しているときに、第1ステージではなく、第6ステージで仕掛けるのが大循環MACDの基本</u>です。

移動平均線大循環分析では3本のEMAが上から「短期・中期・長期」の第1ステージになって初めて仕掛けるのが基本ですが、大循環MACDではそれよりも一歩早く仕掛けることになります。

例えば、下降トレンドが長く続くと、EMAは上から「長期・中期・短期（第4ステージ）」の並びになります。その後、下落の勢いが弱くなってくると帯（長期EMAと中期EMAの間隔）は徐々に緩やかになり、細くなっていき、さらに、その箇所をローソク足、次いで短期EMAが上抜いていきます。短期EMAと中期EMAのクロスが第

◆大循環MACDの仕掛け　トレンド転換時

| MACD 1 | 上昇 |
|---|---|
| MACD 2 | 上昇 |
| MACD 3 | 上昇 |
| 第6ステージ | 本仕掛け |
| 第5ステージ | 早仕掛け |
| 第4ステージ | 試し玉 |

4ステージから第5ステージに移行する瞬間です。さらに短期EMAが帯を抜けると第6ステージへ移行します。その後には帯のねじれが発生して第1ステージへ突入します。

　次ページの『ポンド／円　5分足』のチャート（拡大図）の中ではAがそれです。3本のEMAの並び順は「短期・中期・長期」となり揃って右肩上がりになりました。

　大事なことなので繰り返します。移動平均線大循環分析では第1ステージが仕掛け時でしたが、大循環MACDでは第6ステージで仕掛けます。第6ステージは、それまで帯の下方にあった短期EMAが帯に突入して上抜いたことと同義です。

　ただし、帯を抜けたらいつでも買いチャンスかといえば、そうではありません。帯を抜けた状態で3つのMACDが右肩上がりになっていることを確認する必要があります。3つのMACDが右肩上がりであれば、これから先の継続性がある程度担保できるため本仕掛けをします。

　早仕掛けは第5ステージで行います。第5ステージは短期EMAがまだ帯の中にある状態です。このため第5ステージの早仕掛けでは「3つのMACDが上昇していること」が条件となります。

　試し玉は第4ステージです。ただし第5ステージの早仕掛け同様、3つのMACDが安定的に上昇していることの確認が必須となります。第4ステージでは短期EMAが帯で跳ね返されるパターンが少なくありません。試し玉をするとしたら、失敗してもよいぐらいの気持ちで少ない量を建玉します。ただ、あまりお勧めはできません。

　仕掛けるとすれば、少なくとも短期EMAが帯に突入してからが、買いポジションを建てる最初のタイミングです。この仕掛けはトレンド転換時の仕掛けです。

以下の『ポンド／円　5分足』では下降トレンドが転換して、上昇トレンドになっています。

◆ポンド／円　5分足

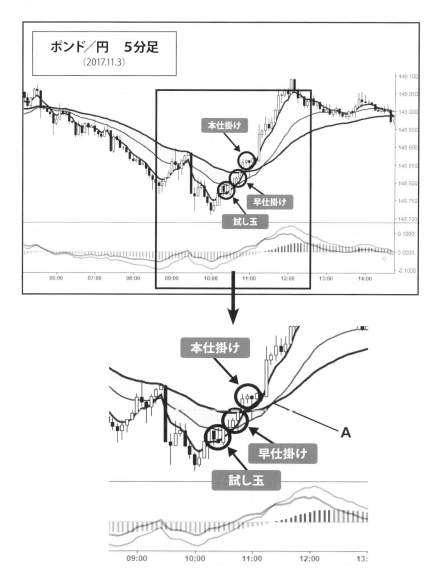

チャート内で『試し玉』と記したその下部の3つのMACDに注目します。MACD 3の幅が縮小している状態が、MACD 3の上昇期間です。MACD 3が上記のようになるのに先んじてMACD 1とMACD 2が上昇していることがわかります。試し玉を建てるならこのタイミングです。

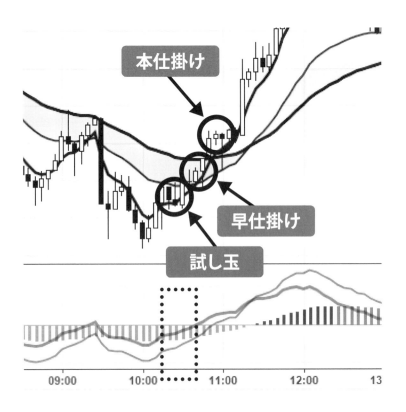

早仕掛けは短期EMAが帯の中に入るまで待ちます。帯の中に入れば第5ステージです。加えてMACD 1とMACD 2が上昇し、MACD 3は縮小しています。この条件を満たすことで、帯の中での仕掛けが可能になったと判断します。

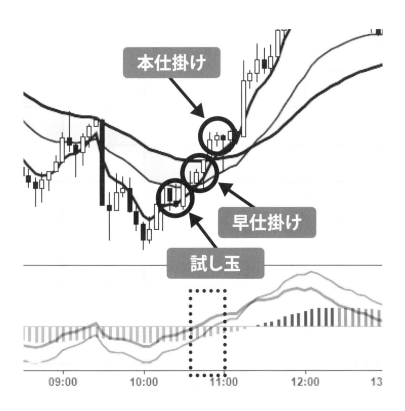

本仕掛けは短期EMAが帯を抜け、3つのMACDが揃って上昇していることを確認してからです。移動平均線大循環分析では第1ステージになってから仕掛けるのがセオリーです。大循環MACDの仕掛けはそれよりも1テンポ、2テンポ早くなります。ただし、早く仕掛ければ、その分、ダマシが増えることを忘れてはいけません。

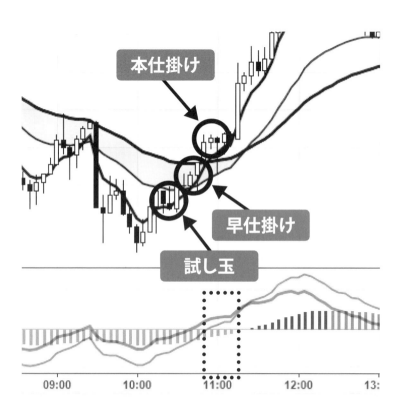

## 3）トレンドがあるときの仕掛け、トレンドが変わるときの仕掛け

　下降トレンドから上昇トレンドに変わる、上昇トレンドから下降トレンドに変わる節目は、頻繁には発生しません。そこで安定的な上昇トレンドである帯をとらえることを目標におきます。特に帯が広がっている状態では、短期 EMA は「上昇⇒下降」をワンセットとして1段上げ、2段上げ、3段上げを演じ、最後にトレンドが終了する展開が多く見られます。

　帯が安定的な状態ならトレンドの継続性は強いと判断できます。安定的かどうかは MACD 3（帯 MACD）を見て判断します。この部分に"ある程度の幅"があり、かつ、拡大していればベストです。

　そのような状態で、帯の安定性も含め、価格や EMA が帯に近づいて跳ね返されるか、帯の中に入ってから跳ね返されるか、あるいは帯を抜ける瞬間に跳ね返されるかなど、第1ステージに移行する直前が仕掛けどころです。要するに、第2ステージに移行しないときには、接近していって跳ね返されるところが買いシグナルとなります。

　安定上昇トレンドまたは安定下降トレンドがあるときの仕掛けのポイント、トレンドが変わるときの仕掛けのポイントは、このような形で頭に入れておきましょう。

## 第3節
## 一般的な大循環 MACD

**1）3本の EMA と3つの MACD を描画できること**

　トレードツールの関係で、私が使っている大循環 MACD インジケーターが使えない人もいると思いますので、本節では、次ページの『一般の大循環 MACD』を使ったやり方を紹介します。

　『一般の大循環 MACD』では、下段に3つの MACD をまとめて描画しています。しかし、そうした描き方をするチャートソフトはあまりありません。

　もちろん、大循環 MACD を使いたいというトレーダーは少なくありません。そこで、そのやり方を本節で紹介します。

　大循環 MACD を見るための条件として、まず上段に EMA を3本描画できることが挙げられます。この条件については、証券会社のうち、8割以上が対応可能です。

　次に、MACD 1、MACD 2、MACD 3 ── の3つの MACD を描画する必要があります。この条件を満たす証券会社は全体の2割から3割程度です。マネックス証券と松井証券はそのうちの2社です。

　3本の EMA と3つの MACD が描画できたら、移動平均線大循環分析と大循環 MACD による分析が可能になります。ただし、帯 MACD は表示されませんので自分でイメージします。

　次ページの下段の拡大図を見てください。MACD 1 は短期 EMA と

◆一般の大循環 MACD

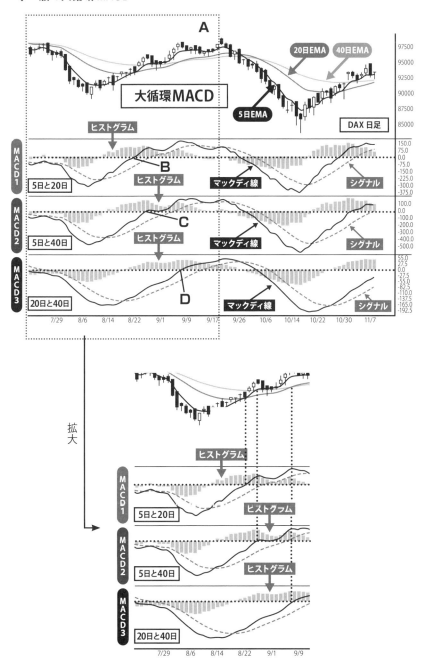

中期 EMA の間隔を見ています。チャート下段の点線の水平線はゼロラインです。ゼロラインと MACD 1 の交点から上方に向かって垂直に線を引けば短期 EMA と中期 EMA がクロスしている地点にぶつかります。

MACD 2 は短期 EMA と長期 EMA の間隔を見る MACD です。同じく、ゼロラインと MACD 2 の交点から上方垂直に線を引くと短期 EMA と長期 EMA のクロスにぶつかります。

MACD 3 は中期 EMA と長期 EMA の間隔を見ます。ここも同様に、MACD 3 とゼロラインの交点から垂直に上へ線を引くと中期 EMA と長期 EMA のクロスに出合います。

さて、**A**では3本の EMA の並びが上から「短期・中期・長期」の第1ステージになっていますが、短期 EMA と中期 EMA がゴールデンクロスすることを**B**で教えてくれています。MACD1 はここで第4ステージから第5ステージに変化しています。

その次に、**C**のクロス（短期 EMA と長期 EMA のゴールデンクロス）で第5ステージから第6ステージに変化しました。

最後に、**D**のクロス（中期 EMA と長期 EMA のゴールデンクロス）で第1ステージになっています。

このように、第4ステージ→第5ステージ→第6ステージ→第1ステージへの変化を MACD が先読みして、「これから第5ステージになる」「これから第6ステージになる」「もうすぐ第1ステージになる」ということを教えてくれるのです。

## 2）3つの MACD の役割

3つの MACD の役割は十分に理解しておく必要がありますので、もう一度、おさらいしておきましょう。

MACD 1 は短期 EMA と中期 EMA で作る MACD です。短期 EMA と中期 EMA のクロスを先読みします。具体的には、第1ステー

ジから第2ステージへの変化、第4ステージから第5ステージへの変化を先読みします。

　MACD 2は短期EMAと長期EMAのMACDです。短期EMAと長期EMAのクロスを先読みします。具体的には、第2ステージから第3ステージへの変化と、第5ステージから第6ステージへの変化を先読みします。

　MACD 3は中期EMAと長期EMAを見ているMACDです。別名は"帯MACD"です。帯の幅を見るMACDで、中期EMAと長期EMAのクロスを先読みします。具体的には、第3ステージから第4ステージへの変化と、第6ステージから第1ステージへの変化を先読みします。

◆3つのMACDの役割

**MACD1**
◎短期移動平均線と中期移動平均線によるMACD
◎短期線と中期線のクロスを先読み
　第1ステージから第2ステージ、第4ステージから第5ステージへの変化を先読み

**MACD2**
◎短期移動平均線と長期移動平均線によるMACD
◎短期線と長期線のクロスを先読み
　第2ステージから第3ステージ、第5ステージから第6ステージへの変化を先読み

**MACD3**
◎中期移動平均線と長期移動平均線によるMACD（別名、帯MACD）
◎中期線と長期線のクロスを先読み
　第3ステージから第4ステージ、第6ステージから第1ステージへの変化を先読み

## 3）MACDのゼロライン接触とEMAのクロスの関係

3つのMACDは、短期EMAと中期EMAの間隔を見るMACD 1、短期EMAと長期EMAの間隔を見るMACD 2、中期EMAと長期EMAの間隔を見るMACD 3で構成されていることは説明しました。

ゼロラインの下に位置していたMACD 1が上昇しながらゼロラインに接触したら、そのときが短期EMAと中期EMAのゴールデンクロスとなります。第4ステージから第5ステージへの移行タイミングです。

逆に、MACD 1がゼロライン上方から下降しながらゼロラインと接したら、そのときは短期EMAと中期EMAのデッドクロスの発生タイミングとなります。第1ステージから第2ステージへと移行します。先述したように、MACD 1とゼロラインの接触ポイントを垂直上方に延ばしていけば、短期EMAと中期EMAのクロスポイントにぶつかるはずです。

MACD 2も同じ理屈です。ゼロラインの下にあったMACD 2が上昇しながらゼロラインに接触した地点を垂直上方に延伸すれば、短期・長期EMAのゴールデンクロスに出合うはずです。そして、そこは第5ステージから第6ステージへ移行するタイミングになります。

逆に、MACD 2が上方から下げてゼロラインに接触した地点を垂直上方に延ばせば短期・長期EMAのデッドクロスにぶつかります。以降、3本のEMAの並びは「中期・長期・短期」となり、第2ステージから第3ステージに移行することになります。

MACD 3もやはり同じです。MACD 3が上昇しつつゼロラインに接触した地点の垂直上方では中期EMAと長期EMAのゴールデンク

ロスが発生しています。これにより第6ステージから第1ステージに移行して、並びは上から順に「短期・中期・長期」となるのです。

　逆にMACD 3が上方から下降してゼロラインに接触した地点の垂直上方では中期EMAと長期EMAのデッドクロスが発生しています。これ以降、第3ステージから第4ステージに入り、EMAの並びは上から順に「長期・中期・短期」となります。つまり、安定下降トレンドとなります。

### 4）それぞれのMACDが教えてくれること

　3つのMACDはどれも重要な指標です。その中でも、特に注視するべきは、先述したようにMACD 3です。

　第3ステージから第4ステージへの移行は安定下降トレンド入りを意味します。もちろん、第4ステージが短期間で終了する可能性は否定できませんが、できることなら、売りポジションは第3ステージのうちに仕掛けておきたいところです。ゆえにMACD 3とゼロラインのクロスは非常に大事になります。

　第6ステージから第1ステージに移行して安定上昇トレンドに入るMACD 3とゼロラインのクロスも同様です。これまでの下降トレンドが終わって、本格的な上昇トレンドがスタートする入り口を教えてくれます。

　MACD 3に次いで大事なのは第4ステージから第5ステージ、第1ステージから第2ステージへの移行の目安となるMACD 1です。その重要性は手仕舞いのタイミングを計ることにあります。第4ステージから第5ステージへの移行、第1ステージから第2ステージへの移行はそれぞれ下降／上昇トレンドの終了を意味します。それを教えてくれるのがMACD 1なのです。

　MACD 2は、上昇トレンドが終わって下降トレンドに一歩近づい

たこと、下降トレンドが終わって上昇トレンドの入り口にさしかかったことを教えてくれる指標です。

　証券会社のチャートシステムはおよそ8～9割が3本のEMAを描画できるようになっています。
　ところが、MACDを3つ描画できるシステムはほとんどありません。描けてもひとつというシステムがほとんどです。そうした限定的な条件で大循環MACD分析をしたい場合、描画するべきはMACD3（帯MACD）です。

　3つのMACDを見て初めに感じ取ってもらいたいのは、MACD1の動きです。それなりにギザギザしていて、ある地点まで下降していたと思ったら急上昇、上昇していたと思ったら今度は急落、下げ切ったかと思ったらまた上昇――というような動きを見せるところに注目してください。
　また、MACD1は一番早いシグナルですから、早く変化を教えてくれる半面、ダマシが多いことも覚えておきましょう。

　一方、MACD3は上昇⇒下降⇒上昇⇒下降と変化し、途中で勢いが加速したり減速したりすることはあるものの、MACD1のような不確かな動きはありません。要は、MACD3がゼロラインから上がっている＝上昇トレンドの継続、MACD3がゼロラインから下がっている＝下降トレンドの継続――をきれいに示してくれるのです。

### コラム：天才トレーダーを育てることは可能か！

　私がトレードの世界に入ったのは1970年代後半でした。それからわずか数年後にトレード世界を震撼させた世紀の賭け、「タートルズの大実験」がスタートします。

　タートルズの大実験とは、「天才トレーダー」は育成できるかというものです。ことの発端は二人の天才トレーダーの賭けからスタートしました。ひとりは400ドルを元手に数十億ドルを稼ぎ出し、生きながら伝説となった男リチャード・デニス。もうひとりは年間60％以上の利益を長期にわたって上げ続けた数学者でもありトレーダーでもあったウィリアム・エックハートです。

　この2人がある日、議論を交わすことになりました。その内容は「天才トレーダーは育てられるか？」というものでした。トレーダーは教育で育てることができるか、それとも天賦の才能によるものか？

　リチャード・デニスは「できる」と言い、ウィリアム・エックハートは「できない」と主張しました。そして、口論の末に実験で決着をつけようということになったのです。

　新聞広告でほとんど素人に近いトレーダーを募集し、そのトレーダーに二人が教育を施し、ひとり半均1億円前後の資金を渡して運用させました。その実験に参加したトレーダーたちのことをタートルズと名づけたのです。

　実験の結果は参加者が年平均80％の利益を上げ続けたことにより大成功に終わりました。天才トレーダーは育てられたのです！

## 第4節
## 一般的な大循環MACDの実例紹介

ここまでお話ししてきたことを、実際の例を用いて解説します。

### 1）ステージ移行の視認と予兆

ステージの変化を3つのMACDで確認します。

本来ならば、MACD 3は縦棒（棒グラフ）で描きたいところです。しかし、それが可能なチャートシステムはごく限られたものでしかありません。

そこで、『大循環MACDの役割図（ステージの移行を先読みできる）』ではMACD 3を折れ線グラフにしています。これならば、ほとんどの証券会社、FX会社のシステムで描画できるはずです。

時間軸（横軸）で最も初期段階（＝チャートの始まり）は3本のEMAが上から「短期・中期・長期」の第1ステージの状態になっています。この第1ステージがこれから先も続くのか、それともすぐに終わるのかを考えます。もちろん参照するのは下段に並んだMACDです。

まず一番上のMACD 1を見ます。そのMACD 1は初めこそ勢いよく上昇したもののすぐにピークをつけ、かなり初期の**A地点**ですでに下げ始めています。その後は横ばいに推移し、勢いの衰えを教えてくれます。

◆大循環MACDの役割図（ステージの移行を先読みできる）

**日経225 月足**
（2005.6 ～ 2019.1）

◆A地点

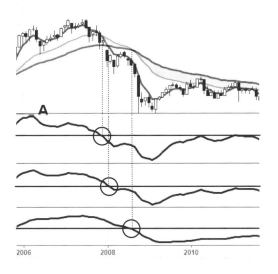

MACD2も似た感じでピークをつけ、やはり勢いを失くしています。このMACD1とMACD2は、MACD3に比べて平滑感に欠ける嫌いがあります。すなわち細かく上下するのですが、これはこれで目先の小さな上げ下げの観察が容易になります。この期間は小さく下げて小さく上げる動きとなっていることがわかります（点線の囲い部分）。

　一方、MACD3は緩やかに**B地点**まで上昇を続けています。

　一番早くゼロラインとクロスするのはMACD1です。そのクロス地点から垂直上方に線を引くと、短期EMAと中期EMAのデッドクロスに出合います。これにより第1ステージから第2ステージへの移行が確認できます。ただし、それはあくまでも目で見て"確認"できるということで、第2ステージへの移行の予兆は**C地点**あたりからうかがえます。この"予兆"はとても大事です。

　さて、第2ステージに移行しました。ここから、短期EMAが長期EMAとデッドクロスして並びが「中期・長期・短期」となると、第3ステージへ変化したことになります。それはMACD2がゼロラインを下回る瞬間に達成されます。MACD2とゼロラインのクロスを垂直上方に延ばすと短期EMAと長期EMAのデッドクロスが見つかるはずです。この短期EMAと長期EMAのデッドクロスは**D地点**あたりから予兆が感じられます。

　最後に、**E地点**あたりから予兆が感じられ、中期EMAと長期EMAがデッドクロスして安定下降の第4ステージになっています。

## 2）MACDの位置とステージの関係

　3つのMACDには共通点があります。

　それは、それぞれのMACDは、上昇トレンド時にはゼロラインより上に、下降トレンド時にはゼロラインより下に位置することです。このことは3本のMACDがゼロラインより上にあるときは必ず第1

◆B地点＆C地点

◆D地点＆E地点

ステージ、ゼロラインより下にあるときは必ず第4ステージであることを意味します。

それでは第2ステージや第3ステージ、第5ステージや第6ステージでは3本のMACDはどのような状態になるのでしょうか。3本のMACDのうち、1本がゼロラインより下で2本上にあるのが第2ステージと第6ステージ、2本がゼロラインより下で1本上というのが第3ステージと第5ステージの位置づけです。

とはいえ、同じ第1ステージでもその勢いには強弱があります。それは、もちろん下降トレンドでも同じです。しかし、MACDを見れば、その強弱がわかります。

今、3本のMACDのうち一番早くMACD1がゼロラインを下抜きました。続いてMACD2が、最後にMACD3が**F地点**でゼロラインを下抜くことによって、3本揃ってゼロラインより下に入っています。すなわち第4ステージへの移行が完了したことになりますが、もし、このときに下降トレンドに勢いがあれば、MACDは3本とも下がり続けます。逆に言えば、3本のMACDが下がり続けることが、この先も下降が継続する強い下降トレンドの条件なのです。

ところが、**F地点**から第4ステージ入りした下げ相場を見てみましょう。本当なら売り仕掛けをしたいところです。しかし**G地点**ではすでにMACD1が上げ出していてMACD2もそれに追随しています。

この状況から判断すると、第4ステージの下げは短期的であり、継続性は低いと考えられます。実際、MACD2にやや遅れてMACD3も底を打って上げ出しています。ここに及んで、この下げ相場の終点が見えてくるのです。

◆ MACDがゼロラインの上下どちらかにあるかがわかると現在のステージがわかる

|  | MACD 1 | MACD 2 | MACD 3 |
|---|---|---|---|
| 第1ステージ | 上 | 上 | 上 |
| 第2ステージ | 下 | 上 | 上 |
| 第3ステージ | 下 | 下 | 上 |
| 第4ステージ | 下 | 下 | 下 |
| 第5ステージ | 上 | 下 | 下 |
| 第6ステージ | 上 | 上 | 下 |

◆ F地点＆G地点

## 3）大循環MACD、早仕掛けのポイント

　第4ステージは、ほぼ横ばい状態のMACD 1がゼロラインを下方からクロスする**H地点**まで続きますが、**H地点**にいたる以前の段階で、**G地点**まで一気呵成に下げた後に横ばい状態になっています。**H地点**におけるMACD 1とゼロラインのクロスは短期EMAと中期EMAのゴールデンクロスを意味します。それにより第4ステージから第5ステージへと移行します。

　続いて短期EMAと長期EMAがゴールデンクロスをして第6ステージに移ります。さらにMACD 3がゼロラインを超えて、3本のMACDがすべてゼロラインの上に顔を出します。すなわち第1ステージへの移行です。移動平均線大循環分析では、通常は**I地点**付近で買いを仕掛けます。

　それに対して大循環MACDでは、それよりも前に仕掛けることになります。そのときにはMACD 1、MACD 2、MACD 3が上昇しているか否かを確認します。安定的に上昇していれば安心して買いを仕掛けられます。しかし、反応が速いMACD 1が下げ出したとしたら、やはり不安です。その意味で**J地点**は心配な状況でしたが、すぐに持ち直しています。

　この上昇トレンドにおける拠り所はMACD 3です。MACD 3が上昇を続けている間は過剰な心配はいりません。MACD 3が下向きになる**K地点**までは利益を獲りやすい相場です。つまり今回の上げ相場はそれなりに獲れることがわかります。同様に、先の下げ相場が短命であったことはMACDを見れば明白です。そういうことがわかるところに、大循環MACDのメリットがあります。

◆H地点＆I地点

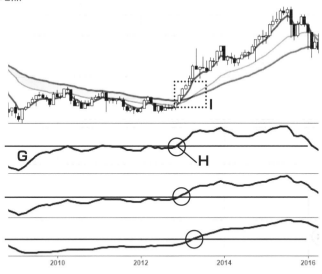

◆J地点＆K地点

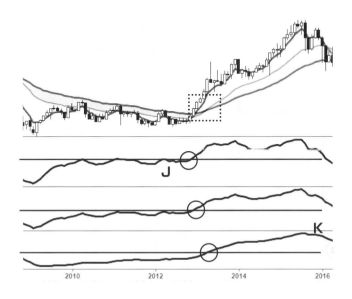

499

## 4）基本の３段上げ、３段下げ

相場は基本的に３段上げ、３段下げです。時には４段、５段になることもありますが、３段上げ、３段下げのパターンが多数を占めています。

とすると、第１段の**L地点**で下げ出したことで不安に駆られて手仕舞ってしまったら、次の上昇相場を獲り逃がすことになってしまいます。

したがって、第１段の下げは少々我慢することにします。その結果、残念ながら上昇トレンドが形成できずに手仕舞うことになったとしても、それはあきらめるほかありません。

２段目が下がりました。普通は**M地点**あたりから検討します。ただ基本は３段上げですから、ここのところももう少し様子を見ることにします。

そして３段上げになって、**N地点**まで上昇してきました。とすると、**O地点**あたりでは、短期EMAと中期EMAがクロスするまで待つ必要はありません。待てば２段上げと３段上げの差益を失う格好になるからです。

この**P地点**ではMACD 1、MACD 2、MACD 3が下げ出しています。また場合によってはMACD 1が下げ出したことから気配を察して手仕舞うこともあり得ます。この手仕舞いの調整が実は大事なのですが、そのカギとなるのが"３段上げの３段目"なのです。

## 5）急上昇と我慢、手仕舞い

もうひとつは急角度の上昇パターンです。急角度の上昇途中で手仕舞いをすると、最後の大きな上げを獲り逃すことになります。このためある程度の我慢が必要になります。しかし、それとは裏腹に急落が

◆L地点&M地点

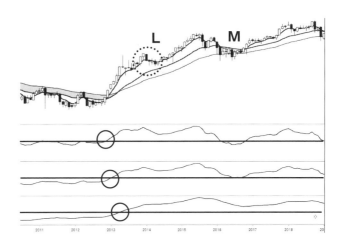

◆N地点&O地点&P地点

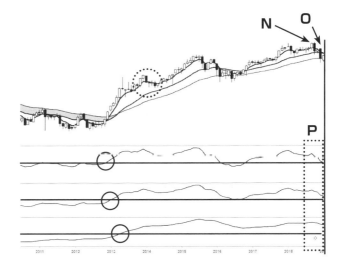

501

待ち受けていることもあります。"逆Cカーブ"を描く上昇後（＝急上昇後）には急落があることを理解しておくことが大切です。

急激な上昇により帯と価格の間隔が大きく空きます。急上昇が止んで以降、短期EMAと中期EMAがクロスするまで待つと、それまでに貯めた大きな利益を吐き出すことになってしまいます。ですから、逆Cカーブの上昇が下げに転じたら、その場合は一刻も早く手仕舞いします。

手仕舞いに使うツールはいくつかあります。なかでも、大循環MACDを手仕舞いに役立てることは重要です。MACD 1が下げ出したら、まもなく第2ステージに移行することがわかります。

また、第2ステージに移行してくれば、MACD 2がゼロライン付近まで接近しています。そうなれば、これから先の展開として第3ステージへの移行が予見されます。

そしてMACD 3の下降です。MACD 3は、上昇時は安定的に上げ、下降時には安定的に下がる特徴があります。MACD 3がP地点以降安定的に下がっているので、ここからは下降の継続が期待されます。そうなると、第4ステージへの移行も大体想像がつきます。このような流れを理解してワンテンポ早く仕掛けられるところに、大循環MACDのメリットがあるのです。

## 6）トレードの方針を立てるために

スピードメーターや気圧メーターなど、世の中には必要に応じてたくさんのメーターがあります。それに喩えるならば、大循環MACDは相場をうまくコントロールするための非常に優れたメーターと言えます。

大循環MACDチャートの上段にある3本の移動平均線は、短期・中期・長期のトレンドが今どちらに向かっているかはもちろん、その

勢いも教えてくれます。また3本の並び順からは①安定上昇の第1ステージ、②上昇トレンドがひとまず終了した第2ステージ、③下降トレンドの入り口である第3ステージ、④安定下降の第4ステージ、⑤下降トレンドがひとまず終了した第5ステージ、⑥上昇トレンドの入り口である第6ステージ――が読み解けます。

さらに、帯からは中長期のトレンドの状態と継続性がわかります。現時点で中長期トレンドが上昇中なのか下降中なのか、それが安定的に継続しているのか、もう終わりを迎えようとしているのかがわかります。この特性を利用すれば、「中長期のトレンドに継続性があり安定している状態なら、そのトレンドに沿ってトレードを仕掛けていく」などの方針を立てることができます。

◆大循環MACDは優れた計器（メーター）である

**3本のEMA**

◎短期、中期、長期のトレンドの方向性と勢いを計測
◎並び順（ステージ）で現在の状態を計測

**帯**

中長期トレンドの状態と継続性を計測

**3本のMACD**

◎MACD3（帯MACD）…………中長期のトレンドの強さを計測
◎MACD1（5／20MACD）……トレンド転換警戒警報1
◎MACD2（5／40MACD）……トレンド転換警戒警報2

## 第5節
## 大転換の7法則

### 1) 大転換が発生するまでには7つのステップがある

　次ページの『大転換の7法則』を見てください。これは米ドル／円の1時間足です。

　時間軸で左側部分に大きな下降トレンドがあります。底打ち（A）、帯のねじれ（B）、大転換（C）を確認しましょう。大転換は①帯が横ばいになり、②細くなり、それを③価格（ローソク足）と④短期EMAが渡り（上抜き）、⑤帯が反対側を向き、⑥帯がねじれ、⑦帯が逆方向に広がっていく——ことで完成します。これを"大転換の7法則"と呼びます。

　この下降トレンドで勢いがあるのは安定的に帯が広がっているD地点までです。もし売りポジションを持っていれば、その間は安心して相場を見ていられます。そうした状況の中で短期EMAとMACD1が上がり出し、D地点あたりからは下降トレンド終了の予兆が現れています。

### 2) 3つのMACDが教えてくれること

　今、第4ステージだと仮定します。その場合、3つのMACD（MACD1、MACD2、MACD3）は揃ってゼロラインより下（マイナス圏）

◆大転換の７法則

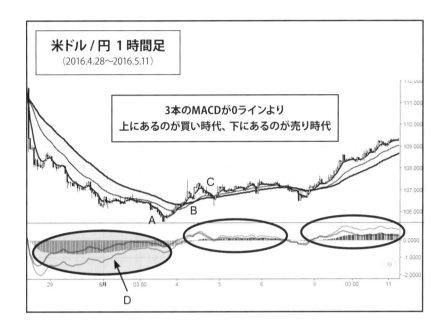

ステップ１：帯が横ばいになる
ステップ２：横ばいになった帯が細くなる
ステップ３：価格（ローソク足）が帯を渡る（上抜く）
ステップ４：短期ＥＭＡが帯を渡る（上抜く）
ステップ５：帯が反対側を向く
ステップ６：帯がねじれる
ステップ７：帯が逆方向に広がっていく

にあるはずです。そして、3つが揃って下降しているとしたら、それはトレンドの継続を教えてくれます。

その後、時間が経過し、最初に上昇に転じるとしたらMACD 1です。続いてMACD 2、最後にMACD 3の順序で上げ出します。

MACD 1がマイナス圏で上昇を始めるのは、近々、第5ステージになる可能性が高いことの表れです。

続いてMACD 2が上げ出すことによって、その変化は第5ステージにとどまらず第6ステージまで変化する予兆になります。そして最後にMACD 3が上昇することで、第1ステージへの変化が先読みできるのです。

逆に、3本のMACDがゼロラインより上（プラス圏）にあったと仮定します。その場合は必然的に第1ステージになります。その状態で3つのMACDが揃って上昇していたら、現在の上昇トレンドは継続するため、安心して買いポジションを維持することができます。

しかし、その3つのMACDもいずれは下げ出します。

その順番はもちろんMACD 1 ⇒ MACD 2 ⇒ MACD 3です。しかし、MACD 1の反応は早いため、MACD 3が下がり始める前に、先に下げていたMACD 1が再び上げ出すこともあります。MACD 2も同様です。そういう可能性を常に心に刻んでおきましょう。

もちろん、いったん下げたMACD 3が再上昇することも否定はできません。しかし、MACD 1とMACD 2に比べるとその可能性は極端に低いといえるでしょう。

MACD 1の下げは現在の第1ステージが近い将来第2ステージに変化することの示唆です。続いてMACD 2が下げれば、第2ステージにとどまらず第3ステージまで変化する可能性が高まります。そしてMACD 3が下げ出すことによって、第4ステージへの移行が予感されるのです。

◆3つのMACDが教えてくれること

|  | マイナス圏 | | プラス圏 | |
| --- | --- | --- | --- | --- |
|  | 下降 | 上昇 | 上昇 | 下降 |
| MACD1<br>(5/20MACD) | トレンドの継続 | ステージ④から⑤への変化を予兆 | トレンドの継続 | ステージ①から②への変化を予兆 |
| MACD2<br>(5/40MACD) | トレンドの継続 | ステージ⑤から⑥への変化を予兆 | トレンドの継続 | ステージ②から③への変化を予兆 |
| MACD3<br>＝帯MACD<br>(20/40MACD) | トレンドの継続 | ステージ⑥から①への変化を予兆 | トレンドの継続 | ステージ③から④への変化を予兆 |

## 第6節
## プレミアエリアと
## スーパープレミアエリア

### 1）手仕舞いはしないプレミアエリア

　"プレミアエリア"とは、価格変動の中で最も利益を獲りやすい期間です。またプレミアエリアの中でも、さらに利益が獲りやすい期間を"スーパープレミアエリア"と呼びます。

　スーパープレミアエリアは3つのMACDがすべて上昇している期間です。一般的にノービストレーダーは手仕舞いが早くなりがちですが、もし買いポジションを持っていたら、この間の手仕舞いは厳に慎まなくてはなりません。

　一方、プレミアエリアは、MACD1とMACD2が上下動を繰り返していてもMACD3が上昇している状態です。MACD3の上昇中にも、MACD1とMACD2は一時的に勢いを失って下げることがあります。それでもMACD3さえ上向いていれば、その上昇トレンドは信頼できます。買いポジションを持っていて心配しなければならないのはMACD3が下がり始めたときです。

　買いのプレミアエリアは、第6ステージまたは第1ステージでMACD3が右肩上がりを継続している期間です。買いのスーパープレミアエリアは、第6ステージまたは第1ステージで、3つのMACDが揃って右肩上がりの状態です。この期間は上げ相場の中核となります。スーパープレミアエリアはプレミアエリアの一部です。

◆プレミアエリアとスーパープレミアエリア

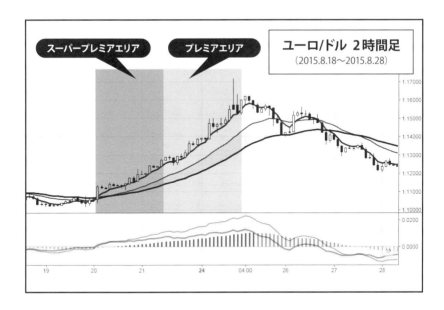

### 買いのプレミアエリアとは

◎第6ステージか、第1ステージで帯MACDが右肩上がりを継続しているところ
◎上げ相場で利益が獲りやすい。プレミアエリアはしっかり獲ろう

### 買いのスーパープレミアエリアとは

◎第6ステージか、第1ステージで3つのMACDが右肩上がりのところ
◎上げ相場の中核となるところ。このエリア内での手仕舞いは決してしてはならない

### スーパープレミアエリアは復活することがある

一度終了したと思っても、帯MACDが安定していたら、スーパープレミアエリアは復活することがある

このエリアでは手仕舞いしません。

## 2）プレミアエリアが終わるとき

　スーパープレミアエリアはMACD1とMACD2が下げ出すことで終了しますが、先述の通り、再び上昇を始めることがあります。

　そのときはいったん終了したスーパープレミアエリアが回復したと考えます。スーパープレミアエリアとプレミアエリアが交互に出現することは珍しくありません。

　なお、売りはこの逆です。

◆プレミアエリア・スーパープレミアエリアは復活する

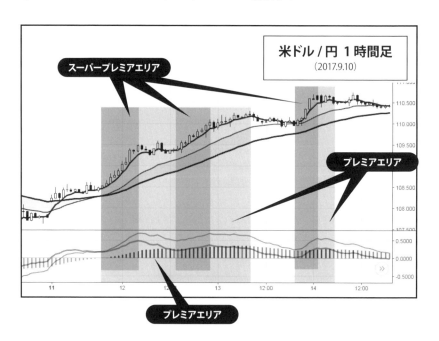

## 第7節
# 仕掛けの3パターンと手仕舞いの3パターン

### 1）仕掛けのポイント

　仕掛けのルールとして、私は基本的に「移動平均線大循環分析」を、その補足として「大循環MACD」を使用します。移動平均線大循環分析でエッジの発生する基本の仕掛けポイントは次の通りです。

◆移動平均線大循環分析

【買いの場合】

**第1ステージ**

・移動平均線の並び順が上から短期・中期・長期
・3本の移動平均線が右肩上がり

【売りの場合】

**第4ステージ**

・移動平均線の並び順が上から長期・中期・短期
・3本の移動平均線が右肩下がり

ただし、この通りに仕掛けたらいつでも成功するということではありません。サインが現れる前のチャートの形状を見て、場合によっては早く仕掛けるケースや、条件を満たしていても少し様子を見てから仕掛けるケースもあります。

手仕舞いも同様に、状況に応じて複数のパターンに分けることができます。

応用編となりますが、これらの仕掛けや手仕舞いを、それぞれのケースに分類して見ていきましょう。

## 2）仕掛けの3パターン

まずは仕掛けの3パターンです。

① **トレンド転換**
② **トレンド継続**
③ **もみ合い放れ**

一口に仕掛けると言っても、実際の相場ではチャートの一番右端を見ながら3パターンのいずれかを見極め、それにふさわしい仕掛け方をしなければなりません。タイミングよく仕掛けることができれば、仕掛けの精度はかなり高まります。

それぞれの特徴と仕掛け方を学んでいきましょう。

① トレンド転換を見極める

トレンド転換とは、上昇トレンドが終わり下降トレンドが発生するケース、反対に下降トレンドが終わり上昇トレンドが発生するケースのことです。

トレンド転換時にはワンテンポ早く仕掛けます。

通常時の買いの仕掛けが第1ステージで3本の移動平均線が右肩上がりという条件だとすると、それよりもワンテンポ早く仕掛けるということは、第6ステージで3本の移動平均線が右肩上がりであることを確認したときです。

　そのときは大循環MACDの線が3本とも右肩上がりであることも重要です。

　ただ、移動平均線はスパンの短いものから価格の動きに反応して角度を変えていきますから、短期線や中期線が上昇、長期線が横ばいの状態でも、エッジが発生しているなら仕掛ける場面もあります。

　売りはこの逆で、第3ステージで3本の移動平均線が右肩下がりが条件です。

　なぜトレンド転換時には早く仕掛けるのかと言うと、本来ならば、買いなら第1ステージ、売りなら第4ステージを待って仕掛けるのが基本なのですが、その後に発生するトレンドが小さいと、残念ながら利益につながらないことがあるからです。

　大きなトレンドが勢いをなくし、いったん終わりを迎えると、その後は反対方向のトレンドが発生しやすくなる地合いが出来上がります。しかし、その後に発生するトレンドが大きいか小さいかは、そのトレンドが終わってみないことにはわかりません。もしかしたら、もみ合い相場入りとなってしまうかもしれません。

　大きなトレンドなら第1ステージや第4ステージを待ってエントリーをしてもトータルの利益に大きな差は出ませんが、小さいトレンドの場合は早く仕掛けたか、それとも遅く仕掛けたかが大きな差となって現れます。

　早めに仕掛けることができていれば、トレンドが育たなくてもトントンもしくは若干の利益や若干の損でそのトレードを終わらせることができますし、仮にトレンドが大きく育てば、それだけ利益幅を増やすことができます。

ただし、ワンテンポ早く仕掛けた場合は、それだけトレンド発生のチェックが甘くなり、ダマシにも遭いやすくなるので注意が必要です。トレンドが発生しなかった場合の対処として、ロスカットも頭に入れておきましょう。

②トレンド継続

トレンド継続とは、上昇トレンドであれば途中で下げ局面を迎え、いったんはトレンドが終わったかのように見えたものの、再度、上昇が始まった状況を指します。上昇トレンドでは「押し目買い」、下降トレンドでは「戻り売り」という認識でよいでしょう。

移動平均線大循環分析では第1ステージから第2ステージへと向かって、その後、第1ステージへと戻っていく循環があると説明しました。

しかし、その「順行」の動きは約7割で、残りの3割は「逆行」であることも説明した通りです。その逆行の動きこそが「押し目」や「戻り」となるのです。

浅い押しや戻りであれば、「ステージ①→②→①」「ステージ④→⑤→④」となりますし、深ければ「ステージ①→②→③→②→①」「ステージ④→⑤→⑥→⑤→④」というパターンの押しや戻りもあります。

トレンドが安定しているときは、価格や短期移動平均線がトレンドに反して上がったり下がったりしてきても、太く広がっている帯に跳ね返されて、再びトレンド継続となることが多々あります。

このことを踏まえると、跳ね返されたところは押し目買いや戻り売りを仕掛ける絶好のチャンスとなると考えられます。つまり、第2ステージから第1ステージに戻った瞬間を狙って買いを仕掛ける、第5ステージから第4ステージに戻った瞬間を狙って売りを仕掛けるパターンが有効になってきます。

タイミング的には第1ステージや第4ステージで仕掛けることになる

ので、移動平均線大循環分析で言えば基本の仕掛けタイミングとなります。私はこのタイミングのことを「ジャストタイミング」と呼んでいます。

仕掛けた後、押し目や戻りを迎える前の高値・安値を超えていくことができれば、その仕掛けは成功したと言って良いでしょう。

### ③もみ合い放れ

もみ合い中は仕掛けてはいけないというのが小次郎講師流です。もみ合い相場の最中の判断はとても難しく、獲れたとしても大きな利益につながらないことがその理由です。

であれば、トレンドフォロー型である私たちが狙いたいのは、一定期間のもみ合い相場が経過した後に買いと売りの決着がつき、もみ合い放れとなるときの強い動きです。膠着状態から新たなトレンドの発生を見抜くと言ってもよいでしょう。

そのためには、もみ合い放れとなる何らかのシグナルをしっかりと確認する必要があります。このため、必然的にもみ合い放れの仕掛けはワンテンポ遅くなります。

第1ステージで3本の移動平均線が右肩上がり、第4ステージで3本の移動平均線が右肩下がりという局面はもみ合い相場の渦中にも出現します。したがって、もみ合い相場の中で移動平均線の並び順だけを根拠に仕掛けると、ダマシに遭いやすくなります。

よって、買いなら、第1ステージで3本の移動平均線が右肩上がり、売りなら第4ステージで3本の移動平均線が右肩下がりという条件に加えて、新たなエネルギー発生のサインを待つことが必要になってきますし、そのサインの発生後にも、もみ合い中の高値・安値を更新するという条件が必要になります。

エネルギー発生のサインは、大陽線・大陰線、窓空け、連続陽線・連続陰線、もみ合い中の半値で抵抗を受けてのどちらかへの反発──など、さまざまあります。

いずれにしても、しっかりとしたトレンドの発生を確認してから仕掛けることが重要です。

また、高値・安値を一度は抜けても、もみ合いのレンジを少し広げただけでその後再びもみ合いの中に戻っていくパターンの値動きもありますので、その点は仕掛けた後も注意深く見ていきましょう。

### 3）手仕舞いのポイント

続いて手仕舞いについてです。

やはり多くのトレーダーが悩むのが手仕舞いの瞬間です。数学のように確固たる正解があるわけではないので、プロのトップトレーダーでも頭を痛めます。

仕掛けは買うか売るかの選択ですが、手仕舞いには性質の異なる「利益確定」と「損切り」の2通りがあります。

このうち「損切り」は簡単です。価格が仕掛けたトレードの方向と反対に行くダマシに遭えば潔く実行するだけです。仕掛けと同時に正しくロスカットラインを設定していれば、価格がトリガーに触れた瞬間に自動的に決済されます。

難しいのは「利益確定」で、現在の相場がどこまで続くかわからないからこそ、多くのトレーダーが頭を悩ませるのです。

ただし、基本的なセオリーはあります。

トレンドフォロー型の鉄則としては、トレンドが続く限りはポジションを持ち続け、トレンド終了のサインが出たら手仕舞います。トレンドがどこまで続くかわからないからこそ、自分の都合で利益確定ラインを決めてしまっては、いつまで経っても大きなトレンドを獲ることはできません。

そして、安定したトレンドは3段上げ、3段下げになりやすい性質があることを意識します。

1段目は早耳筋による売買、2段目は価格の動きを見て何かが起こっているなと考えた優秀なトレーダーによるトレンドフォロアーの売買、3段目は一般大衆の売買――です。一般大衆がニュースなどを見て飛びつくころには1段目、2段目でポジションを取ったトレーダーは利益を確定してきます。その後に遅れて飛びついた一般大衆も慌ててわれ先にと決済注文を出します。よって3段上げた、3段下げた後の相場は急落・急騰し、トレンドがそこで終わりを迎えるパターンがよく見受けられるのです。


### 4）手仕舞いの3パターン

　そこで、私は手仕舞いを次の3つのケースに分類しました。

① **1段目の手仕舞い**
② **2段目の手仕舞い**
③ **3段目の手仕舞い**

　もちろんトレンドが必ず3段まで発展するわけではありませんし、逆に4段、5段と続くケースも稀にあります。
　しかし、難しい手仕舞いだからこそ自分の中にルールを持ち、それに従うことがトータルの利益につながります。そして3段上がった、または3段下がったトレンドをしっかり獲れたときには、トレードをやっていて良かったと感謝するはずです。
　利益確定に関して、移動平均線大循環分析では、価格ではなく短期移動平均線の動きに注目します。短期線が帯に突入するときに手仕舞いポイントを模索することが原則です。手仕舞いの応用編として、トレンドの何段目かに注意しながらそれぞれのパターンを考えていきましょう。

①1段目の手仕舞い

　1段目の手仕舞いは「できるだけ我慢」します。この"できるだけ"とは、上昇であれば短期線が帯の下限を抜け第3ステージになるまで、下降であれば短期線が帯の上限を抜け第6ステージになるまで──です。

　トレンド発生時には短期線が帯に突入しても跳ね返されて押し目や戻りとなる可能性が高いので、短期線が帯に突入したからといってすぐ手仕舞いしては大きなトレンドは獲れません。

　1段目で短期線が帯を抜けてしまい、ほぼ利益なし、むしろ若干の損で終わる可能性があったとしても、その後にトレンドが続いて再び大きく上昇・下落する可能性とその利益幅を考慮しましょう。前者と後者を天秤にかけて、後者により妙味がある場合には、我慢してよかったとなるケースが少なくありません。

　よって、あくまで可能性の話ですが、1段目での短期線の帯への突入はできるだけ我慢し、帯を抜けたら潔く決済するという考え方が原則になります。

②2段目の手仕舞い

　上昇や下降の2段目では"少し我慢"します。塩梅が段々と難しくなってきますが、短期線が帯に突入したら1段目ほどは我慢しません。第2ステージになっても少し我慢といった感じでしょう。

　2段上がったり2段下がったりした後のトレンドで、短期線が帯に突入したら、陽線なのか陰線なのか、前回の高値・安値と比べてどうかなど、ありとあらゆる情報をチャートから読み取り、決済するかポジションを持ち続けるかを総合的に判断します。

　ひとつの目安として、帯の中間付近を我慢と決済の分岐点とするのも良いでしょう。正解はありませんが、拠り所となるルールを持っているかいないかで精神的にも大分変わってきます。

③3段目の手仕舞い

　3段目の状態は、トレードで一番おいしいところです。先述の通り、3段目は一般大衆が多く飛びついてきますから、価格がグンと上がったり、ガクンと下がったりすることが多く見られます。しかし、同時に3段上げ、3段下げ後の相場はポジションが溜まりに溜まっており、利益確定が出てくると途端に決済注文が殺到するので大陰線・大陽線が出現しやすくもなります。

　それを待っていてはせっかくの利益を大幅に減らしてしまうことになるので、3段上げた後に下げ出したら、いち早く手仕舞う必要があります。3段下げ後の上昇も同様です。

　よって3段目の手仕舞いは「ステージが変化する前に決済」します。上昇なら第2ステージになる直前、下降なら第5ステージになる直前が鉄則です。

●

　手仕舞いを総括すると、「トレンドが若い」か「上げ下げが小さいとき」はできるだけ我慢し、「トレンドが終盤に差し掛かっている」か「大きな上げ下げ」の後には素早く決済――ということもできます。

　他にも、3段以上育ったトレンドや、逆Cカーブで過熱して上がった後の相場が下げ出した場合は、短期線の帯への突入を待っていては遅すぎる（利益の多くを減らしてしまう）ので、早めに手仕舞いする必要があるということも忘れずにおきましょう。

　以上が、小次郎講師流「仕掛けの3パターン」と「手仕舞いの3パターン」になります。

## あとがき　〜本書のまとめ〜

ここまで読んでいただき、ありがとうございます。最後に、本書で紹介したテクニカル指標が「どういうツールであるのか」を、まとめとして紹介します。

---

### ①ローソク足
ローソク足とは、買い方、売り方の戦いの軌跡をチャートに表したツールである。

### ②平均足
平均足とは、ローソク足の窓を埋め、トレンドの連続性を浮き彫りにしたツールである。

### ③新値足
新値足とは、時間の概念にこだわらずに、相場の方向性を機械的にとらえたツールである。

### ④移動平均線
移動平均線とは、過去の買い方（売り方）が平均的にどの価格で買い（売り）、現在、損益がどう変化しているかを分析するツールである。

### ⑤移動平均線大循環分析
移動平均線大循環分析とは、相場の流れの中からエッジを発見するためのツールである。現在の相場状況がわかり、今後の展開がシナリ

オとして予測できる。

### ⑥ RSI

RSIとは、過去の一定期間において、買い方、売り方の勢力が、どちらがどれくらい強いかを数値化したツールである。

### ⑦ストキャスティクス

ストキャスティクスとは、一定期間の値動きの中で、現在の価格が相対的にどれくらい高いか低いかを数値化したツールである。

### ⑧ボリンジャーバンド

ボリンジャーバンドとは、ストキャスティクスを進化させ、ボラティリティの変化でトレンドの発生を発見するためのツールである。

### ⑨一目均衡表

一目均衡表とは、相場の均衡点を追いかけ、買い方・売り方の均衡が崩れていく様子を浮かびあがらせたツールである。

### ⑩ MACD

MACDとは、移動平均線の進化版で、移動平均線のシグナルを先読みするためのツールである。

### ⑪大循環 MACD

大循環MACDとは、移動平均線大循環分析を進歩させ、ステージの変化をワンテンポ早く読み取るためのツールである。

すべてのテクニカル指標には意味と役割があります。それを知ってこそ、正しく使うことができます。

皆さんのテクニカル指標学習にとって、本書が少しでもお役に立てれば幸いです。

小次郎講師

### 参考文献

一目均衡表

一目均衡表　完結編

一目均衡表　週間編

わが最上の型譜

以上、経済変動総研

ワイルダーのテクニカル分析入門

ボリンジャーバンド入門

アペル流テクニカル売買のコツ

以上、パンローリング社

著者紹介：小次郎講師（本名：手塚宏二）

　チャート分析の第一人者として、投資セミナー、書籍などを通じて個人投資家向けの投資教育活動を精力的に展開している。これまでに対面で教えた受講生だけでも数千人を超え
　投資界において圧倒的な人気を博している。投資家としても常にマーケットと対峙し40年の投資キャリアを持つ。

【著書】
「数字オンチあやちゃんと学ぶ、稼げるチャート分析の授業」／総合法令出版
「商品先物取引入門 目からウロコのチャート分析編」／ダイヤモンド社
「真・トレーダーズバイブル」／パンローリング株式会社
「移動平均線　究極の読み方・使い方」／日本実業出版社

【メディア番組】
ラジオNIKKEI 毎週火曜日 18:00 〜 レギュラー番組「マーケットトレンド」

2019年4月5日　第1刷発行
2020年8月2日　第2刷発行
2021年8月2日　第3刷発行
2023年7月2日　第4刷発行

現代の錬金術師シリーズ ⑮

小次郎講師流　テクニカル指標を計算式から学び、その本質に迫る

## 真・チャート分析大全
──安定投資家になるためのエッジの見つけ方

| 著　者 | 小次郎講師 |
|---|---|
| 発行者 | 後藤康徳 |
| 発行所 | パンローリング株式会社 |
| | 〒160-0023　東京都新宿区西新宿7-9-18-6F |
| | TEL 03-5386-7391　FAX 03-5386-7393 |
| | http://www.panrolling.com |
| | E-mail　info@panrolling.com |
| 装　丁 | パンローリング装丁室 |
| 組　版 | パンローリング制作室 |
| 印刷・製本 | 株式会社シナノ |

ISBN978-4-7759-9158-9

落丁・乱丁本はお取り替えします。
また、本書の全部、または一部を複写・複製・転訳載、および磁気・光記録媒体に入力することなどは、著作権法上の例外を除き禁じられています。

【免責事項】
この本で紹介している方法や技術、指標が利益を生む、あるいは損失につながることはない、と仮定してはなりません。過去の結果は必ずしも将来の結果を示したものではありません。この本の実例は教育的な目的のみで用いられるものであり、売買の注文を勧めるものではありません。

本文 ⓒ Kojirokoushi　図表 ⓒ Pan Rolling　2019 Printed in Japan

# 『真・チャート分析大全』読者限定 2大特典

購入者全員にプレゼント！

## 特典1 無料動画特典
## 「小次郎講師の一目均衡表プラクティス」

一目均衡表を使った小次郎講師流トレード練習「プラクティス」動画をお買い上げいただいた方全員に感謝の意を込めてプレゼントさせていただきます。

是非、以下のURLまたはQRコードにアクセスして特典をお受け取りください。

https://info.kojirokousi.com/cp/02

## 特典2 LINE@で小次郎講師を友だち登録しよう！

ついに小次郎講師もLINE@を始めました！
LINE@で友だち登録をしていただけると小次郎講師の最新情報やミニ動画講座が受け取れます。

しかも今なら友だち登録してくださった方限定で

**LINE@特別特典 小次郎講師の仕掛けの極意書** をもれなくプレゼント！

### 小次郎講師のLINE@を「友だち追加」する方法

LINE@で配信される情報を受け取るには、以下のいずれかの方法で小次郎講師のLINE@を「友だち」に追加してください。

| 追加方法① 一番簡単 | 追加方法② | 追加方法③ |
|---|---|---|
| **ボタンをタップ**して追加 | **QRコード**を読み込んで追加 | **LINE ID**を検索して追加 |
| スマートフォンから下記の「友だち追加」ボタンをタップして追加してください。 | 「LINE」を開く→[友だち追加]→[QRコード]で下記のQRコードを読み取って追加してください。 | 「LINE」を開く→[友だち追加]→[ID検索]で下記のLINE@IDを入力/検索して追加してください。 |
| LINE 友だち追加 |  | LINE@ID: **@kojiro** |

## 株式関連書籍

### 出来高急増で天底(節目)のサインを探る！ リスク限定のスイングトレード
著者：矢口新

定価 本体1,600円+税　ISBN:9784775991084

【これまでは「出来高」は地味な存在だった】何日ぶりかの出来高急増は節目(最良の売買タイミング)になりやすい！　節目を確認して初動に乗る「理想のトレード」で損小利大を目指す。

### 投資家心理を読み切る 板読みデイトレード術
著者：けむ。

定価 本体2,800円+税　ISBN:9784775990964

板読み＝心理読み！の視点に立って、板の読み方や考え方だけではなく、もっと根本的な部分にあたる「負ける人の思考法」「勝つための思考法」についても前半部分で詳説。

### 生涯現役のための海図編 生涯現役の株式トレード技術
著者：優利加

定価 本体2,800円+税　ISBN:9784775990285

数パーセントから5％の利益を、1週間から2週間以内に着実に取りながら"生涯現役"を貫き通す。そのためにすべきこと、決まっていますか？わかりますか？

### 「敵」と「自分」を正しく知れば 1勝1敗でも儲かる株式投資
著者：角山智

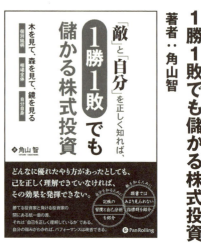

定価 本体1,500円+税　ISBN:9784775991398

己を知らずに良い手法を使っても、効果は一時的なものになるでしょう。でも、自分の弱みを理解し、己に打ち勝つことができれば、継続的に手法の効果を実感できるでしょう。